西方设计史上的中国风

CHINOISERIE
In the History of Western Design

袁宣萍——著

浙江大学出版社
ZHEJIANG UNIVERSITY PRESS
·杭州·

图书在版编目（CIP）数据

西方设计史上的中国风 / 袁宣萍著. --杭州：浙江大学出版社，2024.7
ISBN 978-7-308-20667-9

Ⅰ.①西… Ⅱ.①袁… Ⅲ.①中华文化—影响—设计—工艺美术史—研究—西方国家 Ⅳ.①K203②J509.1

中国版本图书馆CIP数据核字(2020)第200056号

西方设计史上的中国风

袁宣萍　著

策划编辑	董　唯　张　琛
责任编辑	董　唯
责任校对	诸寅啸
封面设计	项梦怡
出版发行	浙江大学出版社
	（杭州市天目山路148号　邮政编码　310007）
	（网址：http://www.zjupress.com）
排　　版	云水文化
印　　刷	浙江海虹彩色印务有限公司
开　　本	710mm×1000mm　1/16
印　　张	18
字　　数	330千
版 印 次	2024年7月第1版　2024年7月第1次印刷
书　　号	ISBN 978-7-308-20667-9
定　　价	158.00元

版权所有　侵权必究　　印装差错　负责调换

浙江大学出版社市场运营中心联系方式：0571-88925591；http://zjdxcbs.tmall.com

序*

17—18世纪中外文化交流史上发生过一段插曲，就是欧洲产生了一种东方情调的装饰艺术风格，这种风格也被称为"中国风格"或"中国风"。这虽说是一段插曲，却也持续了百余年。它融汇在巴洛克、洛可可风格之中，为欧洲上层社会奢华的生活增添了几分异国情调。然而，当时欧洲艺术家眼中的中国风景和人物是如此奇特，风景既像中国，又不是中国；人物既有中国人的温文尔雅，又透露出西方贵族的矫揉造作。实际上，这是16世纪以来欧洲人想象的东方、想象的中国，而且是一个无比富庶和美好的中国，其中又掺杂着对印度和日本的印象。

为什么欧洲在这个时期忽然对东方大感兴趣呢？因为17—18世纪的欧洲开始盛行巴洛克风格，继而盛行洛可可这样的矫饰之风。而此时正逢中国的明末清初，中国出口的陶瓷、刺绣、漆器、木家具等，装饰风格偏重华丽、繁缛、精巧，工艺技术也较之前有了长足的进步。这些手工艺品所展现出的异国情调的矫揉造作倾向，恰好迎合了欧洲贵族的口味。当然，欧洲本土的艺术家和工艺匠师不可能深入地了解中国的风土人情，在商品生产中又要考虑欧洲人的喜好，因而必然创作出不洋不中的奇特样式。

中国美术史、设计史中几乎没有写到这段历史，显然是

---

* 此为已故的诸葛铠先生为2006年版《十七至十八世纪欧洲的中国风设计》所写的序言。

因为这事儿发生在欧洲。但中国风的形成和发展，与中国外销艺术品在欧洲的畅销、中国独特的造园艺术在欧洲的声誉鹊起有着千丝万缕的联系，否则，傲慢的欧洲人怎么会对中国有如此美好的印象？还原这段历史本身就具有价值。如果说，外国学者是从欧洲来看中国风，那么我们可以从中国来看中国风，两者的互补会使这段历史的面貌更加清晰。

英国著名历史学家阿诺德·汤因比在《历史研究》的序言中谈道："我始终是脚踩着现在和过去两只船。在这本《历史研究》的修订插图本中，我同样是二者兼顾，既回顾过去，又展望未来。因为当你研究现在和过去的时候，对未来不可能视而不见，倘若这是可能的话，那反而荒唐可笑了。"[1]诚如汤因比所言，历史和当下、未来是一脉相承的。欧洲的中国风虽然在19世纪日渐衰落，但中国和东方装饰风格在世界艺术设计舞台上的重要地位已经得到确认，并时不时地出现在西方的设计中，如20世纪早期的装饰艺术运动时期的建筑装饰、现代欧美仿建的苏州园林，还有当代服装设计更是出现东方风格的周期流行……这些都是中国风的延续和拓展。可见，研究17—18世纪欧洲的中国风设计，让中国人看清楚这段历史的真实面貌，具有重要的现实意义。

袁宣萍为研究这一课题倾注了大量的心血。在写作其博士论文时，她曾因史料冗繁、头绪过多而难以下笔，不得不在史料的类比、图片的梳理、外文资料的翻译上做了大量的前期工作。经过两年多的努力，才终于成文。评审专家和答辩委员会对该论文给予了较高的评价。现在，论文经过补充、整理得以出版，使更多的人来分享这一成果，自然可喜可贺。然而，书中毕竟还有功力未到之处，如果能进行中外文化内涵的深层比较，或许会进一步提高这本书的学术层次。在袁宣萍的著作即将付梓之际，写了如上文字，以为序言。

诸葛铠
于苏州金鸡湖左岸

---

[1] 汤因比. 历史研究（修订插图本）. 刘北成，郭小凌，译. 上海：上海人民出版社，2000：序言2.

前　言

本书的主要内容来自我 2005 年在苏州大学所写的博士论文，论文得到了我的导师——苏州大学诸葛铠教授的指导，并在 2006 年 5 月由文物出版社出版，书名为《十七至十八世纪欧洲的中国风设计》。该书被列入"考古新视野丛书"，在社会上收获了一定的反响。但是我很清楚地知道，这种反响不是因为我的研究有多么出色，而是因为我比较早地介入了这一领域。

现在回想起来，当初博士论文的选题是多么大胆。在确定选题的 2003 年，这个领域还是极其冷门的，我几乎找不到可以交流的同行，也没有可做参考的直接相关的中文成果。"外销艺术品""中国风"这些词远不如今天这样为人熟知。甚至在当时的中国，互联网还没有普及，没有像今日这般方便的网络检索工具。幸运的是，我最终从各种渠道找到了与中国风设计相关的英文专著，这些英文资料给了我很大启发。当然，我的论文是以 17—18 世纪欧洲中国风设计的艺术特征为中心展开的，不是复述中国风在各个设计领域的表现，而是希望以一个中国学者的身份，从中国文化传播的角度，去理解在中国文化影响下西方出现的这种装饰艺术风格。

今天，离该书的出版已经过去了 10 余年，岁月匆匆，物是人非，为我当年的书作序、给予我指导的诸葛铠先生已经仙逝多年。在对该书进行修订的过程中，我经常回忆起他老人家的音容笑貌，不胜感慨。在博士论文出版后的这些年里，随着中国经济实力和文化影响力的增加，当年的冷门竟然成为热门，中国外销艺术品变成收藏热点，各种展览相继推出，新的中文成果也陆续问世，学术领域的变化显而易见。我在大学任教，日常教学和科研工作繁忙，没有把主要精力放在这一领域的继续研究上，后续成果也就是几篇论文，颇为遗憾。但是，我一直在关注这一领域的学术进展，在此期间也多次前往欧洲实地考察，拍摄现场照片，并留心收集新的资料，阅读新的学术成果。在学术界和出版界朋友的建议下，我终于把修订事宜提上日程。然世事纷繁，又一拖再拖，直到2020年春才着手修订。从初版时的不惑之年，到如今竟是耳顺之年将至矣。希望这本全新修订的书，能为我的学术生涯画上一个句号。

本书在内容上基本遵循了2006年初版的结构，但在全书文字上做了不少修订，改正了不妥之处，有些段落做了增补，有的则做了调整。此外，本书中还增加了一些图片，并且全书使用彩印，加大了开本，也有助于读者更好地领略中国风设计的风采。

修订过程中恰好碰上了新冠疫情的暴发，中国与西方、交流与影响、误解与理解、中国形象与文化自信，这些词在今天忽然有了更多的意义。愿中国一如既往传递和平、宽容、积极、向上的文化力量，愿这个世界因为中国而变得更加美好。

袁宣萍
2022年5月于杭州荆山书房

目　录

绪　论 / 001

第一章
遇见东方——中国风兴起的时代背景 / 009
　　第一节　被唤醒的记忆 / 010
　　第二节　繁荣的中国贸易 / 018
　　第三节　踏上神奇的国土 / 028
　　第四节　启蒙运动与中国热 / 037

第二章
异国情调——中国风设计的风格来源 / 041
　　第一节　从收藏到创新 / 042
　　第二节　模仿东方外销艺术品 / 049
　　第三节　借鉴东方图像 / 072
　　第四节　技术解读——漆与瓷的再发明 / 079

第三章
顺应潮流——中国风设计的时代变迁 / 087
　　第一节　巴洛克时期的中国风设计 / 087
　　第二节　洛可可时期的中国风设计 / 105
　　第三节　理性与浪漫并存的晚期中国风 / 119

第四章
传播与变异——中国风设计的地域特色 / 131
　　第一节　法国的中国风设计 / 131
　　第二节　德国的中国风设计 / 144
　　第三节　英国的中国风设计 / 153
　　第四节　其他国家的中国风设计 / 164

第五章
风格永续——中国风设计的衰退与复兴 / 183
　　第一节　中国风设计的衰退及原因 / 184
　　第二节　对中国艺术的再认识 / 191
　　第三节　19 世纪的中国风设计 / 199
　　第四节　20 世纪的中国风设计 / 207

第六章
套式与符号——中国风设计的性质特征 / 215
　　第一节　中国风设计的题材 / 216
　　第二节　中国风设计的形式 / 239
　　第三节　中国风设计的性质特征 / 248
　　第四节　中国风设计的地位与评价 / 254

参考文献 / 263

图片来源 / 271

绪 论

近年来，随着中国综合国力的不断增强，世界特别是西方再一次将目光聚焦于中国，并以极其复杂的心态，关注着中国在21世纪的重新崛起。这一切，让我们联想到17—18世纪。在康乾盛世，中国的经济总量居世界第一位，人口占世界的三分之一，中国有着极为广阔的市场，掌握着瓷器、茶叶、丝绸等国际市场最重要商品的支配权。[1]欧洲各国纷纷成立东印度公司，投身中国贸易；广州港千帆云集，夷馆林立，大宗商品从这里起运，运往里斯本、阿姆斯特丹、伦敦等国际港口；中国的文化、艺术向欧洲传播，在很多领域都对西方产生了较大影响。这一繁荣局面始于16世纪后期，在18世纪中期达到极盛，并持续至19世纪前期。两次鸦片战争是中国历史的转折点，西方列强以坚船利炮轰开了中国的大门，中国从此开启了屈辱的近代史。此后洋货涌进国门，西方的文化、艺术反过来向中国传播。而曾经畅销西方的中国产品，不仅数量锐减，且不得不在家门口迎接洋货的挑战。这近300年中西方贸易与文化交流的历史，实际上是这一特定历史阶段双方社会发展与力量对比的一个缩影。

回顾这段历史，我们深切地体会到中国与西方这两个不同质的文明之间的交流与对话并不是一件轻而易举的事，而是充满了惊奇、误解、冲突、反省和再认识，这一过程至今

---

[1] 徐伟新，刘德福.落日的辉煌——17、18世纪全球变局中的"康乾盛世".北京：人民出版社，2016.

仍在继续。也许，我们今天所处的时代已经提供了这样的一种机遇，不再有殖民者的炮火时时威胁国家的安危，不再有亡国灭族的焦虑煎熬我们的心灵，我们能够用一种从容的心态和平视的眼光，来审视大航海时代以来双方的交往与恩怨。鸦片战争以后，西方文化一直占据着强势地位，深刻地影响着中国的近代历史进程，但在此前的17—18世纪，中国文化却被西方所推崇，在欧洲近代社会的发展过程中也产生过较大影响。近年来，有关"中国文化在欧洲"或"中学西被"的讨论，说明了学术界对这一问题的新认识。与此同时，中国外销艺术品研究也成为一个新的热点，收藏家开始关注海外回流的中国瓷器、漆器和丝织品，各种出版物相继推出，博物馆的相关展览方兴未艾。在复杂多变的21世纪，在中国作为一个大国登上国际舞台的背景下，我们不但要了解中国自己的文化，了解西方的文化，同时也很有必要了解西方是如何认识中国和中国文化的，了解中国和中国文化的形象在西方视野中经历了怎样的变迁，这对判断中国文化的特征、地位以及未来的走向是很有帮助的。

诚然，文化的概念太大，但总的来说可以分为两大部分，即制度文化和非制度文化，或者说制度层面的文化和器物层面的文化。中国接受西方文化，首先接受的是器物层面的非制度文化，而坚守自己的制度传统，曰"中体西用"。然而，用西方引进的坚船利炮武装起来的北洋舰队，却在甲午战争中全军覆没，于是，中国人不但要向西方学习科学与技术，也要学习现代社会制度，即所谓"赛先生"（science）和"德先生"（democracy），最终演绎出走向共和的波澜壮阔的近代篇章。同样，西方接受中国文化，也首先是从大量输入中国外销产品开始的，从而引发了人们对中国制度文化的兴趣。欧洲（特别是法国）曾一度被"开明君主制"所吸引，把中国看成一个由"哲学家"统领的理想王国，伏尔泰等启蒙运动的先哲们也不乏对中国的溢美之词。但是，西方很快认识到理想与现实的反差,法国最终走向了资产阶级革命,大革命的爆发就是历史做出的选择。因此,中国传统制度文化对西方的影响是有限而短暂的。尽管如此,中国制度文化在欧洲近代民族国家的形成过程中,在欧洲从君主专制制度走向资产阶级革命的过程中,仍然起到了一定的参照作用。

相较于制度文化,中国非制度文化的商品贸易和由此对西方艺术与设计产生的影响就更大了,引发的时尚流行也曾经掀起热潮。在17—18世纪的欧洲,瓷器、丝绸、漆家具、壁纸等中国外销艺术品,是从宫廷到市民各阶层竞相追逐的对象,在西方设计史上留下了中国风的历史烙印。更重要的是,非制度文化有时候会促进制度文化的变革。18世纪,欧洲积累起相当数量的财富,其中很大一部分来源于不断拓展的东方贸易。[1] 18世纪英国的乔治时代[2],社会的普遍富裕程度提高,即使在偏僻的乡村杂货店中,也能买到东方缎带等一些时髦的奢侈品。中产阶级财富的日益增长导致了需求的大幅度增加,必然要生产出更多的产品来满足市场的需要。与法国大革命的突然爆发不同,这一切的发生是缓慢的,它潜移默化地,然而却是根本性地改变着整个社会,最终导向了发生在英国的工业革命。从这个角度我们便不难理解,为什么工业革命会在纺织、陶瓷等行业中率先展开。

在大航海时代以来的数百年中,西方与中国这两大文明的相遇与交流,都在双方的历史上写下了浓墨重彩的一笔。但是我们也要看到,这种交往其实有着"时空"上的巨大错位。所谓"时",是指当时欧洲和中国处于很不相同的历史发展阶段。17—18世纪,欧洲正处于民族国家形成、资产阶级力量崛起、工业革命开始将整个世界初步纳入一体化轨道的重要关口;而在中国,1644年明王朝覆灭,清王朝在全国建立起新的统治,封建王权被重新强化,从明后期孕育起来的资本主义萌芽受到重重压抑。西方已经张开臂膀想要占有整个世界,而中国却对天朝帝国以外的世界没有兴趣。所谓"空",

---

[1] 托马斯·曼在《英国得自对外贸易的财富》(1630)中写道:"我们应该尊重和珍惜我们在偏僻或遥远国家里经营过的那些贸易,因为除了由此而促进了航运业和增大了海员人数之外,从那里往返运输的货物对帝国大有好处,远比我们附近的贸易有益得多。"转引自:勒纳,米查姆,伯恩斯,等. 西方文明史. 王觉非,等译. 北京:中国青年出版社,2003:531.

[2] 从1714年到1830年,英国的汉诺威王朝一共有4位国王叫作乔治,因此18世纪英国的黄金时代也被称为乔治时代。

是指欧洲与中国远隔重洋，海上交通必须依赖帆船与季风，往往要经过数月的海上漂泊才能从欧洲抵达中国，风浪、海盗等使航行充满了不确定性。因此，除了少量商人和传教士外，真正踏上中国土地的西方人是极少的。商人基本上被限制在广州口岸指定的活动范围内，而传教士中被允许进入内地的人数也很有限。由于这种"错位"的存在，当时中国文化向西方传播的任务，基本上是由小规模的商人和传教士来承担的。东印度公司的贸易船将大量中国外销艺术品运往欧洲，这些艺术品上的中国人物、风景、动植物纹样等，加上传教士从中国传来的见闻，事实上便成为欧洲民众了解中国、感知中国文化的主要渠道。不消说，他们所了解到的中国与现实中国是有很大差距的。

然而，正是由于与现实中国的隔绝，西方从有限的信息渠道中构筑起来的"中国形象"在19世纪以前可以说是熠熠生辉的。这个东方国度的一切是那么美妙，大自然鸟语花香，政治家清明公正，人们生活在平安与幸福之中，总之是一个理想的所在。这种认知导致西方生成了所谓的"中国幻象"，并在艺术与文化的各个领域表现出来，"中国风设计"就是其中的主要表现形式。学术界多以法语词 chinoiserie 称呼"中国风"，实际上，这个词出现于19世纪前期的法国，1883年才被收入《牛津英语词典》中。翻开2004年版《不列颠百科全书》，其中的 chinoiserie 词条是这样写的：

> chinoiserie，指17—18世纪流行于室内装饰、家具、陶瓷、纺织品和园林设计领域的一种西方风格，是欧洲对中国风格的想象性诠释。在17世纪最初的一二十年里，英国、意大利及其他国家的工匠开始自由仿效从中国进口的橱柜、瓷器与刺绣品上的装饰式样。最早出现中国风的是1670—1671年

路易·勒沃（Louis Le Vau）为路易十四在凡尔赛宫建造的特里亚农宫的室内设计。这股风潮迅速蔓延，特别是在德国，几乎没有哪个府邸在建成时没有一个"中国房间"（如符腾堡的路德维希堡宫的中国房间）。中国风格大多与巴洛克或洛可可风格融合在一起，其特征是大面积的贴金与髹漆、大量应用蓝白两色（如代尔夫特陶器）、不对称的形式、不用传统的焦点透视、采用东方的纹样与主题。这种轻盈、不对称以及题材变化多样的特征也在同时期的纯艺术中体现出来，如法国画家让-安东尼·华托（Jean-Antoine Watteau）以及弗朗索瓦·布歇（François Boucher）的绘画。[1]

上述定义对"中国风"的性质和发展做了简要介绍，说明它是一种西方风格，源于对中国的想象性诠释，在室内装饰、家具、陶瓷、纺织品及园林设计等领域表现出来。对中国风设计的研究是由西方学者开启的，其中最早的著作是英国艺术史家休·昂纳（Hugh Honour）的 *Chinoiserie: The Vision of Cathay*（《中国风：中国的幻象》），该书1961年出版于伦敦，可谓开山之作。此后，奥立弗·英庇（Oliver Impey）、马德琳·杰里（Madeleine Jarry）和唐·雅各布森（Dawn Jacobson）也分别出版了以中国风为题的3部专著。随着这个话题的热度上升，昂纳的这本书被译成中文出版，题为《中国风：遗失在西方800年的中国元素》。2022年，意大利学者佛朗切斯科·莫瑞纳（Francesco Morena）的 *Chinoiserie: China as Source of Inspiration for European Art from the 13th to the 19th Century* 也出了中文版，题为《中国风：13世纪—19世纪中国对欧洲艺术的影响》。其他重要的专著包括中国对西方园林、建筑艺术的影响等，尤其是西方园林中的中国影响，更是艺术史界感兴趣的话题。

其实，虽然中国风设计的发展隆盛期是17—18世纪，

---

[1] 根据原版《不列颠百科全书》（2004年豪华CD版）的chinoiserie词条翻译。

但19世纪以后中国风并未湮灭，而是作为一种艺术风格存续至今。今天的我们，仍然经常感受到中国风设计的魅力，在西方异国情调的设计中发现它们。也许，对中国风的研究和介绍，不应该只局限于书斋，而更应该在全球化进程时而狂飙突进、时而又遭遇逆流的今天，传递给走向世界的中国人。2006年，笔者在博士论文的基础上出版了《十七至十八世纪欧洲的中国风设计》一书，是国内学术界针对"中国风"研究的早期成果之一。由于基于博士论文，该书没有对欧洲的中国风设计做分门别类的介绍，而是围绕中国风设计的性质特征展开论述。一晃10余年过去了，"中国外销艺术品""中国风设计"等曾经极为冷僻的词语逐渐成为学术界的热点，相关的出版物不断增加，特别是西方学者的专著也被译介到中国出版，对我们了解中国风设计的全貌有极大的帮助。但总体来说，由中国学者撰写的、可以成为年轻学子读物的普及类专著依然缺乏。尤其是在设计史领域，我们不应只用猎奇心来看待这段历史，而应该将其放在全球化的背景下去思索和讨论。对异国情调的爱好从来都是艺术设计上的灵感来源，但又不仅仅是灵感来源，更是时代交响中的一抹亮色。

G. F. 赫德逊在《欧洲与中国》中曾说："在19世纪以前，亚洲对欧洲的影响要比欧洲对亚洲的影响深刻得多。"他认为，欧洲历史上的两个剧烈变革时期导致了欧洲对其他文化的大量吸收。第一个时期是罗马帝国晚期，欧洲从西亚接受了基督教信仰和大量拜占庭艺术的特色；第二个时期是18世纪法国大革命前的那段时间，此时"令人神魂颠倒的则是中国"，中国的装饰设计原理和远东独特的艺术想象力为欧洲尤其是法国所熟悉，同时有关中国制度的文字记述和中国经典作品的翻译对法国启蒙运动的思想家也产生了很大影响。[①]

工业革命以后，西方文化逐渐在世界上取得了强势地位。近现代西方的文化与艺术大量输入中国，很多国人甚至受到欧洲中心论或西方中心论的影响，对自己的文化艺术缺乏自

① 赫德逊. 欧洲与中国. 李申, 王遵仲, 张毅, 译. 北京: 中华书局, 2004: 15-16.

信。而事实上，在17—18世纪，中国文化也同样被西方所推崇，并在西方掀起了长达百年的"中国热"（the Chinese vogue），尽管这种热更多地表现在消费领域的时尚追求上。19世纪的两次鸦片战争、中国积贫积弱的现实，颠覆了中国在西方人眼中一直以来的美好形象。综观历史，西方视野中的中国形象犹如一条会变色的龙，时而高贵美妙得匪夷所思，时而又成为专制、落后与不开化的代名词，直到今日，西方视野中的中国形象还在不断地变化。其中有美化，更有偏见；有误解，也有真知灼见。可以说，在西方历史上，还没有一个国家、一种文化能像中国与中国文化那样，引起西方世界持续的关注、思考甚至焦虑，特别是当中国的综合实力开始增强的时候，这种焦虑感也与日俱增。因此，在中国不断融入国际社会的过程中，在世界设计史的书写中，如果能讲好"中国故事"，定是一件非常有意义的事。

第一章
遇见东方——中国风兴起的时代背景

1517 年，满载香料的葡萄牙船队驶入广州港，中国与西方两大文明因此直接相遇。约 40 年后，中国澳门成为葡萄牙租赁的贸易基地，也成为欧洲人进入中国内地的跳板。从 16 世纪后半叶起，欧洲各国的商船陆续扬帆前来，急切地想与中国建立贸易关系。明清易代之际，中外贸易一度停滞，但 17 世纪 80 年代之后，广州港又千帆云集，贸易更趋繁荣。中国商品从这里装船启航，运往欧美各大港口，而传教士们则怀着传播福音的热情，从澳门陆续进入内地，在传教的同时，向西方报道在这个东方大国的见闻。遥远的中国，就这样以一种神秘、富裕且相对美好的形象进入西方的视野，在欧洲掀起了一股中国热。在中国热的刺激下，西方装饰领域开始大量采用中国元素，产生了所谓的"中国风设计"。然而，中国风设计不是凭空产生的，要理解它的诞生、发展与性质特征，必须首先了解它的时代背景。

第一节 被唤醒的记忆

回顾中国与西方交往的历史，我们发现，从"赛里斯"（Seres）到"契丹"（Cathay）[1]，遥远的东方国度——中国，其实一直存在于西方人的集体记忆中。有关这个国度的神秘传说，是产生所谓"中国幻象"（the vision of Cathay）的历史根源。

一、丝绸产地"赛里斯"

目前所能见到的西方对中国的最早记载，是古希腊时期与丝绸有关的记录。哲学家亚里士多德在《历史》第5卷第24节"论动物"中提到过蚕丝，不过他所指的究竟是来自中国的真正的蚕丝，还是希腊本土的一种野蚕丝，目前史学界还有争论。[2]但有一点是肯定的，即希腊人已然听说，在遥远的东方有一个出产丝的国度，他们根据"丝"或"绮"的发音，称其为"赛里斯"[3]。赫德逊认为，"赛里斯"一词既指丝绸，也指生产这种织物的人。在当时缺乏地理知识的情况下，它事实上模糊地泛指生产和贩卖丝绸的民族和国家，而非特指中国人。公元前4世纪，马其顿国王亚历山大率领他的远征大军，征服大夏与粟特，并在药杀水（今锡尔河）畔建立了希腊人的殖民地——"极远的亚历山大城"，而大夏、粟特与早期的贩丝民族有着千丝万缕的联系。除此之外，古希腊时期的欧洲人对中国鲜有其他的联想。

随着张骞出使西域之后丝绸之路的畅通，有关中国的知识得以传播。与希腊人一样，罗马人也用"赛里斯"一词来称呼中国。在罗马帝国时期，通过横贯欧亚大陆的丝绸之路，汉代的丝绸被贩运到地中海东岸——叙利亚行省的安条克，从那里的阿帕美亚港口装货，可以运至罗马帝国及其治下的埃及境内。虽然中间需要经过粟特与波斯等中亚、西亚各地的转运，汉代中国与罗马并未直接接触，但东西方两大帝国

[1] Cathay 是西方古代文献中对中国的一种称呼，直译为"契丹"，详见本书第17页的解释。

[2] 严建强．十八世纪中国文化在西欧的传播及其反应．杭州：中国美术学院出版社，2002：20.

[3] 赫德逊《欧洲与中国》认为赛里斯（Seres）一词来源于中国的"丝"的发音。沈福伟在《中西文化交流史》（上海人民出版社1985年版）中论证了赛里斯一词来源于"绮"的发音。

毕竟因为丝绸而联系起来了。1世纪时，罗马帝国境内已流行丝绸织物。到380年前后，罗马的历史学家阿米安·马尔塞林谈到，"服用丝绸，从前只限于贵族，现在已推广到各阶级，不分贵贱，甚至于最低层"[1]。在罗马的土斯古斯区，甚至还出现了一个中国丝绸市场。但是相较于对丝绸的了解，古罗马时期的欧洲人对中国的认识却极为有限。

公元元年前后，罗马奥古斯都时期的诗人们提到过赛里斯人：他们住在大地边缘，忙于从森林中的羊毛树上采下纤细的丝线织成衣料。斯特拉波则在《地理书》中补充说："人称赛里斯人可长寿，甚至超过二百岁。"[2]1世纪时博学的罗马学者——蓬波尼乌斯·梅拉的《地方志》和老普林尼的《自然史》中，赛里斯人又以奇特的贸易形式显得与众不同：他们交易时喜欢将货物放在某处，让买者自己取走，整个过程不发一言，在沉默中完成交易。[3]至此，欧洲人对赛里斯人的印象是：住在大地的边缘，在羊毛树上采摘柔软的丝线织成丝绸，非常长寿，同时具有奇特的贸易方式。如老普林尼所言，赛里斯人似乎有很高的文明程度，但又显得非常神秘。不管怎样，正是"由于在遥远的地区有人完成了如此复杂的劳动，罗马的贵妇人们才能够穿上透明的衣衫而出现于大庭广众之中"[4]。

2世纪末至3世纪时，开始接受基督教的罗马人对赛里斯国有了新的想象。一位名叫巴尔德萨纳的作者这样描述赛里斯："在赛里斯人中，法律严禁杀生、卖淫、盗窃和崇拜偶像。在这一幅员辽阔的国度内，人们既看不到寺庙，也看不到妓女和通奸的妇女，看不到逍遥法外的盗贼，更看不到杀人犯和凶杀受害者。"[5]3世纪中叶，索林在《多国史》中称赛里斯人"高度文明开化，互相之间非常亲睦和气，但却躲避与其他人相接触，甚至拒绝同其他民族保持贸易关系"[6]。到4世纪的马尔塞林笔下，赛里斯国的景象变得更为美好。马尔塞林在《事业》中写道：赛里斯国富庶、繁荣，"有

[1] 赫德逊.欧洲与中国.李申,王遵仲,张毅,译.北京:中华书局,2004:50. 马尔塞林被认为是古罗马最后一位伟大的历史学家,他出生在330年,卒年不详,但391年尚在世,留下一部拉丁文著作《事业》。

[2] 斯特拉波.地理书//戈岱司.希腊拉丁作家远东古文献辑录.耿昇,译.北京:中华书局,1987:6.

[3] 梅拉.地方志//戈岱司.希腊拉丁作家远东古文献辑录.耿昇,译.北京:中华书局,1987:9;老普林尼.自然史//戈岱司.希腊拉丁作家远东古文献辑录.耿昇,译.北京:中华书局,1987:10.

[4] 老普林尼.自然史//戈岱司.希腊拉丁作家远东古文献辑录.耿昇,译.北京:中华书局,1987:10.

[5] 戈岱司.希腊拉丁作家远东古文献辑录.耿昇,译.北京:中华书局,1987:57.

[6] 索林.多国史//戈岱司.希腊拉丁作家远东古文献辑录.耿昇,译.北京:中华书局,1987:64.

一用高墙筑成的圆城郭将赛里斯国环绕了起来",有两条大河"相当缓慢地流经平原",这些描述令人联想到长城以及长江、黄河;"城市既大又富饶",赛里斯人"生活在最大的安宁之中,完全不用诉诸战争和动用武器","他们不会使任何近邻感到不安。那里的气候宜人且有益于健康,空气清洁,阵风格外温和美好,深色的森林相当丰富。赛里斯人经常向这些树木喷水,使之变软之后,便从中采集一种柔软而纤细的产品,再将这种线织作赛里斯布";他们让自己的生活与世隔绝,"极力避免与其他人建立关系。如果有外人渡过江去采购丝线或某些其他贸易商品,他们便以目测而估量商品之价格,甚至连一句话也不交谈"。[1]这些描述不由得让人联想到同一时期中国诗人陶渊明笔下的"世外桃源"。3—4世纪,北方蛮族不断南下侵扰,盛极一时的罗马帝国在内忧外患中走向分裂和崩溃。在这个"忧患的时代",富庶、安宁而又风景宜人的赛里斯国,给欧洲人留下了非常美好的印象。

罗马帝国分裂后,西罗马帝国因蛮族入侵而灭亡,从此断绝了与中国的联系,但东罗马帝国却幸运地获得了有关养蚕与丝绸生产的知识。根据西方文献的记载[2],当时中国丝绸的中转贸易被波斯人所垄断,6世纪中叶,东罗马皇帝查士丁尼一世不愿向波斯人购买丝绸,于是派出两位来自印度(亦有说来自波斯)的僧侣,许以重金,让他们去往东方产丝之地赛林达获取蚕种。两位僧侣偷偷地将蚕种藏匿在空心手杖中,混过边关检查,到达君士坦丁堡,成功地完成了使命。自此以后,东罗马有了自己的养蚕业与丝绸生产。关于产丝之地赛林达,有人认为就是赛里斯,有人认为是已经学会了养蚕缫丝技术的中亚某地。7世纪,从印度取经归来的唐代僧侣玄奘写了《大唐西域记》,记录了这样一则见闻,说瞿萨旦那国王为了获得丝绸技术,特地向东国公主求婚,让公主想办法将蚕种带过去。公主偷偷地将蚕种藏在自己的

[1] 马尔塞林.事业//戈岱司.希腊拉丁作家远东古文献辑录.耿昇,译.北京:中华书局,1987:71-72.

[2] 这个故事西方文献资料中有两处记载。一为赛萨雷的普罗科波所著的《哥特人的战争》:将蚕卵偷运到拜占庭的是两位印度僧侣,他们曾在丝绸产地赛林达生活过。二为拜占庭的泰奥法纳的记载:从事偷运的是一个波斯人,他将蚕卵藏在空心的手杖内。参见:戈岱司.希腊拉丁作家远东古文献辑录.耿昇,译.北京:中华书局,1987:96,116.

图 1-1 传丝公主画板
新疆丹丹乌里克遗址出土
英国大英博物馆藏

发髻中，顺利地带出了蚕种，于是瞿萨旦那国开始了丝绸生产。巧的是，新疆和田地区的丹丹乌里克遗址出土了一块木质画板，画板上一位侍女模样的人用手指着公主的头冠，让人联想到传丝公主的故事（图1-1）。这些远道而来的蚕宝宝，"并没有因思念祖先而憔悴，而是服从命令不断繁衍生息……为人类创造财富，体现艺术家们的憧憬，为教会的荣耀和王公贵族的虚荣服务"[1]。不管中国丝绸技术的外传是否需要这种间谍般的手段，但自从东罗马帝国有了丝绸生产后，中国与欧洲之间的丝绸贸易就衰落了。7—8世纪，随着阿拉伯人对中亚、西亚的征服，大唐的势力也退出中亚，此后陆上丝绸之路关闭，中国离欧洲越来越远了。

二、旅行家笔下的中国

13世纪，蒙古人从草原上崛起，成吉思汗和他的子孙们不但南下统一了整个中国，也像旋风一般刮向西方，将势力拓展到地中海边，建立了横跨欧亚大陆的强大帝国，客观上为丝绸之路的重新畅通扫清了障碍，商旅又重新出现在这条湮没已久的古道上。而欧洲与中国的交往，也在中断了若干个世纪后开始恢复。与古希腊、古罗马时期相比，中世纪的欧洲对中国的兴趣主要还是政治上和宗教上的。他们既害怕蒙古人的扩张，又希望与蒙古人联合起来，抵挡阿拉伯势力的扩张，因此他们积极地与中国取得联系。一些欧洲传教士、商人和旅行者来到中国后，虚无缥缈的赛里斯，突然在欧洲

[1] 赫德逊. 欧洲与中国. 李申，王遵仲，张毅，译. 北京：中华书局，2004：88.

人的视野中变得清晰起来。

　　罗马教廷第一次与蒙古大汗接触是在 1245 年。在法国里昂的一次宗教会议上，当时的教皇英诺森四世选派了两个东行的使团，其中一个由柏朗嘉宾（Giovanni da Pian del Carpini）率领，到达了蒙古的哈拉和林，并在那里参观了贵由大汗的登基典礼，1247 年携带蒙古大汗致教皇的信函返回。这次出使留下了一部珍贵的《柏朗嘉宾蒙古行纪》。在游记里，柏朗嘉宾第一次向欧洲人真实地谈到了中国，中国人的财富和勇敢给他留下了深刻的印象。例如被围攻时，居民们顽强抵抗，在箭与滚石用尽后，"便用银锭，甚至用已经熔化的银浆袭击敌人，因为此城内财富遍地"。柏朗嘉宾是以赞赏的态度谈到中原的，认为那里的人与北方游牧民族不一样，具有较高的文明，而且手工艺高超。"世界上人们所习惯从事的各行业中再也找不到比他们更加娴熟的精工良匠了。……［那儿］盛产小麦、果酒、黄金、丝绸和人类的本性所需要的一切。"在贵由大汗的登基大典上，柏朗嘉宾看到了来自中原和肃良合（高丽）的官员，他们带来了数量庞大的礼物——金子、银子与丝绸织物，其中包括"撑在皇帝头上的那种华盖或天幕，遍饰以宝石"。[1]

　　柏朗嘉宾之后，第二个向欧洲报告中国消息的是法国方济各会士威廉·德·鲁布鲁克（Guillaum de Rubruquis）。受法兰西卡佩王朝国王路易九世的委派，鲁布鲁克于 1253 年东行，并见到了拔都和蒙哥大汗。他于 1255 年返回，写下了一部《鲁布鲁克东行纪》。鲁布鲁克说蒙古人穿的丝绸和织金的料子是从中原与波斯等地运过去的。当时的哈拉和林有被蒙古人俘虏的大批中原工匠定居，隶属于大汗的宫廷。鲁布鲁克认为中国人就是古代的"丝国人"，他们生产最好的丝绸，用米酿酒，用刷子一样的毛笔作画与写字，手工艺举世无双。他还听说在中国"有一个城市，城墙是用银子筑成，城楼是金子"[2]。

[1] 柏朗嘉宾，鲁布鲁克.柏朗嘉宾蒙古行纪 鲁布鲁克东行纪.耿昇，何高济，译.北京：中华书局，2002：49-50，102.

[2] 柏朗嘉宾，鲁布鲁克.柏朗嘉宾蒙古行纪 鲁布鲁克东行纪.耿昇，何高济，译.北京：中华书局，2002：254，280.

1267年忽必烈将大都（今北京）定为新都后，最早到达大都并觐见忽必烈的欧洲人是意大利商人波罗兄弟一行人。他们第二次前往中国时，带上了马可·波罗（Marco Polo，亦有马哥孛罗等译法），并于1275年在上都的夏宫中觐见了忽必烈。此后，波罗一家留在中国，为元代宫廷服务长达17年。而在此期间，年轻的马可·波罗足迹遍及中国南北各省。马可·波罗的游历可能带有忽必烈交付的某种使命，因此他每到一地，就观察当地的城市、人民、工商业与风俗，并记在心中。马可·波罗返回威尼斯后，在一次威尼斯对热那亚的城邦战争中被俘。在狱中，他口述，鲁思梯切诺（Rusticiano）记录，他们合作完成了著名的《马可·波罗游记》。《马可·波罗游记》对欧洲产生了巨大的影响，因为这是第一部由在中国长期生活过的欧洲人写的游记，它的出版标志着欧洲对中国的了解开启了一个新纪元。

马可·波罗在书中着重描写了中国各省的城市生活。在他的笔下，中国的大部分城市人口众多，工商业发达，人民生活富足，崇拜偶像（指信仰佛教），用纸币进行交易。他特别提到了各地出产的大量丝绸，也提到了瓷器，但没有提及茶叶。尤其是杭州给他留下了非常美好的印象（图1-2），他毫不犹豫地称它为"世界上最繁荣最有钱的城市"。在他笔下，杭州工商业发达，城中遍布珍宝香料，有多个盛大的集市，物产极其丰富；城外更有一大湖，湖中有许多画舫摇橹船，"城中居民，不论工商，每天把事情做完以后，就带着妻妾，在湖上把一天所余的光阴消磨了"；城里建筑华丽，特别是南宋的皇宫用黄金与彩绘加以装饰；城内河道纵横，拱桥密布，还有许多石制与木制的宝塔；此地出产大量的丝，居民个个遍身罗绮；美丽的风光、繁华的都市加上享乐的人民，真可谓"天城"。①

另一位著名的旅行家是鄂多立克（Odorico da Pordenone），这位天主教方济各会士大约在1317年开始东游，

---

① 孛罗. 马哥孛罗游记. 张星烺，译. 上海：商务印书馆，1936：308-311.

图1-2 《马可·波罗游记》中描绘的杭州

1321年抵达印度,由此从海道来中国。大约1322年至1328年,他在中国旅行,并留下了一本著名的《鄂多立克东游录》。鄂多立克同样被中国繁华的城市生活打动,据他所言,中国南方有两千大城,其中任何一座的规模都超过意大利的城市;有众多的商人和工匠,生活富足。鄂多立克还注意到了香火兴旺的寺院以及用鸬鹚捕鱼的风俗,并称赞杭州是世界上最大和最高贵的城市,是"天堂之城"。鄂多立克最后到达大都,在那里待了三年。他记录了大都壮丽的皇宫、如棋盘式纵横的城市规划,以及皇帝出行与生活中的盛大排场。[1]

最后一位写下元代中国游记的欧洲人是马黎诺里(Marignolli)。受教皇本笃十二世的指派,他于1338年离开当时的教廷驻地——法国阿维农,1342年抵达大都。他在中国居留4年,于1346年经杭州、宁波、泉州从海路返回欧洲,1352年回到阿维农。马黎诺里也写了一部游记。在游记中,他同样赞美中国的富裕,并将杭州称为"现在存在的,或许曾经存在过的最了不起的城市"[2]。遗憾的是,这部游记直

[1] 海屯, 鄂多立克, 盖耶速丁. 海屯行纪 鄂多立克东游录 沙哈鲁遣使中国记. 何高济, 译. 北京: 中华书局, 2002: 69-81.

[2] 转引自: 赫德逊. 欧洲与中国. 李申, 王遵仲, 张毅, 译. 北京: 中华书局, 2004: 125.

到 1768 年才出版，对当时的欧洲没有产生什么影响。

上述旅行家的描述，经由英国人约翰·曼德维尔（John Mandeville）的浪漫虚构而变得更加引人入胜。这位从未出过远门的"旅行家"，利用能找到的一切资料，展开自己的想象，让笔下中国的财富和壮丽达到了前所未有的程度。比如说，宫殿的柱子是用纯金做的，墙上悬挂着散发香味的赤豹皮，皇帝的宝座和通向宝座的台阶是用黄金和宝石或者用镶有金边的水晶制成的，等等。[①]到此，中国游记变成了中国神话。随着明王朝的建立，蒙古汗帐中的欧洲人都被赶出了中原，神秘的 Cathay 带着耀眼的光芒垂下了帷幕。

马可·波罗笔下的 Cathay，直译为"契丹"，其意义与我们今天所理解的"契丹"不同。通常，他将 Cathay 指中国北方，但有时也指称整个中国。由于马可·波罗等多位旅行家的渲染，在欧洲文化中，Cathay 一词被蒙上了一层梦幻的面纱，成为一个鲜花盛开、财富遍地、人民享乐的人间天堂。于是，当 15 世纪大航海时代到来时，无数人怀揣梦想、跨洋越海去寻找传说中的 Cathay。1502 年，《马可·波罗游记》的葡文版在里斯本出版，其前言是这样写的："航向遥远的印度洋，拨旺了对那片叫做中国（Syne Serica）的未知世界的向往，那就是要寻访'契丹'（Catayo）。"[②]13—14 世纪时来到中国的欧洲人，将亲身经历写成游记告诉他们的同胞，使欧洲人对中国的认知得以大大拓展，同时也让欧洲人相信，在世界的东方，的确存在着一个伟大的帝国——中国，它疆域辽阔、人口众多，财富与城市的繁华都远在欧洲以上。除了美丽的风光与遍地的财富，这个东方帝国的人民与风俗也令人难忘，有很多细节被欧洲人记住了，比如繁华的集市、捕鱼的鸬鹚、留着长指甲的士大夫等等，这些一起构成了中国这个梦幻帝国在欧洲人心目中的浪漫图像。

---

① 曼德维尔.曼德维尔游记.郭泽民，葛桂录，译.上海：上海书店出版社，2006：84-88.

② 转引自：万明.中葡早期关系史.北京：社会科学文献出版社，2001：18-19.

第二节　繁荣的中国贸易

15—16世纪是人类历史上一个波澜壮阔的时代。在中国，郑和率领的庞大船队七下西洋，最远到达北非，完成了大规模的航海壮举；在欧洲，葡萄牙人开始了一系列海外探险活动，从而拉开了欧洲走向世界的序幕，将整个世界纳入了他们未来的发展轨道。东方航线的开辟，使传说中神秘的中华帝国真切地呈现在欧洲人的视野之内，不再遥不可及。为了发财致富的梦想，为了建功立业的荣耀，也为了传播福音，一批批欧洲人搭上了东印度公司前往中国的商船。18世纪的广州港，各国夷馆林立，各色国旗飘扬，大小船只穿梭港内，中国的丝绸、瓷器、茶叶等大宗商品和其他货物从这里装船起运，一派繁忙景象。这是"中国贸易"的黄金时代。

一、绕过非洲的航线

1497年7月8日，葡萄牙人瓦斯科·达·伽马（Vasco da Gama）率领船队从里斯本出发，沿非洲海岸线南行，绕过好望角，到达非洲东海岸的圣布拉斯湾。随后，他们越过陌生的印度洋，终于到达印度，东方航线从此开辟。1510年，葡萄牙占据了印度西海岸的港口——果阿，次年攻占了马来半岛的马六甲。几年后，葡萄牙人的船队就出现在了中国的南海。古代希腊、罗马作家笔下那神秘的"赛里斯"、中世纪马可·波罗与鄂多立克游记中那美丽富饶的"契丹"，终于实实在在地呈现在了欧洲人的面前。从此以后，欧洲与中国的交往翻开了全新的一页。

葡萄牙人在果阿和马六甲活动时，遇到了中国人和中国船只，了解到"中国"的存在，马上对中国产生了强烈的兴趣。正如葡萄牙学者路易·曼努埃尔·罗瑞洛（Rui Manuel Loureiro）所言，"葡萄牙人与中国人于1509年在马六甲的首次接触，证实了我们所有的憧憬：中国人除了贩卖丝绸和瓷器外，与我们西方人有着惊人的相似，从皮肤的白颜色到服饰和饮食以及彬彬有礼的举止"①。总之，中国人完全不同于葡萄牙人在东南亚遇到的其他民族的人。葡萄牙国王曼努埃尔一世听说了关于中国的事后，决定派遣一支舰队前往中国，寻求与中国建立贸易关系。1517年，被挑选的第一位欧洲使臣托梅·皮雷斯（Tomé Pires）就随费尔南·佩雷斯·德·安德拉德（Fernão Peres de Andrade）的船队在广州登陆，真实地踏上了中国的土地（图1-3）。此时正值明武宗在位期间，遗憾的是，雄心勃勃拓展海外事业的葡萄牙国王，与荒淫无度、玩世不恭的明武宗之间毫无对话的可能。葡萄牙使团在广州与北京两地等待经年，始终未见上武宗一面。在此期间发生了种种不愉快事件，最终葡使被驱逐出境。中国与欧洲之间意义重大的首次官方接触，就这样以失败告终。皮雷斯本人则在广州沦为阶下囚，后来客死中国。②

遣使失败的葡萄牙人总结经验，通过不断贿赂地方官员，在1557年左右，终于获准在中国澳门上岸筑屋。此后，随着明代对外贸易政策的调整，澳门逐渐发展起来，成为欧洲在中国建立的第一个贸易据点，同时，也成为欧洲各色人等进入中国内地的跳板。

从世界范围看，中国贸易只是欧洲与东方整个贸易体系中的一部分，但却是最重要的一部分。葡萄牙人经营的中国贸易，包括从澳门经印度果阿到达欧洲的航线，也包括从澳门到日本、东南亚，以及从澳门经菲律宾的马尼拉到达西属美洲的其他航线。据西方文献记载，每年载有200吨到800吨货物的船只由里斯本起航，满载着"毛织品、红布、水晶、玻璃制品、英国时钟、佛兰德工业品、葡萄酒"等西方物品驶向东方，沿途在各个港口进行交易活动，到达果阿后，再驶向马六甲，"大部分货物在那里交换香料、檀香木、暹罗的鲨鱼皮，随后由马六甲航向澳门"。③由于当时欧洲还拿不出中国需要的货物，所以，葡萄牙人先沿途在东南亚将欧

① 转引自：万明.中葡早期关系史.北京：社会科学文献出版社，2001：20.

② 万明.中葡早期关系史.北京：社会科学文献出版社，2001.参见"葡使在中国"一节.

③ 龙思泰.早期澳门史.吴义雄，郭德森，沈正邦，译.北京：东方出版社，1997：100.

图1-3 葡萄牙人登陆广州
荷兰文《安德拉德中国游记》插图
1706年
法国国家图书馆藏

洲商品换成当地土特产，再与中国交换。抵达澳门后，葡萄牙人又装载上在中国采购的生丝、丝织品、瓷器等，然后驶向日本。当时中日之间因"争贡之役"和倭寇骚乱等事件中断了贸易，而日本又紧缺生丝，葡萄牙人便用中国的生丝在日本换取白银和漆器等，最后满载着东方货物回到欧洲。根据有关资料记载，丝绸的利润率可达150%，瓷器的利润率则可达100%—200%。[①]

从在澳门建立贸易点到17世纪前期，葡萄牙人独享丰厚的利益，使里斯本一跃成为欧洲最大的商业中心。通过里斯本，东方商品源源不断地流向欧洲各国，促进了欧洲资本原始积累的进程。同时大量白银流入中国，对明代中期以后中国社会经济的发展起到了重要作用。

① 万明.中葡早期关系史.北京：社会科学文献出版社，2001：152-153.

二、东印度公司的利润

葡萄牙人在中国贸易中的垄断地位是通过法律条文确立的。根据西班牙、葡萄牙两国1494年《托尔德西里亚斯条约》和1529年的《萨拉戈萨条约》，葡萄牙对东方航线有垄断权，对中国、日本有"保教权"；凡来华之欧洲人，必须搭乘葡萄牙人的商船从里斯本启航，而且必须获得葡萄牙国王的批准。中国贸易丰厚的利润使得欧洲其他国家都想来分一杯羹，这就引发了对葡萄牙垄断权的挑战和欧洲国家之间的贸易竞争，西班牙、荷兰、英国、普鲁士、瑞典、丹麦、法国以及独立后的美国，都在16—19世纪加入对中国的贸易。

1575年，西班牙人继葡萄牙人之后来到中国，希望与中国建立直接的贸易关系。因为葡萄牙人担心失去在中国贸易中的垄断地位，西班牙人在中国建立贸易点的尝试屡屡遭到葡萄牙人的阻挠而未能成功。于是，西班牙人以菲律宾的马尼拉为据点，与中国展开间接贸易，即由葡萄牙人将中国货物运往马尼拉，西班牙人再将它们装上驶往美洲大陆（"新西班牙"）的大帆船。1633年，葡萄牙人被禁止前往马尼拉后，为西班牙帆船提供货物的主要是中国商人。尽管西班牙未能如愿在中国获得贸易据点，但其仍从中国—菲律宾—墨西哥的大三角贸易中获利丰厚。17世纪以后，西班牙势力渐弱，但根据记载，直至18世纪前期，每年仍有不少来自澳门、厦门、广州的中国货船到达菲律宾，其中多的年份有20多艘，少的也有10多艘。[1]18世纪后期，西班牙又开辟了中国—菲律宾—欧洲的航线。据专家研究，17—18世纪西班牙的菲律宾殖民地完全依赖于中国帆船贸易才得以生存发展。

17世纪的海上霸权属于荷兰。荷兰原本是西班牙的领地，属于尼德兰地区，1588年尼德兰联省共和国成立，挑战西班牙的权威。当时"马德里朝廷统治了里斯本市场[2]，英伦及自由的（反叛）尼德兰商人再不能自由地进入该市场了。如果英国人和荷兰人要取得他们餐桌上的香料及衣着上和赛会

---

[1] 加西亚.马尼拉帆船（1739—1745）.郭冰肌，译//中外关系史学会.中外关系史译丛（第一辑）.上海：上海译文出版社，1984：177-180.

[2] 指1580年葡萄牙归并西班牙，1640年复国。

里的丝绸，他们就必须……自己亲自前往原产地搜购"[1]。1602年，荷兰正式组建了荷兰东印度公司，1604年和1607年，荷兰曾两次试图在广东与中国进行直接贸易，均因澳门的葡萄牙人阻挠而失败。同时，荷兰不惜以海盗手段，在澳门与果阿之间的海上必经之地——马六甲海峡公开抢劫葡萄牙商船。其中最著名的是1603年荷兰东印度公司船长劫持葡萄牙商船"圣卡塔琳娜号"的事件，荷兰人将船上满载的中国瓷器等物品运抵荷兰港口阿姆斯特丹拍卖，赚得盆满钵满。1619年，荷兰在印尼的巴达维亚（今雅加达）建立了贸易据点，在从事东方贸易的同时，偶尔也抢劫葡萄牙与西班牙的过往船只，一时称霸海上。

在中国，1622年，荷兰人最后一次攻打澳门失败后，强占了台湾，建立起贸易据点。1662年，荷兰人被"国姓爷"郑成功驱逐出台湾。荷兰人在与中国的直接贸易上屡屡受挫，只能在外围进行间接贸易，但在与日本的贸易中，他们如愿以偿地取得了垄断地位。18世纪30年代，荷兰重新开始与中国的直接贸易，"科思霍恩号"首航中国成功，并获得了丰厚利润。此后荷兰又先后组织了11次与中国的直接通商（图1-4）。1985年，英国商人迈克尔·哈契尔（Michael Hatcher）打捞荷兰沉船"盖尔德马尔森号"，一次便打捞出15万件中国瓷器，由荷兰输入欧洲的中国物品之多，由此可见一斑。[2]但18世纪已经是属于英国的时代了，荷兰在远东的贸易地位最终被英国所取代。

东方航线开辟后，敏锐的英国即着手尝试与中国建立贸易关系。但直到1635年，第一艘英国商船"伦敦号"才出现在广州港，且因葡萄牙人的阻挠未取得任何成果。两年后，英国商船再度前来中国，在虎门又与明朝官兵发生冲突。与荷兰一样，18世纪以前，英国与中国建立直接贸易的企图一直没有成功，只能不甘心地在中国外围进行间接贸易。

进入18世纪以后，形势对于英国建立海上霸权变得更

[1] 马士.东印度公司对华贸易编年史（1635～1834年）（第一、二卷）.区宗华，译.广州：中山大学出版社，1991：3.

[2] 黄时鉴.从海底射出的中国瓷器之光//黄时鉴.东西交流论谭.上海：上海文艺出版社，1998：466-480.据有关档案记载，荷兰商船"盖尔德马尔森号"于1751年12月18日满载中国物品离开广州港，在行驶了16天后沉没。

图 1-4　荷兰东印度公司的贸易船
铜版画
1789 年
荷兰阿姆斯特丹航海博物馆藏

图 1-5　英国东印度公司的快帆船
油画
1815 年

为有利。这一方面是因为荷兰海上势力的衰落，另一方面是 1708 年英国两个东印度公司合并，组成了所谓的"荣誉东印度公司"，此举加强了商人资产阶级力量与国家的结合，使其成为在亚洲地区最有势力的西方贸易集团。此外，17 世纪末英格兰银行的建立，也为东印度公司提供了金融方面的大力支持，英国的力量蒸蒸日上。18 世纪，茶叶取代香料成为东方贸易中最重要的商品，这也使得茶叶进口大国——英国提升了在远东的优势地位。有一组数据可以显示英国在中国贸易中之强势：1736 年，有 12 艘欧洲商船到达广州，其中英国有 5 艘；到 1757 年，共有 27 艘商船前来广州开展贸易，其中英国增加到 10 艘；[1] 1775 年至 1804 年，来华开展贸易的英国商船更达 495 艘（图1-5）。

　　法国进入远东海域的时间较晚。17 世纪后半叶，法国东印度公司先后派遣过几艘船航行至东方，但收益未达预期。1689 年，法国"昂菲特里特号"商船首航中国，标志着中法之间直接贸易的开始。该船于 1700 年返航，除了康熙皇帝赠送给路易十四的礼物外，还满载着在广东换购的大量工艺品，包括折叠屏风、纸画等。这些工艺品在法国南特市公开拍卖，激发了法国公众对中国的热情。此后法国又相继派出过几艘商船。1719 年，法国国王命令东印度公司、帝国对华贸易公司和西方公司合并为"印度公司"，管理法国海外殖民地贸易。总体来说，与英国相比，法国的中国贸易始终未

[1] 赫德逊. 欧洲与中国. 李申, 王遵仲, 张毅, 译. 北京: 中华书局, 2004: 216.

能得到充分发展，但这没有妨碍法国人对中国文化的强烈兴趣。各国贩运到欧洲的中国外销艺术品，有相当一部分是流向法国的。

北欧的瑞典和丹麦也是中国贸易的重要成员。1713年，瑞典东印度公司成立。第二年，瑞典船只首航中国获得成功，此后每年都有瑞典贸易船来华。从1731年到1806年，瑞典东印度公司共进行了130个航次的航行，其中127个航次的目的地是广州。瑞典的主要出口商品是铁、木材和鲱鱼油等，他们先将这些货物运到西班牙的加的斯换取白银，然后再到广州采购商品。瑞典从中国进口的主要商品是茶叶，其次是瓷器和丝绸。有人估计，瑞典东印度公司从中国进口的瓷器有3000万件之多。1616年丹麦东印度公司成立后，在75年内也派出了123艘商船来华开展贸易。尽管是后来者，但瑞典和丹麦从中国贸易中获得的利益也是相当丰厚的。1745年，瑞典的"哥德堡号"满载中国物品返航，就在离家乡港口不到一公里的海面上沉没，成为18世纪东方贸易中一个引人注目的事件。

奥地利和普鲁士基本上是内陆国家，直到1722年，哈布斯堡王朝才成立了开展东方贸易的奥斯坦德公司。两年后，飘扬着双头鹰旗的普鲁士商船出现在印度海岸，让各国商人大为吃惊。但此后，欧洲内部的纷争让普鲁士君主无暇他顾。18世纪中期，普鲁士成立了亚洲贸易公司，其商船还经常来中国开展贸易，但到18世纪后半期，普鲁士陷于"七年战争"[1]，其商船基本上绝迹于中国海岸。

最后赶上中国贸易末班车的是美国。殖民地时期，贸易管制不允许美国直接在东方进行贸易活动。以1773年波士顿倾茶事件为导火索，美国独立战争爆发。1783年独立战争胜利，第二年，美国商船"中国皇后号"就立刻启程前往中国，出发日选在2月22日第一任总统华盛顿的生日那天，

[1] 七年战争（1756—1763）：因普鲁士的崛起而爆发的英国—普鲁士同盟与法国—奥地利—俄国同盟之间的为争夺欧洲霸权与海外殖民地的一场大规模战争，欧洲格局因此发生了较大变化。

船长为约翰·格林（John Green）。美国商船运往中国的除了银圆，还有受中国市场欢迎的西洋参等美国本土物产，而美国购入的主要是茶叶、丝绸、南京布、瓷器以及其他众多家用物品。到19世纪，在中国贸易中占据主要地位的就是英国和美国了。

三、从香料、丝绸到瓷器、茶叶

16—18世纪，在长达近三个世纪的岁月中，伴随着印度洋的季风，欧洲各国的商船扬帆而来，在中国官方指定的港口——广州进行大采购，并满载着中国商品返回。那么从中国装载的商品主要有哪些呢？让我们先看看两份清单。

1592年，从葡属亚速尔群岛出发的一条西班牙大帆船"圣母号"，被英国伊丽莎白女王的舰队劫持到英国港口城市普利茅斯，从船上卸下的东方物品把英国人看呆了。当时一名叫理查德·哈克卢特（Richard Hakluyt）的人将看到的物品记了下来：

> 船上装载的货品（珠宝除外，因为珠宝太贵重了，他们不会让我们看到）主要有香料、药材、丝绸、印花棉布、被褥、毯子和颜料等。香料有胡椒、丁香、肉豆蔻皮、肉豆蔻、肉桂、生姜；药材有贝加明延令草、乳香、良姜、鞣用枫膏、龙血芦荟、凤仙花等；丝绸有缎子、塔夫绸、里子绸、仿金线织物、中国生丝、细丝绸、白色斜纹丝绸……；棉布有白色宽幅的，有精细浆水的，有棕色的，等等，也有华盖以及菱形花纹的毛巾、薄绸和棉布的被褥、与土耳其毛毯类似的毯子；还有不知哪儿来的珍珠、麝香、麝香猫、龙涎香等。其余货物数量较大但价值不高，如象牙、中国瓷器、椰子、兽皮、如黑玉般的黑檀木、床架、奇怪的树皮纤维织物、手工艺品等。[1]

[1] Honour, H. *Chinoiserie: The Vision of Cathay*. London: John Murray, 1961: 42.

第二份清单是菲律宾的西班牙贸易当局对1739—1740年中国帆船上装载货品的调查。一艘来自厦门的别号"海马"的小货船的装载货物清单主要内容如下：

> 230捆吉若利三等棉布，500包普通亚麻布，2000条普通大清毛毯，3000条披肩，3500条东古毛毯，4000条粗毛毯，3500匹普通薄毛呢，3180匹普通棉布，15担粗丝，10担乱丝，13担三等粗丝，4000匹白绸，200匹印花绢，150只粗瓷杯，3000双男丝袜，1180双三等女丝袜，800双男青年丝袜，20000把深色纸伞，800把大彩伞，100箱渔网，100箱绳索，100箱布袜，800担明矾，100箱茶叶，25箱冰糖，40大桶甜柑，50大桶干桂圆，100桶荔枝，100小桶核桃仁，2000口大小不等的平底锅，96000只粗瓷盘，35600只大瓷盘，1000担中国生铁，1500担小麦，400块中国台阶石料，600块石板，48箱深色虫漆，60盒次等虫漆，24扇屏风，30箱涂板料。①

另外还有三艘来自厦门和澳门的中国货船，装载物品与"海马号"类似。

将上述两份清单进行对比，我们可以看到16世纪与18世纪欧洲从东方输入商品的差异。16世纪东方贸易的目标，首先是产自东南亚和印度的香料和药材，用香料制作的调味品是餐桌上的必备品，其次是中国的丝绸和印度的棉布。瓷器、家具等已经运往欧洲，但欧洲人似乎还没有意识到它们的巨大价值。欧洲有自己的丝绸产业，但中国生产的丝绸织物仍然深受欢迎，在欧洲人采购的商品中占有很大比例，印度棉布也是大宗购入的产品之一。

一开始，瓷器的价值并不被欧洲商人看重，是作为压舱

---

① 加西亚.马尼拉帆船（1739—1745）.郭冰肌，译//中外关系史学会.中外关系史译丛（第一辑）.上海：上海译文出版社，1984：180-182.

货品运往欧洲的，但随香料船运抵里斯本与阿姆斯特丹的数量不多的瓷器，很快受到了欧洲尤其是法国、德国上流社会的青睐，人们纷纷购进瓷器作为东方珍品加以珍藏。高额的利润使中国瓷器越来越多地输入欧洲，终于在17世纪达到惊人的数量。据有关资料统计，在1602—1682年的80年间，通过荷兰东印度公司输入欧洲的中国瓷器就达到1600万件以上，这还未包含其他国家贩运的数量。[①]因此17世纪输入欧洲的东方物品，除香料外，主要是中国瓷器和印度棉布，而丝绸贸易的比例有所下降。

茶叶是17世纪中期开始由荷兰输入欧洲的，到18世纪饮茶习俗已经在欧洲各地兴起，特别是英国成为茶叶消费量最大的欧洲国家。茶是东方贸易中中国送给欧洲的最后一件大礼。如果说，16世纪东方贸易以香料与丝绸为主，17世纪以瓷器与丝绸为主，那么18世纪占主导地位的已经是茶叶了，这也是茶叶消费量巨大的英国最终取代荷兰成为海上霸主的重要原因之一。除茶叶外，18世纪中国瓷器仍受欧洲市场欢迎，生丝原料也为欧洲纺织工业所急需，而丝绸制成品所占份额已经不多了。

要说明的是，16世纪开启的中国贸易具有某种约定俗成的意义，它凭借的是大帆船，必须依赖印度洋或太平洋的季风，对采购时间、采购地点（广州）和返航时间都有一定限制，故又称"帆船贸易"。17世纪后期至18世纪是中国贸易的鼎盛期，19世纪初依然维持了一定的规模，但盛极一时的外销瓷，由于欧洲本土瓷器的崛起和太平天国运动对景德镇的破坏已风光不再。1840年鸦片战争爆发后，五口通商，机动快船投入海上运输，大量洋货倾销内地，而中国外销艺术品却走向衰落，其贸易性质与17—18世纪相比已有很大不同。中国贸易的时代过去了，但繁荣的场景、繁忙的港口在中国外销画与西方同时代油画上都有大量的反映（图1-6）。

---

① 朱杰勤.中外关系史论文集.郑州：河南人民出版社，1984.

图 1-6 从河南岛眺望十三商馆
中国外销画
约 1852 年
美国皮博迪·艾塞克斯博物馆藏

第三节 踏上神奇的国土

自 16 世纪葡萄牙人开辟中国贸易以来，不少西方传教士、商人与使团成员来到中国，以不同的角度观察中国、报道中国。综观这些报道，在 18 世纪中期以前，西方人对中国的评价基本上是正面的，即使有贬抑之处，也是态度客观，并对中国不同于西方的奇特有趣的生活细节给予关注，他们传递给西方的仍然是一个强大、富裕、美好、奇特的中国形象。17—18 世纪西方的中国热与中国风设计的兴盛，在很大程度上与对中国的报道有关。

一、欧洲人对大明帝国的印象

大航海时代以来，最早的中国报道来自葡萄牙的商旅与使臣。葡萄牙人在到达马六甲海峡时，在那里接触到了中国商船与中国人，留下了很好的印象。1517年，皮雷斯受葡萄牙国王曼努埃尔一世的派遣，成为第一位前往中国的欧洲使臣。但这次出使是失败的，最后皮雷斯不但没有见到明武宗，还因种种原因被关进了广州的监狱。有趣的是，16世纪中期以前，几份葡萄牙人对中国的报道都来自监狱。除皮雷斯的同伴从狱中偷寄出来的信外[①]，还有一位在中国度过6年囚禁生涯的无名氏，以及在中国沿海从事走私贸易并在福建被关押的盖略特·伯来拉（Galeote Pereira）的见闻[②]。这些人对中国的报道涉及政治制度、科举、经济、生产贸易和日常生活等内容，而且由于他们的亲身经历，这些报道还特别详细地介绍了中国的司法制度。虽然囚禁生活并不愉快，但他们还是以一种敬佩的心情来描述中国。在谈到司法制度时，他们介绍了囚徒在监狱里受到的严刑拷打，同时也强调中国的司法是相当公正的。伯来拉还介绍了皇亲国戚的豪华生活、中国人的着装打扮、江西出产的大量瓷器、中国男人留长指甲和女人裹小脚的风俗，以及渔夫用鸬鹚捕鱼等有趣的细节，与马可·波罗对中国的记载遥相呼应。

16世纪后期，葡萄牙人对中国的介绍以多明我会传教士加斯帕·达·克路士（Gaspar da Cruz）的《中国志》、费尔南·门德斯·平托（Fernão Mendes Pinto）的《游记》和历史学家若望·德·巴洛斯（João de Barros）的《第三个亚洲十年史》最为重要。克路士在1556年到过广州，虽只居留数月，但作为一个敏锐的观察家，他在1570年出版的《中国志》中记载了明代广州的各种风貌，对城市建筑、交通和丰富的物产给予了相当的关注。他还谈到了长城、饮茶、用鸬鹚捕鱼、人工孵鸡、印刷术以及女子缠足等细节。[③]平托的《游记》完稿于1580年，尽管有人对此书的真实性提出过怀疑，但它一经完稿就被争相传抄，并在1614年正式出版，后被译成多种欧洲文字，影响很大。这本书对中国给予了高度评价，

[①] 严建强.十八世纪中国文化在西欧的传播及其反应.杭州：中国美术学院出版社，2002：56.

[②] 伯来拉.中国报道//博克舍.十六世纪中国南部行纪.何高济，译.北京：中华书局，2002：18-29.

[③] 克路士.中国志//博克舍.十六世纪中国南部行纪.何高济，译.北京：中华书局，2002：64-96.

认为中国不但经济极其繁荣，更重要的是政治清明、法律公正、社会和谐，世界上其他国家的文明与其相比，都黯然失色。巴洛斯虽然没有到过中国，但他的仆人是历史记载中最早到达欧洲的中国人之一。巴洛斯还提到了一种曾在西方流传甚广的说法，称中国人有一种优越感，他们认为自己是用两只眼睛看东西的，欧洲人只用一只眼。①

16世纪西班牙对中国的介绍和评价，以西班牙奥斯定会修道士胡安·冈萨雷斯·德·门多萨（Juan González de Mendoza）的《中华大帝国史》为代表。②该书于1585年问世，立刻在欧洲引起轰动，仅在16世纪余下的10多年间就被译成拉丁文、意大利文、英文、法文、德文、葡萄牙文以及荷兰文等7种文字，发行46版，可谓盛况空前。这从一个侧面反映出当时欧洲是多么迫切地想要了解中国。很多西方汉学家认为，这本书是16世纪描述中国自然环境、历史文化、风俗礼仪、宗教信仰以及政治、经济的最全面、最详尽的一本著述，是《利玛窦中国札记》以前在欧洲最有影响的一本有关中国的百科全书。门多萨曾被西班牙国王菲利浦二世派往中国，由于受到墨西哥当局的阻挠未能成行。他虽然从未踏上中国的土地，却以过人的才华，收集了那个时代所能收集到的一切有关中国的资料，写成了这部巨著。而对其写作帮助最大的，是西班牙奥斯定会修道士马丁·德·拉达（Martín de Rada）的《记大明的中国事情》。

拉达作为西班牙使节，曾于1575年在福建滞留两个多月，返回欧洲后，撰写了一本书名很长的回忆录，英译本将书名简化为《中国札记》，中文版即《记大明的中国事情》。在这本书里，拉达根据实地考察，对大明帝国的各个方面做了详细介绍。更重要的是，他在中国购买了百余种典籍，带到菲律宾后，请当地华人为他翻译，因此，拉达的叙述具有很大的可信度。16世纪欧洲人来到中国后，始终为一个问题苦恼，即马可·波罗笔下的"契丹"（Cathay）是否就是当下的中国（China），

① 11世纪初，类似的说法在伊斯兰国家已有流传，后来在欧洲各国也流传很广。见：欧文.伊斯兰世界的艺术.刘运同，译.桂林：广西师范大学出版社，2005.

② 张铠.16世纪欧洲人的中国观——门多萨及其《中华大帝国史》// 黄时鉴.东西交流论谭.上海：上海文艺出版社，1998：71-102.

大都是否就是北京。正是拉达经过考察，首先确证中国就是马可·波罗笔下的"契丹"，按朝代称为"明"。①不久以后，在印度传教的葡萄牙耶稣会士鄂本笃（Bento de Góis），以及在中国传教的意大利耶稣会士利玛窦（Matteo Ricci），也通过艰苦的努力，证明了"契丹"只不过是中国的另一个名字，大都就是北京城。这一问题的解决，"奠定了一个新的地理时代"。②

门多萨《中华大帝国史》的意义在于，此前有关中国的传闻和经历虽然不少，但大多是零星、分散和不系统的，是门多萨将所有相关信息加以整合，第一次向欧洲人提供了一个系统、完整、全面和清晰的"中国图像"。它的问世，标志着马可·波罗以来欧洲人在中国知识上取得的巨大进步。相比于马可·波罗的夸大其词，作为传教士和学者的门多萨文笔优美而且资料翔实。综观门多萨笔下的中国，可以将其概括为以下几点：（1）中国是一个地域广阔的文明古国，自称"大明"；（2）境内有完好的道路网，路面平整宽阔，有些地方水路相连，有如威尼斯；北京是中国最大的城市；（3）中国人富有建筑才能，城池宏伟，其中最伟大的建筑是长城；（4）中国物产丰富，农田纵横，出产大量蚕丝和精美的丝绸，手工艺极为发达，瓷器数量众多；（5）中国商业发达，交易繁荣，货币形式多样；（6）中国军队人数众多，但兵器落后，士兵不够勇敢；（7）中国皇帝具有统治全国的权力，官吏以考试制度选拔，有完整的法律体系；（8）官吏和贵族出门坐轿，妇女从不抛头露面；饮食豪奢，有奇特的乐器和娱乐方式；（9）中国历史悠久，有独特的教育体系，图书丰富，人民文明，有教养；（10）中国人在科学技术方面有很高的成就，早在德国人古腾堡之前约400年就发明了印刷术。由此可见，门多萨对大明帝国的介绍多是正面的，他的溢美之词为17—18世纪中国形象的构建奠定了基础。

---

① 拉达.记大明的中国事情//博克舍.十六世纪中国南部行纪.何高济，译.北京：中华书局，2002：185.

② 利玛窦，金尼阁.利玛窦中国札记.何高济，王遵仲，李申，译.北京：中华书局，2001：549-559.

二、传教士的赞誉

学术界通常以 1687 年法国耶稣会士来华为标志,将西方汉学研究分为前后两个阶段。在前一个阶段,有关中国的众多著述以对中国的综合报道为主,其中影响最大的是《利玛窦中国札记》和阿塔纳修斯·基歇尔(Athanasius Kircher)的《中国图说》(*China Illustrata*)。

《利玛窦中国札记》是利玛窦去世后留下的一部手稿,1614 年由耶稣会士金尼阁(Nicolas Trigault)在回国途中译成拉丁文,并增加了有关内容,1615 年在德国奥格斯堡出版,很快被译成各种文字,广为传播。利玛窦的重要性不仅在于他的观察源于其在中国的长期生活,更在于他是一个掌握中文并能对中国典籍进行直接阅读的欧洲人(图 1-7)。因此,他的叙述摆脱了一味的赞美和猎奇,而是以观察者的身份,将他了解的中国和中国文化娓娓道来。书中展示的是一个地大物博、繁荣富庶,人民善良平和、勤劳聪慧的中国,尽管也存在很多消极面,但他对中国的总体评价是积极的。

基歇尔的《中国图说》是综合耶稣会士的第一手资料写成的,该书有一个突出的特点是图文并茂。他在书中安排了 50 幅插图(图 1-8),介绍中国服饰、建筑与生活场景,虽然其中不乏想象的成分,但大大增加了欧洲读者的阅读兴趣。

1687 年,李明(Louis Le Comte)、白晋(Joachim Bouvet)等五位法国耶稣会士受法国国王路易十四的派遣来到中国,此时明王朝已经覆亡,住在北京宫殿里的皇帝已是清代大有作为的康熙。与早期传教士不同,这批法国传教士既是负有国家使命的使者,同时又是具有极高素养的学者。他们在中国传教的同时,撰写了大量有关中国历史、哲学、文学、地理、自然科学方面的著述,并翻译了儒家与道家等的经典著作,将中国文化分门别类地介绍给欧洲,而不是笼统地介绍中国。这些著述引起了欧洲知识阶层的浓厚兴趣,对 18 世纪欧洲启蒙运动的思想家产生了很大的影响。但要说社会反响最热烈

图1-7 利玛窦像
木板油画
游文辉绘
约1610年
意大利罗马耶稣会总会档案馆藏

图1-8 中国皇帝
《中国图说》插图
1667年

① 中文版为：杜赫德.耶稣会士中国书简集（共六卷）.耿昇，等译.郑州：大象出版社，2001，2005. 根据1819年法国里昂14卷本《耶稣会士通信集》中的"中国部分"译出。

和对中国热影响最大的，则莫过于《耶稣会某些传教士写自中国和印度的书简》（简称《耶稣会士通信集》）①了。

《耶稣会士通信集》是在域外传教的耶稣会士的通信汇编。耶稣会是一个半军事化的宗教团体，要求其成员以通信的形式对传教国的情况和传教的进展等加以汇报，这一制度使得传教士在中国的经历和种种见闻源源不断地流入欧洲。18世纪初，随着"礼仪之争"的激化，耶稣会受到各方指责。作为回应，耶稣会总书记郭弼恩（Charles Le Gobien）神父将传教士的书信整理汇编，结集出版，向外界展示传教士们在域外传教的艰辛、热忱和成果。第一卷于1702年在巴黎出版，即《耶稣会士通信集》，出乎意料地受到法国社会各界的极大欢迎。此后通信集不断出版，到1776年汇成了34卷本的大型文集，其中关于中国的部分也称作《中国回忆录》。对"礼仪之争"的前因后果，本书不做阐述，但争论双方为了说明自己的观点，纷纷撰文著书，以期将自己理解的中国文化介绍给欧洲，驳倒对方，争取更多的同情和支持。这一过程客观上造成了中国文化以前所未有的规模输入欧洲，并导致了汉学在欧洲的兴起。

由于传教士们是以通信的方式报道中国的，在反映中国社会的广度和深度上都有很大的空间，可以说事无巨细。比如对中国建筑和艺术的评论，对景德镇瓷器生产工艺的介绍，甚至对中国民间一种绢花的制作工艺，都叙述得极为详尽，充满着各种戏剧性的事件，同时为读者展现了许多有关中国生活的形象而生动的细节。虽然书信集的出版没有改变耶稣会最终被解散的结局，但对18世纪欧洲中国热的兴起却起到了极大的推进作用。

《耶稣会士通信集》编辑者之一的杜赫德（Jean-Baptiste du Halde）神父有感于众多珍贵的中国资料难以充分利用，将其单独编辑成《中国通志》一书。书中汇集了众多传教士，特别是法国传教士对中国文化的介绍和研究。该书充满了对中国的景仰之情，对中国的方方面面做了百科全书式的介绍，将中国描写成世界上物产最丰富、疆域最广袤、风景最美丽的国度之一。该书于1735年出版，也有插图，受到法国社会各界欢迎，成为18世纪有关中国知识的权威著述。

三、来自商人与使节的报道

17世纪至18世纪前期，除来华传教士对中国的全方位报道外，还有一部分报道来自商人和使节，他们的记载虽然不够全面，却是对传教士中国观的一种补充，提供了欧洲人观察中国的另一种视角，特别是其中的插图，成为欧洲民众了解中国的形象资料。

1637年，英国人约翰·威德尔（John Weddell）船长率领的商船，在广州卷入了一系列小型冲突，最后带着不愉快的回忆离开了广州。但船员彼得·蒙迪（Peter Mundy）将这次经历及对中国的考察，以日记的形式记录了下来，而且配

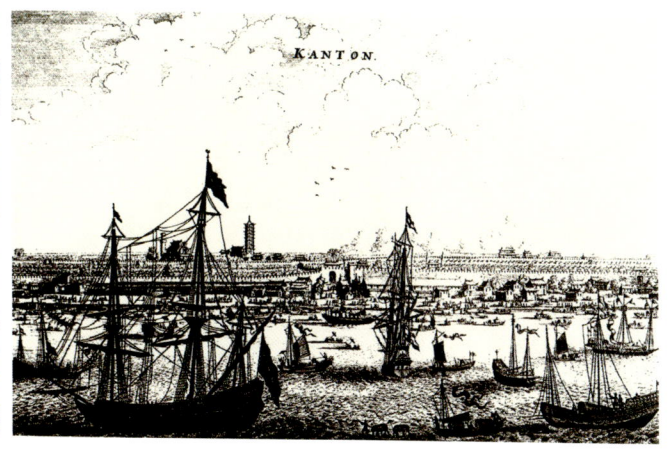

图1-9 一位地方行政官员在工作
彼得·蒙迪绘
1637年

图1-10 广州城景观
《中国出使记》插图
1665年

上了插图。其中有一幅速写描绘了明代官员断案的场面（图1-9），后来经常被引用。蒙迪对中国的评价基本上是正面的，称其"悠久、广袤、富庶、有益于健康而且[物产]充足"[①]。

荷兰人约翰·纽霍夫（Johan Nieuhof）是另一个产生过重大影响的叙述者。纽霍夫的生平经历记载不多，他一生中最重要的时期都是在国外尤其是东方度过的。1655年，在印尼巴达维亚，纽霍夫被雇用为荷兰东印度公司派往中国的第一个外交使团的成员。使团于同年7月从巴达维亚启航，在广州（图1-10）登陆，再前往北京，最后于1657年3月返回巴达维亚，历时21个月。荷兰使团入京的目的，是与清顺治皇帝商讨贸易机会，希望与中国建立直接的贸易关系。但顺治皇帝延续了明代的对外政策，使团除了收到一大堆礼物外并无实际进展。尽管如此，使团在中国境内的长途跋涉和在北京的逗留，却给了纽霍夫一个近距离观察中国的机会。1665年，纽霍夫以其观察为基础，在阿姆斯特丹（一说莱顿）出版了一本名为《联合省份的东印度公司派往觐见鞑靼大汗即中国皇帝的使节》（简称《中国出使记》）的著作，立刻成为畅销书，短短几年内出现了多个新版，并被译成法文、德文、英文和拉丁文。特别令欧洲读者感兴趣的是，书中附有150幅由温瑟斯劳斯·赫拉（Wenceslaus Hollar）和其他

① 严建强.十八世纪中国文化在西欧的传播及其反应.杭州：中国美术学院出版社，2002：63.

第一章 遇见东方——中国风兴起的时代背景

035

艺术家制作的精美版画，真实地记录了中国的城市面貌、民情风俗和自然景色（图1-11）。

还有一本书是奥尔夫特·达普（Olfert Dapper）所写的中国游记，1670年在阿姆斯特丹出版。[1] 达普是一名荷兰牧师，1667年随彼得·范·侯尔恩（Pieter Van Hoorn）率领的另一支荷兰使团到达北京。该书是作者在途中的观察结果，也配有非常精美的插图，其中常被引用的一幅插图描绘了紫禁城午门（图1-12）。

以上三部书，包括前述耶稣会士基歇尔的《中国图说》，以图文并茂的形式向欧洲人描绘了一个他们亲眼看到的中国。在17世纪后期至18世纪，这些书中的插图广为流传，成为欧洲人了解中国的一个窗口，其视觉形式对欧洲的中国式建筑、园林的兴起和发展有过很大的影响。直到18世纪末，威廉·亚历山大（William Alexander）陪同英国大使马戛尔尼爵士（Sir George Macartney）来华，在旅行途中所画的水彩画作品问世以后，前述插图的地位才被取代（图1-13）。

除阐述亲身经历的游记外，还有一些介绍中国的著作问世。不断增多的中国资料为作者的写作提供了素材，而商人与旅行者从澳门或广州带回欧洲的中国书籍、绘画与雕像等，也是可资参考的图像资料。如从澳门带回的中国明代小雕像（图1-14）[2]，很快被复制为版画，出现在介绍东方物品的出版物中。

图1-11 表演者
《中国出使记》插图
1665年

图1-12 紫禁城午门
铜版画
17世纪

[1] Ledderose, L. Chinese Influence on European Art, Sixteenth to Eighteenth Centuries. In Lee, T. H. C. (ed.). *China and Europe: Images and Influences in Sixteenth to Eighteenth Centuries*. Hong Kong: The Chinese University of Hong Kong Press, 1991.

[2] Lach, D. F. *Asia in the Eyes of Europe: Sixteenth Through Eighteenth Centuries*. Chicago: The University of Chicago Library, 1991.

图 1-13 大运河上的景色
水彩画
威廉·亚历山大绘
1805 年
英国大英图书馆藏

图 1-14 明代小雕像
书籍中的插图
1655 年

第四节　启蒙运动与中国热

17—18 世纪，欧洲对中国表现出强烈的兴趣，除了大航海激发起的寻找东方的热情、中国贸易的繁荣以及传教士们传播福音的行动外，还因为欧洲自身的社会发展已经到了一个重要的历史关口。在政治制度上，自中世纪晚期以来，欧洲封建领主制逐步解体，王权不断加强。在这一过程中，各国都朝着中央集权的君主制度发展，其中以法国最为典型。从路易十四亲政至法国大革命爆发的这段时期（1661—1789）被称为"专制主义时代"。路易十四以"太阳王"自居，建立起当时欧洲最强大的王权，宏大辉煌的凡尔赛宫就是这种权力的象征；在经济上则采取重商主义政策，千方百计地通过征税增加国家财政收入。只有英国的体制有所不同，经过 1688—1689 年的"光荣革命"，君主的权力受到一定限制，贵族的力量相对强大。总之，君主制在欧洲各国发展起来，社会管理、经济税收、教育文化等领域都进行了一定的改革。

对这一时期的欧洲来说，最重要的还是科技进步以及人们思想观念的转变。16 世纪的地理大发现和日心说的确立，使中世纪以来不可动摇的传统思想受到了挑战。从 17 世纪起，英国思想家培根、法国哲学家笛卡尔倡导科学方法论，英国科学家牛顿发现万有引力定律……一系列变革逐渐将欧洲带入了一个新的世界。到了18世纪，一场被称为"启蒙运动"的思想浪潮就席卷了整个欧洲。"启蒙运动的主要思想源自三个基本前提：（1）整个宇宙可以被充分认识，它是由自然而不是超自然的力量支配的；（2）通过严格使用科学方法可以解决每一个研究领域的基本问题；（3）人类可以被教化以至于获得无止境的改善。"[1]总而言之，人们认为可以通过人类自身的努力，通向一个更加和谐美好的世界。

启蒙运动主要以18世纪的法国为中心展开，并辐射到欧洲主要国家。当东印度公司的股东们为东方贸易的巨额利润欢呼，当各阶层的人们争相追逐来自东方的瓷器、漆器、丝绸、棉布及其他稀罕物品时，法国的知识精英们却在中国发现了一个符合启蒙运动理想的新天地。来自中国的报道以及"礼仪之争"的结果，使得有关中国的知识被大大拓展了。于是，这个东方大国从欧洲古代的"中国幻象"中脱颖而出，成为一种理想的社会制度的载体。"在这个社会里，每个人都可以被崇高的自然美德引导到任何领域去，并从而造成一种完全和谐的、可信赖的关系构成的体系。毫不奇怪，当年四分五裂的欧洲曾把这种中国式的和谐视为他们的理想；也毫不奇怪，在这一理想典范面前，出现了许多启蒙的构想，并从而给今天的西方社会形态以不可磨灭的影响。"[2]

伏尔泰被认为是法国启蒙运动的代表。他把中国视为人类社会最好的样本，是举世最优美、最古老、最广袤、人口最多而且治理最好的国家。中国历史悠久，历史记载合乎理性，选拔人才通过考试（科举制度），国家治理依靠开明君主和知识精英，而儒家学说在他看来正是以遵循自然规律为原则的"理性宗教"，足以取代西方占主流地位的"神示宗教"。《风俗论》是伏尔泰的一部重要著作，该书第一次把中国文明纳入世界文明史中。在经济领域，代表人物是法国的魁奈，

[1] 勒纳，米查姆，伯恩斯，等. 西方文明史. 王觉非，等译. 北京：中国青年出版社，2003：616.

[2] 安文铸，关珠，张文珍. 莱布尼茨和中国. 福州：福建人民出版社，1993：序1.

他赞赏中国自古以来的重农政策，提倡以农为本，认为只有发展农业才能增加财富，贬低货币和商业资本在经济发展中的作用。总而言之，启蒙运动是欧洲精神文化领域的重大转折点，而"理性"则是这场运动的核心内容。不难看出，西方的先哲们在启蒙运动中的思考、探索和提出的主张，在一定程度上是以中国为参照系的。

在德国，作为启蒙运动先驱者的莱布尼茨对中国的兴趣尤其强烈，他在孔子学说和宋明理学中发现了与自己所倡导的自然神论接近的东方版本，并出版了德国历史上第一部关于中国的书——《中国近事》。他在书中这样说："有谁过去曾经想到，地球上还存在这么一个民族，它比我们这个自以为在所有方面都教养有素的民族更加具有道德修养？自从我们认识中国人以后，便在他们身上发现了这一特点。如果说我们在手工艺技能上与之相比不分上下，而在思辨科学方面略胜一筹的话，那么在实践哲学方面，即在生活与人类实际方面的伦理以及治国学说方面，我们实在是相形见绌了。"[①]

总之，欧洲启蒙运动中的中国形象，虽然也有阴暗面，但总的来说是光鲜亮丽的。以孔子学说为代表的世俗理性、以科举制度为特色的管理体系、重农主义的理念和开明君主的统治，这些都是启蒙运动的思想家认为值得效法的。因此，除了贸易带来的中国物品与异国情调，中国的制度文化也在欧洲产生了一定影响，几方面合力，就形成了一股强劲的中国热。在文学领域，代表性的现象是《赵氏孤儿》等中国故事在欧洲的传播。这个故事由法国传教士马若瑟（Joseph de Prémare）在1731年译成法文，在欧洲引起了强烈反响。启蒙运动的领袖伏尔泰亲自将其改编为《中国孤儿》一剧，于1755年在巴黎上演。伏尔泰将故事发生的时间从春秋战国挪到了成吉思汗时代，将忠义与复仇的悲剧情节做了改编，以"戏剧的形式阐释孔子之道"，最终以理性与仁爱唤醒人性，使故事有了一个圆满的结局。这部戏剧给人的启示是，启蒙

[①] 安文铸, 关珠, 张文珍. 莱布尼茨和中国. 福州: 福建人民出版社, 1993: 104-105.

运动倡导的理性与智慧，是比盲目的蛮力更具优越性的。事实上，《中国孤儿》中的哲学思想一半源于孔子，另一半来自亚里士多德，只不过采用了时髦的中国场景，于是成为18世纪最受欢迎的戏剧。[1]在绘画领域，从华托到布歇，中国以美丽的风景、优雅的人物和与自然融为一体的视觉形象呈现在人们面前。在艺术设计领域，如陶瓷、室内装饰、家具、纺织品乃至建筑、园林等方面，则出现了一股席卷西方世界的"中国风设计"潮流，设计师们自由地选取"中国元素"，根据自己的理解，结合本国族的文化传统，将其挪用与重构，应用于装饰艺术上。当然，启蒙运动也是在不断发展的，到18世纪末，以人类文明的不断进步为核心的理念得以确立，而此时相对于西方，中国又成为一个"停滞的国度"了。

[1] Honour, H. *Chinoiserie: The Vision of Cathay*. London: John Murray, 1961.

第二章
异国情调——中国风设计的风格来源

随着西方的中国热逐渐升温，中国风设计应运而生。作为一种新的设计风格，中国风不可能是无源之水、无本之木。一方面，为了适应生活环境以及设计师与生俱来的文化背景，必然要遵循西方本身的艺术传统；另一方面，为了迎合市场流行，又必须在外观上参照进口的东方艺术品，刻意营造异国情调。除模仿图案与造型外，还有质地要求，比如中国瓷器的光洁与叩之清越的声音、中国漆器如大理石般的光泽等等，从而深入到技术层面，进一步解密瓷器与漆器的生产工艺。而推动这一切的，除了对中国文化的仰慕，更重要的是巨大的市场和各国的经济利益。

输入欧洲的东方艺术品不仅来自中国，也来自日本和印度。因此所谓"中国风"，其借鉴的来源是多元的。尽管如此，由此产生的风格仍然是不折不扣的"中国风"，而与单纯借鉴日本或印度的"日本风"或"印度风"有所区别。中国风设计的风格来源主要有三个方面：一是模仿东方外销艺术品的造型与装饰；二是借鉴东方游记之类出版物中的图像资料；

三是解密中国的制漆与制瓷技术。西方的漆器与瓷器制作虽然具有自己的特点，可以称为"二次发明"，但在此之前对中国相关技术信息的收集与分析也在其中起到了很大作用。总而言之，中国风设计反映了市场对异国情调的追捧，也体现了人们对社会变革和技术进步的期待。

第一节　从收藏到创新

16世纪起，随着东方贸易的兴起和发展，西方上流社会和知识阶层开始以极大的热忱关注东方，关注着远航归来的每一艘贸易船。起初所有的东方珍奇都受到追捧，包括自然标本与人工制品。随着贸易量的增大，人们对东方物品的态度也从猎奇变成欣赏，从看重其收藏价值变为更注重审美价值。对中国外销艺术品的仿制始自16世纪晚期，17世纪中期以后兴盛，并渐成一股强烈的风尚。

一、走出珍奇柜

大航海时代，西方各国把致富的梦想寄托在东方贸易上，而东印度公司在为各自的国家和股东们带来丰厚利润的同时，也使每个职员发了大财。这一方面是因为高额利润带来的收入和分红，另一方面还因为前往中国的商船除了完成公司额定的采购任务外，还允许各级船员根据自己的需要购买一部分商品用于私人贸易。这些私人性质的采购与贸易活动所涉及的物品，往往具有较高的艺术价值。除精美的瓷器外，主要有丝绸、漆器、屏风、壁纸、刺绣、绘画、雕刻以及其他工艺品等。这些物品被带往欧洲后，受到人们的极度喜爱。有些被纳入东印度公司在中国的大规模采购清单，有些则始终属于私人带货贸易，规模不大，但其背后不乏专营东方物品的商行的支持[1]（图2-1）。这就是中国外销艺术品进入欧洲的情况。

[1] Clunas, C. *Chinese Export Art and Design*. London: Victoria and Albert Museum, 1987.

图 2-1　东方物品的仓库
扇面画
绘制于荷兰
17 世纪
英国维多利亚与艾尔伯特
博物馆藏

与香料、茶叶、生丝、药材以及其他原材料不同，瓷器、绸缎、刺绣、漆器、屏风、壁纸、绘画、雕刻等所具备的艺术性质，使得它们格外引人注目。中国外销艺术品精美的工艺和别致的造型，以及全然不同于西方传统的装饰纹样，为欧洲人提供了异国情调的审美体验和想象空间。马可·波罗以来一直徘徊在欧洲文化背景中的中国，在风景人物图案中是如此栩栩如生，浪漫的中国想象最终在图像上找到了它的落脚点。不难想象，大部分没有到过中国的欧洲人，正是通过这些外销艺术品认识中国并感知中国文化的。

与中国一样，欧洲的艺术品收藏也源远流长。众所周知，罗马人会将希腊雕像和陶瓶等作为战利品带回去，加以收藏并复制，用来点缀他们的花园和居室。在中世纪，人们收藏的对象主要是基督教圣物，它们是历史悠久的教堂保存至今的圣物箱的重要内容。文艺复兴时期，欧洲重新发现了希腊、罗马的古典艺术，对意大利古代艺术品的收藏盛极一时。至14—15 世纪，已经有中国瓷器通过伊斯兰国家辗转到达欧洲，

043

但数量极少,被珍如拱璧。最早的是一件被称为方特希尔瓶(Fonthill Vase)的元代影青瓷,是作为礼品辗转到达英国的,曾保存在方特希尔修道院,现藏于都柏林的爱尔兰国家博物馆。[①]还有一件被称为"沃勒姆碗"(Warham Bowl)的青瓷,饰以镀银的配饰,收藏于牛津大学新学院。更珍贵的元代青花瓷也有到达欧洲的,英庇提到过的一个元代的青花瓷盘是14世纪晚期或15世纪早期偶然传入欧洲的少量中国瓷器之一,而同类瓷器在伊斯兰国家并不鲜见。[②]

最初受到追逐的物品并不限于瓷器,事实上,几乎所有的东方珍奇都受到了追捧,种类五花八门。这是因为地理大发现以来,欧洲社会对未知世界的探索欲望被激发出来了,收藏家们大多为学者和贵族,他们对东方的兴趣不仅仅是追逐财富,同时也想拓展植物学、动物学、地理学、人类学、考古学等广阔的学科知识。他们纷纷在自己的府邸里开辟收藏室,设置珍奇柜与标本柜,甚至实验室,来陈列与研究辛苦收集来的各种自然标本和人工制品。这在当时是上层社会的风尚,以彰显收藏家的博学和品位。这些藏品通过历代的流传与捐赠,构成了目前欧洲各地人文博物馆和自然博物馆藏品的重要组成部分。因此,葡萄牙与西班牙香料船上的东方稀罕物品,如东南亚的黄金珠宝、象牙制品、珍贵木材、海贝壳、鹦鹉、药材、琥珀、鸵鸟蛋、椰子、印度棉布、日本漆器、中国丝绸和瓷器都在人们的追逐之列,对其需求的迫切不亚于香料。1516年,法国国王弗朗索瓦一世在马赛看到展出的东方犀牛后,也兴致勃勃地通过代理人开始为枫丹白露宫大量收购东方珍品。

这股东方物品的购藏之风传播到欧洲很多国家,并在16世纪后期至17世纪前期荷兰介入东方贸易后达到高峰。在荷兰,东方物品的收藏极为丰富,其中的中国物品以瓷器为主。当时有几位收藏家颇负盛名,以伯纳德·帕鲁达努斯(Bernard Paludanus)为例,他共拥有87只收藏柜,藏品范

① 毕宗陶.中国陶瓷在英国(1560—1960:藏家、藏品与博物馆).赵亚静,译.上海:上海书画出版社,2017: 9.

② Impey, O. Chinoiserie: The Impact of Oriental Styles on Western Art and Decoration. New York: Charles Scribner's Sons, 1977: 32.

围很广，有地理学、植物学和动物学方面的标本，也有各种人工制品，如瓷器、漆器和服装等艺术品，后者大部分来自中国、印度与日本。1592年，德国符腾堡的腓特烈一世还专程到荷兰的恩克赫伊曾拜访他，参观其收藏。[1] 1633年帕鲁达努斯去世后，部分藏品被捐给了荷兰的莱顿大学。

16世纪末起，中国瓷器和少量漆家具已出现在英国、法国等国富裕商人的住宅中。据1599年托马斯·普拉特（Thomas Platter）的记载，伦敦的柯柏先生（Mr. Cope）家有一只珍奇柜，里面放置着"来自中国的瓷器"[2]。这些国家的中国贸易展开较晚，输入的中国物品相对较少，因此行情更俏。1604年，参与"圣卡塔琳娜号"货物竞购的王公贵族中包括英国国王詹姆斯一世与法国国王亨利四世，后者购置了一套非常精美的餐具瓷。这股风越刮越烈，收藏家们热切地盼望着从东方归来的大帆船。而英国东印度公司的某些上层人物利用了自己的特权，商船一靠岸就急匆匆赶往码头，先下手为强，这种贪婪的行为常常引发争议。如1613年，在公众的压力下，英国东印度公司上层被迫采取措施平息众怒，董事会的一些人承诺退还部分东方物品，转让给其他买家。

随着东方物品输入量的不断增加，欧洲的王公贵族与收藏家们有了更多的挑选、鉴别和欣赏的余地，他们的代理人则以东方物品鉴赏家的身份，比较产地、品质和装饰风格，以购买最正宗的、质量最好的东方物品。东方物品增加的另一个结果，是将人们的注意力从其珍稀价值转移到审美价值上来，而其中带有艺术性质的人工制品，便逐渐走出达官贵人和收藏家的珍奇柜，成为日常生活用品和装饰品。以瓷器为例，当时最著名的收藏家是萨克森选帝侯奥古斯特二世，他专门兴建了"日本宫"来收藏瓷器，并设专人负责鉴别和管理藏品，其记录瓷器的档案被称作"白金"清单。据有关资料，他收藏的东方瓷器总数达24100余件，包括青花瓷和五彩瓷，其中17000余件是中国瓷器，其余为日本、朝鲜瓷

[1] Impey, O. *Chinoiserie: The Impact of Oriental Styles on Western Art and Decoration*. New York: Charles Scribner's Sons, 1976: 56-57.

[2] Honour, H. *Chinoiserie: The Vision of Cathay*. London: John Murray, 1961: 42.

器。奥古斯特二世的藏品有不少被保存下来，部分陈列在德累斯顿的茨温格宫。勃兰登堡选帝侯、后来的普鲁士国王腓特烈一世也大力搜罗中国瓷器，并在柏林的夏洛滕堡宫中专门建了一个"瓷宫"来陈列他的收藏。在君主和贵族们的引领下，富裕的精英阶层纷纷加入了收藏、陈设东方瓷器的行列。1652年，约翰·伊夫林（John Evelyn）在日记中写道，伦敦的杰拉德夫人（Lady Gerrard）拥有大量中国瓷器："我受杰拉德夫人之邀去伦敦，在那里我们享受了一顿丰盛的晚餐。所有的器皿，不计其数，都是瓷器，她拥有英国最丰富的奇珍收藏。"[1] 上行下效，当东方物品流行成风时，社会上产生了对较廉价产品的需求。17世纪晚期起，欧洲对瓷器、漆家具、丝绸刺绣、壁纸等中国外销艺术品的需求量有了较大增长。

二、短缺带来的发展良机

对中国外销艺术品的模仿开始于16世纪晚期甚至更早。1580年，意大利佛罗伦萨的工匠就在托斯卡纳大公弗朗切斯科一世·德·美第奇的支持下仿造过中国瓷器，即所谓"美第奇瓷器"（图2-2），这其实是一种釉陶产品，但在造型与纹样上模仿明代青花瓷。遗憾的是，美第奇瓷器的仿制虽然相当成功，但在17世纪初就已停止生产，因此数量很少。中国漆家具传入欧洲后，在荷兰、意大利、英国、法国等地都出现了中国漆家具的仿制品。17世纪初的文献中有仿制中国橱柜的零星记载。如1600年，在巴黎上演的一出戏剧中，剧中角色提到要按中国样式打造一口橱柜；1616年，一位名叫威廉·史密斯（William Smith）的人从意大利罗马寄出的信中提到，他曾经受雇为主教和王子按最新流行的中国样式打造家具；[2] 1612年，荷兰的威廉·吉克（William Kick）也应一位将军的要求，打造过一只仿制的中国漆柜，以便与另一

[1] 毕宗陶.中国陶瓷在英国（1560—1960：藏家、藏品与博物馆）.赵亚静，译.上海：上海书画出版社，2017：18.

[2] Honour, H. *Chinoiserie: The Vision of Cathay*. London: John Murray, 1961: 44.

图2-2 美第奇瓷器
意大利佛罗伦萨制
约1580年
法国卢浮宫博物馆藏

① Jarry, M. Chinoiserie: Chinese Influence on European Decorative Art, 17th and 18th Centuries. New York: The Vendome Press for Sotheby Publications, 1981: 135.

② 争贡之役：嘉靖二年（1523），日本大名细川氏和大内氏势力各派贸易使团来华贸易，两团在抵达宁波后因种种原因爆发冲突。大内氏代表在宁波烧杀抢掠，造成明朝官兵伤亡，朝野震动。这一事件导致明朝与日本贸易中断，为后来的"东南倭祸"埋下伏笔。

③ 谢清高，口述．杨炳南，笔录．海录校释．安京，校释．北京：商务印书馆，2016：34.

只进口的中国漆柜相配，作为送给奥斯曼帝国苏丹的礼物。遗憾的是，这些记载都是分散而零星的，除少量美第奇瓷器（目前收藏在欧洲各博物馆中的数量约59件）外，没有任何16世纪至17世纪初的仿制品留传下来。①

明代早期，中国实行严厉的海禁政策，严格管制对外贸易。嘉靖二年（1523），宁波发生争贡之役②，酿成沿海骚乱。明政府撤销了浙江、福建两个市舶司，独存广东市舶司进行对外贸易，形成了广东在对外贸易上一枝独秀的局面。万历年间（1573—1620），受明政府委托，广东三十六行出面代替市舶司主持贸易事务，从此开始了广东官商垄断对外贸易的历史。隆庆（1567—1572）之后，海禁松弛，"广州几垄断西南海之航线，西洋海舶常泊广州"③，对外贸易有了较大的增长。

17世纪中期明清易代之际，广州贸易一度遭到严重打击。清顺治三年（1646）与七年（1650），清兵两度进攻广州，最终将广东置于控制之下。由于政局不稳，清政府重新采取了严厉的海禁与迁海政策，对外贸易一度停止，以贸易为生计的澳门葡萄牙人几乎陷入绝望的境地。直至康熙二十三年（1684），即收复台湾后，清政府才宣布开放海禁，并设立闽、粤、江、浙四海关，分别管理对外贸易事务，其中以粤海关规模最大。此后欧洲商船再度云集广州，中国商品恢复大规模出口。乾隆二十二年（1757），清政府又撤销三个海关，只留下粤海关与西方贸易，此即广州"一口通商"制度，一直持续到鸦片战争爆发后《南京条约》签订的道光二十二年

第二章 异国情调——中国风设计的风格来源

（1842）。清代沿用明代制度，也由官方指定的商行——"十三行"在中西贸易中承担中介商的重任，并代办贸易过程中的一切手续，代交各种关税，这种方式也被称为"广州体制"。

17世纪前期，中国外销艺术品输入欧洲后，欧洲已经产生了少量仿制产品，主要是为应对进口产品的竞争，但没有记载表明曾有过成规模的仿制生产。然而明清易代之际的战乱以及清初的厉行海禁，使得中国对外贸易一度停滞。虽然民间走私贸易从来都不曾断绝，但欧洲商船在广州、澳门的大规模采购活动大受影响，导致中国外销艺术品输入欧洲的数量锐减。欧洲对中国商品的热情不减，而中国商品的数量却严重不足，这种情形导致了两方面的结果：一方面使得"海上马车夫"荷兰将目标转向日本，因此输入欧洲的日本瓷器与漆器数量有了较大增长；另一方面因为市场热捧，中国青花瓷仿制成为一门有利可图的生意，促使欧洲自己设立窑厂与作坊，开始大批量仿制"中国风格"的产品。从17世纪50年代起，在荷兰的代尔夫特，首先出现了模仿明代青花瓷的蓝白釉陶产品，并大获成功。经过一段时间后，代尔夫特陶工从纯粹模仿中国瓷器，逐渐转为自由地创作"中国风格"的作品。在代尔夫特的影响下，欧洲各地的窑厂纷纷开始仿效生产，即针对西方市场，从与中国有关的一切视觉形象中汲取元素，进行变形组合或自由发挥，从而创造出一种具有东方情调的新形式，中国风设计从此兴起。

综上所述，中国外销艺术品输入欧洲后，由于其优良的品质和异国情调的魅力，受到市场欢迎。在进口产品大增的情形下，欧洲的纺织、陶瓷、家具商们发现自己陷于严重的危机之中，工匠们开始模仿中国外销艺术品以应对这种竞争，而17世纪中期中国产品在欧洲市场的断档，恰好对这一进程起到了推动的作用。

第二节 模仿东方外销艺术品

中国外销艺术品，英文称为 Chinese export art 或 Chinese export design，泛指 17—19 世纪由中国制作并向欧洲和北美市场输出的一切与视觉艺术有关的产品，包括外销画、丝织品、瓷器、壁纸、家具、金属器物和其他带有艺术性质的物品。中国风设计兴起后，中国外销艺术品是被模仿的主要对象，同时兼及日本与印度的艺术品。这一方面是因为中国艺术品的输出量最大、种类齐全；另一方面也是因为在 17—18 世纪欧洲人的眼中，最具有耀眼光环、引人注目并激发出想象力的是中国，而不是其他国家。当然，日本漆器、瓷器和印度印花棉布对中国风设计也有着直接的影响。

一、模仿中国外销艺术品

中国外销艺术品通常是为西方市场制作的，很少用于国内市场。从形式上说，大致可以分为两类。第一类基本上采用中国传统样式，或虽然器物造型有欧洲特点，但装饰题材仍然为中国的花卉、风景与人物等，具有鲜明的东方情调；第二类是欧洲客商在中国定制的个性化产品，如以家族纹章为装饰，或以欧洲宗教人物、花卉纹样为主题的，一般称为定制产品。真正对西方装饰艺术产生重要影响的，正是充满异国情调的第一类外销艺术品。

1. 中国外销瓷器

自东方航线开辟至 17 世纪 80 年代中国贸易重启，输入欧洲的中国瓷器大多为青花瓷。青花瓷始烧于唐代，至元代才开始规模化生产，明代起大量销往欧洲。荷兰人非常喜爱这种蓝白两色的瓷器，最初模仿的是一种被称为"克拉克瓷"（Kraak Ware）的明代青花瓷。Kraak 这个词可能来自葡萄牙语 Carracca，本意指从事东方贸易的葡萄牙货船，当然学者们还有别的解释。今天人们把中心绘有山水、花鸟、人物图案，外层环绕开光纹饰的构图独特的青花瓷称为克拉克瓷，如从17世纪早期沉没的西班牙商船"圣迭戈号"打捞出水的瓷器，有不少属于这种类型（图2-3）。荷兰代尔夫特曾仿烧明代万历年间的外销青花瓷样式，有些产品甚至分不清产地。

在17世纪中期中国对外贸易停滞期间，荷兰转而向日本购买瓷器，导致日本瓷器大量输出。日本最早的外销瓷——"有田烧"也是一种青花瓷，且在造型与装饰上模仿中国万历年间青花瓷的样式。不久以后，日本外销瓷转向"伊万里样式"，这是一种釉下青花加釉上红彩的彩瓷，以红蓝两色为主色调，与中国瓷器在艺术风格上有很多相似之处，也受到欧洲市场的欢迎，输出数量逐年增加。康熙二十三年（1684）起，清王朝在南方稳固统治后，重新开放对外贸易，允许欧洲各国商船前来广州，中国瓷器恢复大规模出口。这一时期，欧洲市场对瓷器的爱好已经从青花瓷转向彩瓷，其中日本瓷器占有相当的市场份额。重返欧洲市场的中国，曾一度模仿日本伊万里瓷，生产红蓝两色的彩瓷，被称为"中国伊万里瓷"。尽管彩瓷流行，但青花瓷仍然占有相当的市场份额。至18世纪，一种产于景德镇的青花瓷大量外销，被称为"南京瓷"。南京瓷的装饰主题有两种：一种为山水楼阁纹，即所谓"潇湘八景"；另一种为花卉纹，中心与盘沿边饰都以花卉为主。"盖尔德马尔森号"沉船出水了大量中国瓷器，从纹饰看，正是风靡18世纪的南京样式（图2-4）。

中国外销瓷重返欧洲市场后，很快以自己的特色赢得了

图2-3 克拉克瓷
"圣迭戈号"沉船出水
明万历中期
法国吉美国立亚洲艺术博物馆藏

图 2-4　中国外销青花山水亭台图盘
"盖尔德马尔森号"沉船出水
清乾隆
北京故宫博物院藏

图 2-5　中国外销粉彩花鸟大盘
清雍正
广东省博物馆藏

人们的喜爱，特别是在白瓷上直接装饰釉上彩纹样的彩瓷出口最多。这种彩瓷通常先由景德镇烧成白瓷，运到广州，然后在广州城南河南岛的工场中描上彩绘。康熙年间输出的彩瓷，因为偏向绿色调，欧洲人称之为"famille verte"，用于指代"绿彩"，即国内所称的"硬彩"，也称"五彩"，流行时间约为康熙中期至雍正时期；而乾隆年间输出的彩瓷，因多为粉色调，称为"famille rose"，用于指代"玫红彩"，国内称"粉彩"，也叫"洋彩"。雍正年间，中国出口了一批高质量的粉彩瓷（图 2-5）。"广彩"就是一种粉彩，只是色彩比较浓烈。粉彩瓷所用彩料来自欧洲，据说发明地在荷兰的莱顿，是由欧洲传教士带到中国的。目前欧洲保存的最出色的中国外销瓷，是康熙至乾隆年间输出的彩瓷，均为釉上彩。无论是 17 世纪的青花，还是 18 世纪的五彩与粉彩，中国外销瓷输入欧洲的数量之巨，流行之广，产生的影响之大，是迄今为止任何一种外国产品所无法比拟的，以至于人们一提到中国艺术，往往想到的就是青花瓷与彩瓷。

中国风设计对中国外销瓷的借鉴体现在纹样与造型两方面。中国瓷器的纹样，如龙、凤、麒麟、虎、鹿、蝴蝶、蝙

蝠等动物纹样，梅兰竹菊、池塘荷花、岁寒三友、牡丹、芭蕉等植物纹样，山水园林、戏曲故事、仕女婴戏、刀马人物等风景人物纹样，以及程式化的云纹、水波纹等，都出现在代尔夫特釉陶等中国风产品上。由于文化背景的差异，欧洲设计师并不懂得这些纹样的象征意义，纯粹将其作为中国元素提取出来，且常常做一些变形处理，有些仿得比较到位，有些则给人以不伦不类的感觉。比如仕女更加纤弱，花朵尺寸放大，假山奇形怪状，亭台与拱桥摇摇欲坠等，让人一眼就看出来是拙劣的仿制品。但随着时间的推移，欧洲设计师绘制中国风格的纹样越来越娴熟，越来越出色，并最终从模仿走向了创新。除纹样外，中国风设计还借鉴了中国外销艺术品的造型，如盖罐、长颈瓶、葫芦瓶、茶壶、茶杯等样式，都被欧洲各地的窑厂所模仿。

　　17世纪后期至18世纪，荷兰的代尔夫特窑厂生产了很多优秀的釉陶作品，在造型与装饰风格上都与中国外销瓷十分接近，有仿克拉克青花瓷的（图2-6），也有仿五彩瓷的。

图 2-6　仿克拉克瓷陶盘
荷兰代尔夫特窑厂制
17 世纪

图 2-7　纳韦尔陶瓶
法国纳韦尔窑厂制
17 世纪

图 2-8 安斯巴赫陶盘
德国安斯巴赫窑厂制
1735 年
私人收藏

图 2-9 送子观音瓷塑
德化窑制
约 1620—1720 年
英国维多利亚与艾尔伯特博物馆藏

在代尔夫特的影响下，欧洲各国都开始设窑建厂，纷纷生产仿青花的蓝白釉陶。在这一过程中，有些作品逐渐摆脱了纯粹的模仿，试图自由挥洒所谓的"中国风格"。如法国纳韦尔窑厂的一个长颈釉陶瓶（图 2-7），其上装饰的人物摆脱了亦步亦趋的模仿，带上了不真实的梦幻感；德国安斯巴赫窑厂的一个釉陶盘（图 2-8），仿自康熙外销五彩瓷，但花卉有明显变形；18 世纪中期法国桑斯尼窑厂著名的"鞑靼轻骑兵"陶盘，仿自乾隆外销彩瓷，但刀马人物的动态与画面上方飞翔的鸟与蝴蝶，都有明显的夸张。这样的案例不胜枚举，虽然外观类似中国外销瓷，但仔细观察，可以从装饰纹样，特别是人物的姿态与神情上发现两者的不同。

除青花与彩瓷外，被称为"中国白"的福建德化白瓷在外销瓷中也占有一定比例。17 世纪是德化白瓷发展的顶峰时期，此时的德化白瓷胎体细腻致密，釉质光洁莹润、白中泛黄，器皿造型优雅，人物塑像气韵生动。外销德化白瓷绝大部分都是传统产品，器型与中国市场上的并无区别，其中最受欢

迎的德化白瓷是瓷塑人物，尤以观音像（图2-9）最为流行，这可能与西方文化中的圣母崇拜有一定关联。德化白瓷在欧洲也有不少仿效者，法国圣克卢窑就以制作仿德化白瓷产品闻名，如缀有梅花图案的茶杯与托盘（图2-10）。

最后值得一提的是宜兴的紫砂陶器。宜兴紫砂茶具以紫砂陶土为原料，经高温烧制而成，内外皆不施釉，其特有的双重气孔和低吸水率，使之成为泡茶的极佳容器。紫砂壶于1635年左右由荷兰人首先引入欧洲，并随着饮茶风尚的兴起而传播开来。特别是在英国，饮茶成为全社会的好尚，男女老少趋之若鹜，英国也成为进口和消费茶叶最多的国家。英国硬瓷器的生产较晚，但炻器发达，因此仿宜兴紫砂壶的炻器①非常流行。如1700年英国斯塔福德郡生产的一把炻器茶壶（图2-11），其壶型与盖纽有着明显的宜兴紫砂壶的影子。此外，荷兰代尔夫特和德国迈森等窑厂也争相模仿过宜兴的紫砂壶。

2. 中国外销漆器

中国输往欧洲的外销漆器包括漆家具和盘、碟等小件漆器，其中对西方中国风设计影响最大的是外销漆家具。

最早将漆器运至欧洲的是葡萄牙人，但他们似乎没有意识到东亚漆器的价值。17世纪起，荷兰东印度公司开始将各类漆器以一定规模运送到欧洲市场，阿姆斯特丹因此成为东

图2-10　梅花纹白釉杯碟
软瓷
法国圣克卢窑厂制
1700—1730年
法国塞夫勒国家陶瓷博物馆藏

图2-11　仿宜兴茶壶的红炻器
英国斯塔福德制
约1700年
英国维多利亚与艾尔伯特博物馆藏

① 类似于江苏宜兴产的紫砂壶，胎土呈红色，烧造温度远高于普通釉陶。

亚漆器的贸易中心。从东印度公司档案中可以查到进口漆器的类型，如漆盘、漆柜、漆桌、漆椅与漆绘屏风等。由于数量较少，这些漆器被珍如拱璧，价值不菲，特别是带有丰富装饰的大型折叠式屏风，其拥有者通常财富与地位非同一般。如路易十四的母亲（奥地利的安妮）就以拥有一组中国漆绘屏风而自豪。17世纪后期至18世纪，随着英国在东方贸易中的崛起，东方漆器以更多的数量进入欧洲，对欧洲的家具与室内设计产生了很大的影响。

输往欧洲的漆器中，日本漆器最初更受欢迎，因其装饰趣味更迎合西方市场的需要。但到17世纪末，荷兰东印度公司转而大量进口中国漆器，中国漆器开始超越日本"倭漆"，成为西方漆器市场上的主流。因为中国漆器产量大、成本低，进口中国漆器显然是一门更有利可图的生意。但实际上，因为存在互相仿制，或彼此进口，或在印尼、越南等地加工等现象，17—18世纪欧洲进口的东方漆器有时难以区分真正的产地。

与外销瓷一样，外销漆器也存在普通外销漆器及来样定制的漆器两大类型。从各东印度公司的贸易档案及保存在西方的漆器看，中国外销漆器的种类很多，这与漆艺可以施加于各种器物上的性质有关。故既有桌子、写字台、橱柜、椅子、屏风、箱子等漆家具，也有化妆盒、盘、碗、碟等日用漆器，还有很多扇骨用漆绘装饰的扇子，几乎涵盖了可以用漆艺装饰的各种家具和生活用品。来样定制的漆家具数量也不少，一般由欧洲家具商设计好样式，然后发给中国漆工根据图样加工制作，甚至有欧洲家具商将事先完成了素胎的家具运到中国，经髹漆装饰后再返运到欧洲。由于漆家具与生活空间密切相关，因此17—18世纪的欧洲人更愿意采用符合其生活需求的西式产品，只要有异国情调的装饰即可。

中国漆艺源远流长，装饰工艺极为丰富，且在历史发展过程中形成了鲜明的地方特色。但是外销漆器常用的装饰工

艺有限，除素髹外，最重要的有两种，即款彩和描绘。款彩是一种雕漆与描绘相结合的髹漆工艺，也叫"刻灰"。制作时，先要涂上一层几毫米厚的"漆灰"——一种砖粉、猪血和漆的混合物，再刷上漆。然后在深色漆面阴刻图案至灰面，再在刻出的凹处填彩漆或金箔，干后磨平。这种漆器制作方便，色彩丰富，装饰华丽，在17世纪中期比较流行。款彩在欧洲也叫"科罗曼多"（Coromandel），这一词来自法语，源于法国商船归航途中经过的一个印度中转港口的地名。款彩工艺主要用于折叠式屏风（图2-12），有大小不同的类型，以12扇屏风为主，图案以山水人物为主，如所谓"汉宫春晓"等，充满东方情调，被当作珍贵的室内陈设品或作为礼品赠送。

另一种装饰工艺即描绘，包括描漆与描金，17世纪后期起销往欧洲的大部分家具使用了此类装饰工艺。10世纪以来，日本发展出了称为"莳绘"的描金工艺，产品质地精良。明代漆工杨埙学习了日本的莳绘技法，并加以创新。清代宫廷造办处也将描金技法称为"洋漆"或"仿倭漆"。因此有人认为，在黑漆地上装饰金色图案的"黑漆描金"的装饰技法，可能与日本漆器有关。王世襄先生提到，"描金之法是由中国传往日本的，时间在隋唐之际，或更早。当然我们也不能否认描金漆器在日本有它的高度发展，并在一定的程度上反

图2-12 中国外销人物楼阁庭院图款彩屏风
清康熙中期
法国吉美国立亚洲艺术博物馆藏

图2-13　中国外销黑漆描金漆柜
约1730—1770年
英国维多利亚与艾尔伯特博物馆藏

图2-14　漆绘立柜
英国伦敦制
约1770年
英国维多利亚与艾尔伯特博物馆藏

过来影响了中国的漆工"[1]。18世纪中国外销漆器大量采用黑漆描金，图案有山水风景、庭院人物、竹石花鸟、民间故事或瓶花图等，其中有些可以在《十竹斋画谱》之类的画谱中找到原型。这些漆器装饰华丽动人，极具豪华感（图2-13），对欧洲中国风设计具有重大影响。

外销漆器除手绘外，还采用粉本制作的方法进行复制，以提高工作效率。其方法是取一张薄纸，用墨线勾好底稿，以针刺出图案轮廓的针孔，然后将石墨粉或滑石粉覆在纸上扑打，使粉末从针孔中漏下，在漆面上形成图案轮廓，然后打上金胶，趁其未干时撒上金粉或贴上金箔。也有将填漆与描金工艺结合起来的，即用一把铁刀沿着花纹雕刻，填上色漆或朱砂，再撒上金粉。粉本复制法也在手绘丝绸、手绘壁纸、纸本绘画等中国外销艺术品的制作中得到广泛应用。

西方中国风设计对东方漆器图案的借鉴颇多，有些瓷器、金属制品、纺织品、壁毯与室内设计上的图案也来源于漆器。如1715年德国柏林生产的一件漆家具，抽屉柜承托双门柜，柜门上的图案来源于东方（中国或日本）漆器。另一只1770年左右英国伦敦生产的双门柜（图2-14），柜门的图案为黑漆地上用金色描绘的水岸小景。这种描有东方图案的漆家具

[1] 王世襄. 髹饰录解说——中国传统漆工艺研究. 北京：文物出版社, 1998：86.

在18世纪特别流行,是风靡一时的"中国房间"(Chinese Room)的重要组成部分。

3. 中国外销丝绸与刺绣

人们往往有一种误会,认为17—18世纪中国向西方大量输出的是成品丝绸,其实绝大部分是丝类原料和坯绸,织绣成品所占比例不大。以英国为例,1709—1760年是东方织物最为流行的阶段,但从中国进口的丝绸产品总额中,织绣成品的比例不足5%。这也许是因为欧洲很早就学会了织造丝绸,尤其是法国、意大利、西班牙等国,生产的豪华锦缎并不逊色。因此,外销织绣品不属于东印度公司的大宗买卖,而是船员们私人从事的带货贸易商品(美国的情况有所不同)。

中国外销丝绸主要采用了提花、手绘和刺绣三种装饰手段,用途有三:一是作为室内装饰,如床罩、床帘、窗帘、墙饰、家具织物等;二是作为服装面料,如18世纪的女裙罗布(robe);三是作为披肩、手帕、手套、阳伞等饰物。在那个以使用东方物品为时尚的年代,中国丝绸是西方女性展现魅力的重要媒介。外销丝绸也有定制与非定制的区别,16世纪晚期及17世纪初,中国贸易由葡萄牙和西班牙主导,输出的产品主要是提花锦缎,用于天主教神父的法服。从遗留至今的锦缎看,装饰风格以西方题材为主,应该为定制产品。一种典型的主题纹样是戴着皇冠的双头鹰,双爪各抓着一支箭,下饰心形花瓶,这是哈布斯堡家族统治下奥斯定会的标志,然而与主题纹样配衬的往往是中国风格的缠枝花卉(图2-15)。事实上,提花锦缎并不是中国外销丝绸的主流,输出量较大的是刺绣和手绘丝绸。

刺绣在外销丝绸中用得最多,除服装外,还大量用于室内装饰和床上用品,如被单、床罩和床帘等。伊夫林在日记中写道:来自中国的"华丽的马甲是用黄金般的布料缝制、刺绣而成的,其色彩极其生动,就其华丽和生动程度来看,

图 2-15 有双头鹰图案的中国外销锦缎
17 世纪初
加拿大皇家安大略博物馆藏

在欧洲我们没有什么东西可与之媲美"[1]。外销刺绣床饰，一般为光亮的缎面，色彩有黄色、红色、蓝色、奶白色等，以彩色丝线和平绣针法绣出繁密华丽的纹样。纹样的布局，大部分是中央一个大团窠，四周满布花树禽鸟，加上较宽的边饰，有时还用流苏装饰。根据团窠的主题，可以将刺绣床品分为三类：第一类团窠中为纹章，此为西方客商为结婚纪念等特殊用途而定制的；第二类团窠中为吉祥动物，如龙、凤、麒麟、狮子等，单只或两两成双，18 世纪多见；第三类团窠中为团花，多见于 18 世纪晚期至 19 世纪初（图 2-16）。

手绘丝绸是专门为西方市场生产的一种外销产品，有罗地、绢地、纱地和缎地。中国有绢本绘画的悠久传统，虽然元代以来绘画材质大多改为宣纸，但手绘丝绸的传统却从未断绝。广州作坊为西方市场制作了大量手绘丝绸面料，从工艺上看，有些为纯手绘，有些则采用了粉本复制法，将花样

[1] Honour, H. *Chinoiserie: The Vision of Cathay*. London: John Murray, 1961: 79.

轮廓"转移"到绸面上。在花纹轮廓内，通常先染上一层白，以增加花朵的体积感，让色彩更有层次，再绘上各种颜色，并用金色和银色勾边，最后定型，让色彩固着。手绘丝绸的纹样，大部分为花朵、枝叶、缎带等，风格写实，花地分明，色彩明艳动人。如英国维多利亚与艾尔伯特博物馆收藏的一套法服（十字褡及配套饰物），在浅色地上描绘生动的缠枝花卉，有牡丹、菊花、莲花等，花头栩栩如生，花枝蜿蜒曼妙，色彩自然过渡，再用金银色勾勒轮廓，给人以明媚动人的感觉（图2-17）。

　　刺绣和手绘丝绸大部分是在广东生产的，而复杂的提花面料可能来自技术水平更高的江浙地区。清代屈大均《广东新语》载："洋船争出是官商，十字门开向二洋。五丝八丝广缎好，银钱堆满十三行。"[1]该诗描绘了广州港18世纪丝绸出口兴旺的场面。中国丝绸以明亮的色彩、令人赏心悦目的图案和相对低廉的价格，受到欧洲妇女的欢迎。与印度印花棉布不同，中国丝绸（特别是塔夫绸）还有一个独特的地方，

图2-16　中国外销缎地刺绣花卉纹床罩
18世纪
广东省博物馆藏

图2-17　中国外销手绘丝绸制成的十字褡法服
18世纪
英国维多利亚与艾尔伯特博物馆藏

[1] 屈大均.广东新语.北京：中华书局，1997：427.

图 2-18　中国外销丝绸刺绣披肩
19 世纪前期
中国丝绸博物馆藏

即行走时衣裙摩擦会发出轻微的"丝鸣"声。在 18 世纪的社交场合，发出这种沙沙的声响是欧洲上流社会女性展示魅力的重要手段。

19 世纪起，刺绣大披肩如异军突起，大放异彩。此类外销大披肩以丝绸为材料，用刺绣装饰并饰以流苏，图案有两种，一种是西式花卉，一种是体现东方情调的风景人物（图 2-18），也是因欧洲时尚的需要而专门设计的。由于多在西班牙控制的菲律宾港口马尼拉转运，此类披肩也被称为"马尼拉大披肩"，是西班牙热情奔放的弗拉门戈舞蹈中必不可少的道具。

鸦片战争之后，国门打开，制造披肩的手工业在广州发展起来，并一直延续至今。与其类似的还有一部分清式女装，在 20 世纪初流入美国与欧洲，成为舞会服、茶服、晨服和"中国情调"装束的道具。

4. 中国外销壁纸

西方有在墙壁上装饰纺织品的传统，包括挂毯、刺绣和锦缎织物等，17 世纪后期到 18 世纪初，还流行用东方进口的漆绘壁板、漆绘或浮雕的皮革以及从印度进口的印花棉花作为覆墙材料。这些材料只有上流社会才用得起，而壁纸最初是作为这些高档壁饰的廉价替代品兴起的，之后逐渐流行成风。17 世纪晚期，中国壁纸开始输入欧洲，其富丽的色彩、精美的画面、完美的工艺以及浓郁的东方情调，受到了欧洲社会各阶层的极大欢迎。特别是 18 世纪中后期，即 1740—1790 年，为中国壁纸流行的高峰期。

与其他外销艺术品不同，壁纸不是中国的传统艺术品。中国传统的木结构住宅习惯在厅堂的墙壁上挂立轴绘画，用屏风隔断空间。在墙面上裱糊纸张的情况也是有的，多为白纸，或纹样简单的花纸。清宫（如乾隆花园）或恭王府这种贵族府邸也有在墙上贴大型"通景画"（或称"贴落"）的做法，但不多见，民间则有在墙上张贴年画的习俗。不管最初触发中国壁纸生产的原因是什么，这是一门应外销需求而兴起的新型艺术手工业。壁纸的尺寸、包装都符合欧洲室内装饰的要求，但题材与装饰却格外强调中国风情。

中国外销壁纸最初是单张的，作为珍贵的东方绘画被带到欧洲。大约在 17 世纪末 18 世纪初，欧洲的裱糊师尝试将此类绘画或印刷品用纺织品裱托，前后相接地张贴在墙上。将中国绘画用作墙饰的最早实例是比利时费姆的瓦莱夫城堡，英国德文郡萨尔特拉姆庄园的更衣室也是一个早期案例，一张张中国人物画连续地拼贴在墙面上，特别富有异国情调（图 2-19）。18 世纪 40 年代以后，应欧洲市场需求生产的

图 2-19 中国外销人物壁纸
装饰于英国萨尔特拉姆庄园更衣室墙上
17 世纪末或 18 世纪初

图 2-20 中国外销花树壁纸
装饰于英国布赖顿宫的沙龙中
1800 年

① de Bruijn, E., Bush, A. & Clifford, H. *Chinese Wallpaper in National Trust Houses.* London: National Trust, 2014.

外销壁纸大多数是成套的，一般每套有 25 张，每张大约 3.6 米长、1.2 米宽，拼起来就可以在墙面上组成连续的画面。欧洲各国都有不少中国壁纸装饰的房间保留下来，其中以英国为多。根据有关记载和实物遗存，可以分为以下两类。

第一类为花树题材，这类外销壁纸数量最大，画面清新自然，表现东方花园的美丽意象。据英国国家名胜古迹信托机构调查，在英国和爱尔兰的大宅中保存下来的中国壁纸，有 60% 为花树题材。①其主题通常是一株或几株花树，枝干幼细，蜿蜒地向上延展，各色鲜花盛开，有时也画着绕树飞舞的鸟和蝴蝶（图 2-20），整幅画面衬以浅色的底子，花枝招展，春光明媚，令人赏心悦目。人们注意到，这些花与树在植物学上是不真实的，因为花朵与树叶的匹配具有随意性，但就花、树的局部来看，又有着栩栩如生的写实感。花树的基本样式也有变化，到 18 世纪晚期，往往画面上会增加内容，配以假山、池塘、盆景、栏杆等，或将竹子、芭蕉等植物配衬在花树间，或在树上挂鸟笼，或在树下点缀人物及孔雀、猴子等，以集中展现"东方情调"。

第二类为人物风景题材，主要表现中国人生活与生产的场面，如游园、过节、宴乐、家居、打猎、劳作等等，与瓷

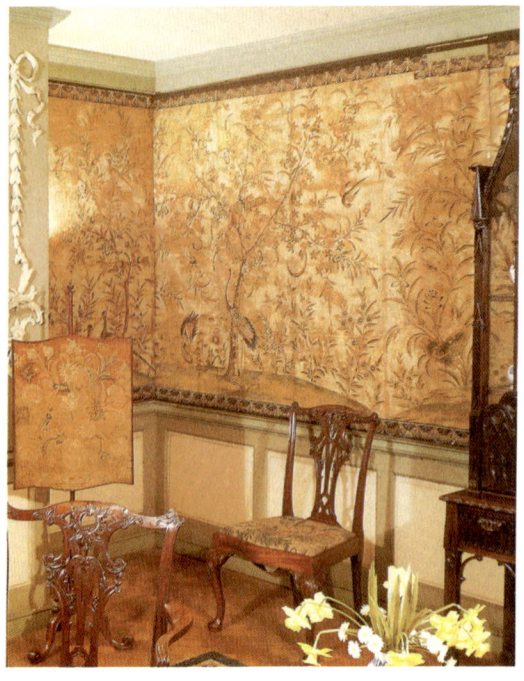

器上的人物风景画一样，反映了中国人平安逸乐的生活景象。远处山峦叠翠，近处花木扶疏，有小桥流水、村舍宝塔，人们或闲坐，或交游，或品茶，或伺花弄鸟，过着世外桃源般无忧无虑的生活（图2-21）。至18世纪末或19世纪，还出现了描述制茶、制瓷与丝绸生产等中国传统手工艺生产过程以及广东港口街景等的叙事性壁纸，特别是表现耕织生产的壁纸，与诞生于宋代、流行于清康熙至乾隆年间的《耕织图》有异曲同工之妙。

根据英国国家名胜古迹信托机构的调查，外销中国壁纸上的画面以手绘为主，但也有木板印刷的，或者只印刷轮廓，再用手工填彩。纸张的地部通常是彩色的，有时在其中添加云母粉使地部呈现绸缎般光亮的效果，这显然是壁纸作坊为满足西方市场的爱好而采用的做法。

中国外销壁纸在西方流行范围之广、持续时间之长是令人惊异的。这种来自中国的脆弱的奢侈品，以其优美的画面、缤纷的色彩，对欧洲的壁纸图案乃至室内设计产生过很大影

图2-21 中国外销人物风景壁纸
曾经装饰于英国约克郡的哈伍德庄园
约1769年

图2-22 英国仿中国壁纸
装饰于英国格洛斯特郡的伯克利庄园
约1740年

图 2-23 中国外销刺绣阳伞
19 世纪
中国丝绸博物馆藏

响，特别是花树类型的中国壁纸，被模仿得最多，其影响一直持续到今天。以英国生产的中国风壁纸（图 2-22）设计为例，同样的题材，中国壁纸上显得较为疏朗、优雅，而英国壁纸上则排列得满而密，枝叶更为粗大，如果有花朵和鸟蝶的话，比例也会放大，以突出异国情调。

5. 其他中国外销艺术品

中国外销艺术品的种类很多，除上述类型外，还有绘画（油画、版画、玻璃画）、雕刻（象牙雕刻、小雕像）、扇子、阳伞（图 2-23）、银制品等等，数量不大，但对中国风设计

的影响也不能忽略。特别是其中的外销画，主要有油画和通草画两种类型。中国最早的油画就是兴起于广州的外销画，主要描绘十三行风景与中外人物；通草画属于广东本土画种，因其小巧实惠、便于携带，被西方商人和水手购作纪念品而风靡一时。通草画特别展现了当时中国的社会景象和日常生活，如穿戴清代服饰的官员、妇女儿童、婚宴、戏剧、刑罚、瓶花等等，对外国人来说充满了异国情调。因此，这些画中的人物形象、风景民俗、花卉植物等，也被欧洲的艺术家借用到设计中。如巴黎附近的朱伊印花厂以生产印花棉布著称，厂主为克里斯多夫－菲利普·奥伯坎普（Christophe-Philippe Oberkampf），该厂生产的一款中国风印花棉布采用了纪尧姆·文森·尚（Guillaume Vincent Champs）的设计（图2-24），据说这一设计的来源是1680年前后在苏州地区刻印的牡丹图。[①] 18世纪中国外销画或流传到欧洲的木刻版画中，有不少"案头清供"之类的瓶花图，瓷瓶中插着四季花卉，寓意四季平安（图2-25）。

图 2-24 中国瓶花图案印花棉布
法国朱伊印花厂制
约 1780 年
法国米卢斯纤维艺术品博物馆藏

图 2-25 中国瓶花图
18 世纪
法国巴黎装饰艺术博物馆藏

① 香港艺术馆. 从北京到凡尔赛——中法美术交流. 香港：香港艺术馆, 1997.

二、模仿日本与印度外销艺术品

日本与印度的外销艺术品对欧洲装饰艺术也产生了重要影响，但这种影响主要是在中国风设计中综合体现出来的。纯粹以日本设计为主体对西方艺术产生的影响晚至19世纪中期才出现，称为"日本风"（japonaiserie），纯粹的"印度风"（the Indian Revival）则出现在19世纪初英国的建筑与室内设计中。而17—18世纪的欧洲人并不在乎中国与日本、印度的区别，日本与印度的外销艺术品也同样是中国风设计模仿的对象。

1. 日本外销艺术品

日本外销艺术品对17—18世纪欧洲装饰艺术影响最大的是漆器与瓷器。

日本漆器在历史上曾经受到中国漆艺的影响，但16世纪时日本漆器在某些方面已超越了中国，无论在应用范围还是工艺技术上都更胜一筹。日本漆器中最出色的是黑漆描金，即将金粉撒在漆器纹饰上，称为"莳绘"，大体分为平莳绘、高莳绘与研出莳绘三种。所谓平莳绘，即平涂描金做法；高莳绘相当于中国的"识文描金"，图案凸起于漆面；研出莳绘最后要经过打磨，方能显出自然而奇特的图案效果。日本对漆器出口控制很严，数量相对较少，与瓷器的大量出口形成了对比。但日本漆器质地精良，在欧洲市场的评价要高于中国同类产品。因此，17—18世纪的欧洲用china（瓷器）来指称中国，而用japan（漆器）指称日本。

早期输入欧洲的漆家具多见双门橱柜，打开后里面有很多小抽屉，合页和锁、把手等采用精美的铜制件。这种样式不见于中国与日本的传统家具体系，其原型可能来自15世纪的欧洲，与早期来到日本的葡萄牙人有关。英国伦敦的维多利亚与艾尔伯特博物馆藏有两件非常精美的日本漆器：一件是漆盒，1640年由荷兰东印度公司的总督夫人定制；另一件是橱柜，同样制作于17世纪（图2-26），钥匙上刻有马

扎然（Mazarin）家族的纹章。日本漆器装饰华丽，一般为黑漆地上用金色描绘风景图案，如建筑、庭院、花树、人物以及水面上的小舟与拱桥等，采用鸟瞰式的构图，景致生动，历历在目。从品种上看，既有小件的盒、碗、盘、碟等，又有大件的橱柜、桌子、屏风、椅子等，具有很高的艺术价值。

　　日本外销瓷器数量较多。17世纪中期，因明清易代的动乱，中国对外贸易一度停滞，荷兰开始向日本购买瓷器，10年之后，贸易量达到每年几百万件的规模。最早输出的是有田的青花瓷。有田是日本最早烧制瓷器的地方。16世纪末丰臣秀吉出兵朝鲜，带回大批朝鲜李朝陶工。1616年，归化日本的朝鲜人李参平在有田的泉山发现瓷土，在他的带动下，有田一带开始烧造瓷器。到17世纪40年代，有田烧已经享有很高的声誉，其中的外销青花瓷模仿的是中国明代万历年间的青花瓷风格。17世纪中期起，有田一带的窑场竞相转产彩绘瓷，产品大多运送到有田西北12公里的伊万里港出口。

图2-26 日本外销漆柜
17世纪
英国维多利亚与艾尔伯特博物馆藏

图2-27 日本外销伊万里瓷盘
约18世纪初

图2-28 日本外销梅竹猛虎图盘
日本柿右卫门瓷
约1670—1700年
英国大英博物馆藏

因此，荷兰人运到欧洲的日本彩瓷，也称为"伊万里瓷"，其实伊万里只是日本的一个港口。

日本外销瓷中还有一种彩瓷，称为"柿右卫门瓷"，其名称来源于酒井田柿右卫门。这是一个制瓷家族，出于筑后的酒井田乡，后迁徙至肥前的有田一带。酒井田家传至初代柿右卫门时，通过学习华人的彩绘技术，成功地烧制出彩绘瓷器，时间在1645年左右。这个家族后以柿右卫门为姓，一直制作彩瓷，传至今天已达十几代。因此，有田瓷、伊万里瓷、柿右卫门瓷其实都出于日本肥前一带，这里是17—18世纪日本的制瓷业中心。但欧洲人（比如英国人）为了自己的理解方便，将日本有田烧中釉下青花与釉上红彩组合的赤绘瓷称为Imari，即伊万里瓷（图2-27），并将某种样式的彩瓷称为Kakiemon，即柿右卫门瓷。[1]柿右卫门瓷的特点表现在主题与色彩上，如枝干扭曲的松树、竹子、菊花、鸟等纹饰，以及竹林中的老虎、松鼠、飞狗、鹌鹑、红色的龙以及树篱等，在白色的瓷器上以灵动的笔法描绘而成，色彩以铁红、黄为主，有时候加上紫色，均为釉上彩（图2-28）。总体上说，伊万里瓷装饰得比较满，纹样复杂多变，而柿右卫门瓷装饰得比较疏朗，常留较多空白，以展现白瓷的质地

[1] Impey, O. *Chinoiserie: The Impact of Oriental Styles on Western Art and Decoration*. New York: Charles Scribner's Sons, 1977: 93.

之美。这两种日本外销瓷都在欧洲影响较大。特别是德国迈森瓷厂、英国伍斯特瓷厂的中国风作品,在色彩与题材上借鉴伊万里瓷和柿右卫门瓷的样式很多。

2. 印度外销艺术品

印度的棉织品生产源远流长。16 世纪起,经由葡萄牙人之手,印度手绘或印花棉布大量输入欧洲。对这种织物,葡萄牙语、荷兰语、英语和法语中叫法不一,葡萄牙人称这种织物为 pintados,英国人一般称 chint、chintes、chintz、pintathoes 等。1613 年,一艘西班牙商船被劫持到英国港口普利茅斯,船上除满载香料外,还有大量花布,引起轰动,此后印度花布就大量输入英国。法国人也对印度花布大感兴趣,妇女们用这种轻盈明快的花布做衣裙,沉重的提花锦缎便失去了市场。印度花布还大量用于居室装饰,替代昂贵的壁毯和漆绘壁板。

印度花布如潮水般涌入,到 17 世纪末已经充斥欧洲市场,对欧洲传统的丝绸业和毛织业形成威胁,引起了各地纺织工会的强烈抗议。1686 年法国政府为此颁布了禁令,对从印度进口的花布设限,但从英国转口到法国的印度花布反而增加了。到 1701 年,英国政府也对泛滥的印度花布下了禁令。但妇女们不理会禁令,我行我素地继续穿用印度花布,终于在 1719 年酿成伦敦斯皮塔佛德街区严重的织工骚乱。愤怒的织工们涌上街头,发现穿着印度花布的妇女就撕坏她们的衣裙。

印度花布的设计,以饰有"生命树"图案的帕棱布(Palampore)最为突出。Palampore 意为床单或床罩,也用于挂饰。生命树崇拜是一种古老的信仰,全世界各地都有,而以西亚最为常见。古代波斯锦缎中,联珠纹构成的纹样中心常有一株生命树,左右对称配以狩猎狮子的王者形象。印度的生命树图案可能是从西亚传入的,通常在白色地上,装

图 2-29　印度外销印花棉布
墙饰或床帘
1720—1740 年

饰一株色彩明快的花树：主干根植在岩石上，枝条蜿蜒，花叶错落，明艳动人（图 2-29）。为了适应欧洲市场，花树纹样是经过多次变异的，其中融入了欧洲人的审美习惯，甚至中国的设计元素，异国情调浓郁。

　　印度花布对中国风设计也产生过重要影响，特别是在印花棉织品、壁纸与壁挂设计中。印花棉布曾经大量用作居室的覆墙材料——墙布。由此看来，中国外销壁纸中的花树类型，在一定程度上与印度生命树图案存在互相影响的关系。

第三节　借鉴东方图像

17世纪后期起，欧洲出版了一系列带插图的中国报道，特别是其中的游记被认为是描写中国的权威性著作。虽然文字记载也为西方人的中国想象提供了足够的素材，但版画等视觉图像对装饰艺术的影响总是更为直观的。最早的插图可能来源于蒙迪的回忆录，其中《一位地方行政官员在工作》（见图1-9）描绘的好像是衙门内官员断案的场景：一位明代官员正在坐堂，堂下跪着三人；官员的身边有两个仆从，一个将伞盖举在官员头上，一个手持木牌。中国人如何审问犯人（过堂）是西方人特别感兴趣的题材之一。在这幅画中，官员头上的乌纱帽是写实的，头顶上还有打开的伞盖。

对中国风设计影响最大的无疑是纽霍夫的那本《中国出使记》。该书中的诸多插图，都成为中国风设计的灵感来源或参考对象。因为欧洲人相信，纽霍夫看到的是一个真实的中国，一切景物都是如此新奇，令人赞叹和激动。最有名的一幅图是南京的大报恩寺塔（图2-30）。大报恩寺塔位于南京古长干里，永乐十年（1412），由明成祖朱棣为纪念生母而建；外观以五色琉璃瓦装饰，雄伟壮观，可惜咸丰六年（1856）毁于太平天国运动。纽霍夫见到此塔时一定十分震撼。经过《中国出使记》图文并茂的介绍，大报恩寺塔在欧洲声名远播，几乎成为中国建筑的代表。17世纪晚期至19世纪，宝塔的形象出现在中国风设计的各个领域，从装饰图案到实体建筑，其源头都可以追溯到大报恩寺塔。这座塔最吸引人的，一是通体的琉璃装饰，被理解为塔的外表贴着珍贵的瓷砖；二是其九层的高度；三是每层的塔檐下挂着铃铛，迎风作响，这使得宝塔看起来十分可爱；四是宝塔顶上的塔刹。塔刹是从印度传入中国的，是舍利塔的顶部装饰，由刹杆和套于杆上的相轮和伞盖组成。在不懂中国建筑的欧洲人看来，塔刹好像是中国艺术家在屋顶上竖起的雕塑——凤梨，一种

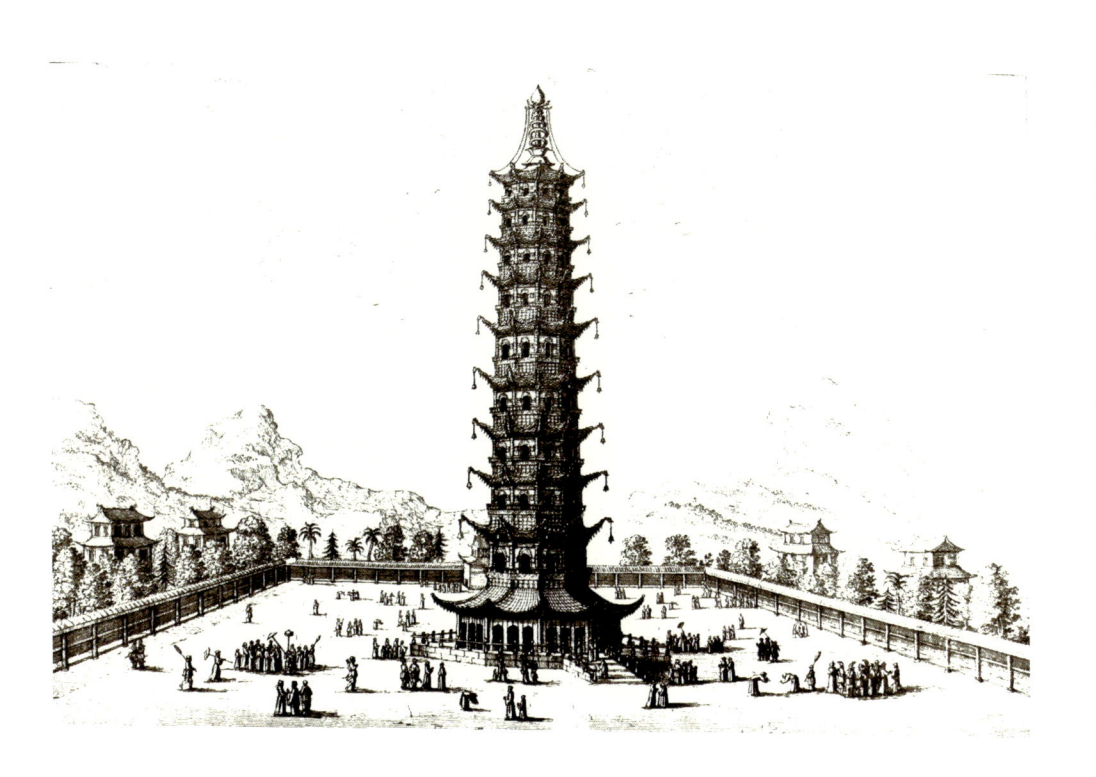

图2-30 南京大报恩寺塔
《中国出使记》插图
1665年

象征东方的植物果实。

　　1670年前后，法国国王路易十四在凡尔赛宫建起了一座特里亚农宫。从当时的版画记录看，它其实是一组单层的西方建筑，造型与中国建筑毫无关联（图2-31），但它的屋顶排列着瓷瓶，外墙与室内贴着闪闪发光的荷兰代尔夫特、法国纳韦尔、鲁昂等窑厂烧制的陶砖，而且以青花瓷的蓝白两色为主色调。由于陶砖材料的吸水性太强，这个标新立异的建筑仅仅过了17年就毁坏了，但它以青白面砖来装饰建筑立面的做法，很容易让人联想到南京大报恩寺塔。路易十四对中国的一切都深感好奇，在特里亚农宫建造前，纽霍夫《中国出使记》的法译本已在巴黎出版，很可能是大报恩寺塔的琉璃装饰启发了路易十四建造特里亚农宫的创意。

　　《中国出使记》插图中塑造的中国人物也影响深远。比如戴着欧式王冠却穿着中国盔甲的皇帝，以及敞腹而坐、笑口大开的布袋和尚。布袋和尚的形象大量出现在中国风设计

中，被认为是中国人的偶像——快乐之神，后来演变为偶像 Pagod 的形象，在釉陶和瓷塑产品中常有表现，特别是德国迈森瓷厂的 Pagod 瓷塑流传最广。

纽霍夫书中的中国插图，除广州城与大报恩寺塔外，还有南京街头、紫禁城午门、中国亭子、花园中巨大的假山、奇形怪状的树根、游戏的人、赛龙舟、在船上饮食的中国人，以及中国官员、被惩罚的犯人（图2-32）、交谈的喇嘛（图2-33）等等。这些中国人物、建筑、服装、景观，常常成为欧洲中国风设计的主题。如出版于德国纽伦堡的《漆器与刺绣工艺图案》一书中有一幅漆柜装饰设计稿（图2-34），设计者为老保罗·德克尔（Paul Decker the Elder），他是一个活跃在纽伦堡的工艺大师。[①]他设计的椭圆形图案，采用了"被惩罚的犯人"这一图式，配上站在伞盖下的中国皇帝与皇后模样的人物，加上树木、飞在空中的龙与凤以及远处的宝塔、城堡和帆船，一幅极富异国情调的中国风装饰画就诞生了。

图 2-31 特里亚农宫版画
皮埃尔·艾夫林（Pierre Aveline）制
法国特里亚农宫博物馆藏

① Jarry, M. *Chinoiserie: Chinese Influence on European Decorative Art, 17th and 18th Centuries*. New York: The Vendome Press for Sotheby Publications, 1981: 233.

图 2-32 被惩罚的犯人
《中国出使记》插图
1665 年

图 2-33 交谈的喇嘛
《中国出使记》插图
1665 年

图 2-34 德国漆柜装饰的设计稿
《漆器与刺绣工艺图案》插图
约 1713 年

如果说纽霍夫笔下的中国虽然有想象的成分，但总体还不失真实，那么当它们出现在中国风设计中时，就已经带上了梦幻的色彩，离现实中国相去甚远了。纽霍夫《中国出使记》的插图为 18 世纪的中国风设计提供了大量的素材，洛可可盛期的法国画家布歇为法国博韦织毯厂设计的中国主题系列壁毯中，可以找到不少来源于该书的人物形象。

继纽霍夫之后，对中国风设计具有重要影响的是基歇尔的《中国图说》。该书有 50 幅插图，介绍了中国服饰、建筑与生活场景，大大增加了欧洲读者的阅读兴趣。但基歇尔本人并没有到过中国，他的叙述与图片来自在华耶稣会士收集的资料。其中一幅广泛流传的插画是《持小鸟的中国妇女》（图 2-35），室内的布置——挂在墙上的"窑"字和放在桌上的中国画、妇女的服装等都带有卖弄异国情调的色彩。

前述《耶稣会士通信集》编辑者之一的法国耶稣会神父

杜赫德，将有关中国方面的资料编辑成《中国通志》一书，其中也有部分插图，如中国武将与妇女的人物插图（图2-36）。1740年，法国的一幅刺绣织物上的中国人物图案，就明显模仿了《中国通志》上的人物插图（图2-37）。

除中国游记外，描写远东景物的还有日本游记。阿诺德斯·蒙塔努斯（Arnoldus Montanus）是荷兰17世纪著名的学者与历史学家。17世纪是荷兰的黄金时代，海外拓展与东方贸易取得的业绩，使荷兰人对发现的新世界充满了好奇。蒙塔努斯的著作中有不少内容论述新世界的人民及其文化。由于17世纪荷兰在与日本贸易中的特殊地位，他写了一本论

图 2-35　持小鸟的中国妇女
《中国图说》插图
1667 年

图 2-36　中国人物
《中国通志》插图
1735 年

图 2-37　刺绣表现的中国人物
床帷局部
法国制
1740 年

图 2-38 婚礼
阿诺德斯·蒙塔努斯日本游记中的插图
1669 年

图 2-39 中国婚礼
弗朗索瓦·布歇为法国博韦织毯厂创作的壁毯画稿
1740 年

述日本的地理、风俗与文化的专著，1669 年出版于阿姆斯特丹。根据阿兰·格鲁伯（Alain Gruber）的研究，这本书除利用了当时已经出版的东方游记资料外，还利用了 4 种未出版的关于日本的手稿，作者可能是荷兰东印度公司的雇员。[1]该书也有非常精美的插图。虽然描写的是日本，但 17—18 世纪的欧洲艺术家们毫不犹豫地将这些图像用于中国风设计中，而未感丝毫不妥，如其中一幅日本婚礼的插图（图 2-38），与法国画家布歇为博韦织毯厂设计的"中国皇帝"系列壁毯中的婚礼场面（图 2-39）非常相似，是明显的参照物。

传教士马国贤（Matteo Ripa）带往欧洲的中国皇家园林版画也很重要，它不是游记式的匆匆一瞥，而是马国贤与中国宫廷画家合作完成的作品，影响也很大。马国贤是一位服务于清宫的欧洲艺术家，1711 年受康熙皇帝的委托，将宫廷画家所绘的 36 幅热河避暑山庄的图画雕刻成铜版画（图 2-40）。1712—1714 年，这批画被带到法国，1724 年又传入英国，对英国正在兴起的风景式园林（法国人称之为"英中式花园"）的诞生起到过重要影响。

18 世纪中期具有重要影响的，是威廉·钱伯斯（William Chambers）的《中国建筑、家具、服装、机械和器具的设计》（*Designs of Chinese Buildings, Furniture, Dresses, Machines, and Utensils*）一书。钱伯斯是一位建筑师，曾跟随英国东印

[1] Gruber, A. *Classicism and the Baroque in Europe.* New York: Abbeville Press, 1996.

度公司的贸易船到过中国，在广东停留过三个月，对中国建筑及相关设计做了实地考察，并以素描的形式记录了下来。钱伯斯笔下的中国庙宇、宝塔，几乎没有想象的成分，而是对原作的忠实记录，他甚至还剖析了一个中国士绅的住宅，并绘出室内装潢样式（图 2-41）。此书在欧洲流传甚广，加上作者回到英国后，在伦敦附近的邱园竖起了一座十分逼真的中国塔，因此在 18 世纪后期，很多中国风设计都参考了钱伯斯的著作。

18 世纪末，英国国王乔治三世为了进一步发展与中国的贸易，派遣马戛尔尼爵士为首的使团前往中国，其中亚历山大作为随团画家加入了出使的旅程。他们在广州登陆，并沿大运河一路北上，将沿途场景尽收眼底，最后到达北京，于 1793 年 9 月在热河行宫谒见了乾隆皇帝。亚历山大在中国长途跋涉途中画下了一系列水彩画，如建筑、乡村生活、劳作的人们等等。这些绘画不带丝毫梦幻色彩，一切都是那么真实，它告诉欧洲人民的是一个真实存在的中国。但此时在欧洲大陆，中国作为强大、繁荣、美丽的国家的形象已经被颠覆，中国风设计也逐步淡出市场，因此亚历山大的水彩画没有对中国风设计产生太大的影响。英国布赖顿宫的室内设计参考了亚历山大的画稿，虽然人物表现写实，但整体氛围仍给人

图 2-40　热河避暑山庄
清代宫廷版画
马国贤雕刻
1711 年

图 2-41　中国士绅的住宅
《中国建筑、家具、服装、机械和器具的设计》插图
1757 年

以梦幻感。

事实上，各类中国报道或游记中的描绘和插图，首先启发的是17—18世纪欧洲的版画艺术家、图案设计师等。他们从中国外销艺术品上的装饰和东方游记类书籍的插图中汲取灵感，加上自己的自由想象，迎合流行时尚，创作出版了一系列中国风图案集。这些设计图案集在文献表达的"中国图像"与各领域的"中国风设计"之间起到了桥梁与催化的作用，它们广泛流行且跨国传播，是欧洲各国工匠们设计中国风家具、墙板、瓷器或印花布图案的参考资料。如17世纪后期英国艺术家乔治·帕克（George Parker）和约翰·斯托克（John Stalker）的《髹漆论丛》（*A Treatise of Japanning and Varnishing*）、18世纪法国艺术家让-巴蒂斯特·毕芒（Jean-Baptiste Pillement）等人的《中国装饰新手册》（*A New Book of Chinese Ornaments*）、18世纪英国家具设计师托马斯·奇彭代尔（Thomas Chippendale）[①]的《绅士及家具制造者指南》（*The Gentleman and Cabinet-Maker's Director*）等，数量众多。此外，法国著名洛可可画家华托、布歇的绘画作品也被转化、刻印为图案集，在社会上流通，对中国风设计的影响极为深远。

第四节　技术解读——漆与瓷的再发明

17—18世纪输入西方的中国外销艺术品中，织绣品与壁纸欧洲自己有生产，只要在装饰风格上加以模仿即可，但漆器与瓷器却是西方的传统器物体系中没有的，怎样制作出与东方产品媲美的漆器和瓷器，是欧洲人必须攻克的技术难题。

一、漆器的研制

中国漆器生产具有悠久历史。中国漆也叫"大漆"，是从生长于中国南部的漆树的汁液中提取的，早在史前时代就

[①] 关于奇彭代尔的介绍，见第四章。

已被利用。秦汉时期，漆器制作已经达到了很高的工艺水平，明清是漆器生产的又一个高峰。16世纪第一位深入中国内陆土地的传教士利玛窦，很快注意到这种神奇的涂料。利玛窦称，这种东西是"从某种树干挤出来的。它的外观和奶一样，但黏度和胶差不多。中国人用这种东西制备一种山达脂（sandarac）或颜料，他们称之为漆"，"涂上这种涂料的木头可以有深浅不同的颜色，光泽如镜，华采耀目，并且摸上去非常光滑。……正是这种涂料，使得中国和日本的房屋外观富丽动人"。因为漆的功能，中国人的餐桌不需铺设台布，如果桌子脏了，"只要用水洗过用布擦干，马上就可以恢复光泽"。[①]从利玛窦的记述中可以发现，16世纪末17世纪初的欧洲人对中国漆器充满了赞赏之情。

欧洲各国为进口东方漆器支付了大量白银后，模仿东方漆器的实验也在欧洲各地展开。其中意大利科学家、耶稣会士菲利波·伯纳尼（Filippo Bonanni）在1690—1700年写了一份有关中国漆器的详细材料，后整理为学术报告在1720年发表。他的研究利用了耶稣会士们掌握的有关中国漆的资料，认为漆来源于漆树，这种树只生长于亚洲，不可能移植到欧洲，且漆原料是有毒的，也不便于长时间海上运输。伯纳尼指出，欧洲不可能复制中国漆，而必须寻找其代用品。这种代用品就是树胶漆或虫胶漆。

虫胶是寄生在某些树种上的紫胶虫所分泌的一种天然动物性树脂，因其颜色紫红，又称"紫胶"。采集紫胶后通过加工，将其溶解在酒精中，可以制成虫漆。紫胶虫在世界上分布较广，其中以印度、东南亚与中国云南分布较多。事实上，印度所谓的漆正是虫漆，与中国、日本的生漆不同。欧洲除输入中国与日本的漆器外，也输入印度与东南亚的虫漆。如前述西班牙商船装载的物品清单中，除屏风等漆家具外，还有一箱箱的虫漆原料。

事实上，漆的仿制比瓷器要容易一些。从16世纪晚期起，

---

① 利玛窦，金尼阁.利玛窦中国札记.何高济，王遵仲，李申，译.北京：中华书局，2001：18.

欧洲就开始仿制中国的漆器。到 17 世纪初，根据当时的文献资料，荷兰的阿姆斯特丹、德国的纽伦堡和奥格斯堡等地都已经有了漆器生产，荷兰甚至出现了漆器行会，法国、英国与意大利也有漆器生产的报道。由于欧洲的漆与中国、日本的漆不同，英庇在他的中国风著作中将从中国或日本输入的漆器称为 lacquer，而将欧洲仿制的漆器称为 japan，以示区别。[1]

17 世纪晚期至 18 世纪初，髹漆作为绅士及上层妇女的业余爱好在社会上流行，不少贵妇人以漆艺为高雅修养，有关漆艺指导的手册大为流行。《髹漆论丛》公布了漆的配方，指导人们如何从事漆艺，并提供"中国风格"的装饰图案。各国漆艺家制漆的方法与配方不尽相同，各有千秋。17 世纪后期为普鲁士宫廷服务的格哈德·达哥利（Gerhard Dagly），在柏林拥有自己的工作室。他的一个同为漆匠的兄弟前往巴黎，在法国戈贝林皇家制造厂另开了一个工作室，所用的漆称为"戈贝林漆"，享有专利权。18 世纪著名的"马丁漆"（vernis Martin），是著名的法国漆艺家马丁兄弟发明的，其中兄长纪尧姆·马丁（Guillaume Martin）在 1725 年获得"国王御用漆匠"的称号。1772 年出版的《绘画、烫金和髹漆的艺术》（L'Art du Peintre, Doreur et Vernisseur）是法国著名的漆艺专著，作者让-菲力克斯·瓦丁（Jean-Félix Watin）本人就是一位经验丰富的漆艺家，为法国宫廷服务。他在书中提供了清漆的制作方法：将树胶或虫胶溶解于酒精中，将制备好的漆一道一道地覆盖在浅色、光滑和紧密的木质表面（比如椴树、枫树和梨树等），磨平后抛光，可以制成不亚于东方漆器的产品。[2] 该书的章节标题包括"如何模仿中国漆器""如何以斯帕[3]的形式仿制中国漆器""如何修复它们"等等，可见是明确以中国漆器为仿制目标的。为了仿制效果更好，欧洲髹漆工艺对木材的质地有很高的要求。

---

[1] Impey, O. *Chinoiserie: The Impact of Oriental Styles on Western Art and Decoration*. New York: Charles Scribner's Sons, 1977: 114.

[2] Jarry, M. *Chinoiserie: Chinese Influence on European Decorative Art, 17th and 18th Centuries*. New York: The Vendome Press for Sotheby Publications, 1981: 135.

[3] 地名，比利时一漆器生产中心。

二、瓷器的再发明

西方对中国瓷器的生产工艺更是心向神往,从 16 世纪起就一心想烧成真正的硬瓷器,但始终未能如愿,于是产生了很多神秘的说法。有一种说法与马可·波罗有关。马可·波罗是在游历福建泉州时提到瓷器的,说当地人将某种土堆起来,任其风吹雨打三四十年,然后制成瓷器,自然发出美丽的光泽。当然这一说法是没有道理的,其他奇异的说法还有在胎土中加蛋壳粉,或掺入骨灰;更有人声称,瓷器的秘诀在于烧成后要深埋地下几十年等。但 17—18 世纪已经是启蒙的时代,瓷器的秘密,人们相信一定能通过科学与实验的方法破解。

中国外销瓷主要来自景德镇。在中国传教的耶稣会士对这一中国瓷都给予了特别关注。法国传教士殷弘绪(François Xavier d'Entrecolles)神父在景德镇传教期间,特别考察了制瓷工艺,将每一道工艺、每一种材料都详细地记载下来,以通信形式报告耶稣会总部。[①] 其中提到,中国瓷器以高岭土和白不子土(瓷石制成的泥块)为成分,瓷器的质量在很大程度上取决于这两种材料,它们被瓷工称为瓷器的"骨与肉"。殷弘绪神父还将瓷土样本寄回法国,供国内参考。

17 世纪后期,在巨大的经济利益刺激下,欧洲各国纷纷开始仿制中国瓷器。但制瓷工艺极为复杂,要想成功绝非易事。很多人宣称烧制出了接近中国瓷器的产品,其实仍然是釉陶或软质瓷。欧洲第一件真正的硬瓷器,是 1709 年在萨克森公国的德累斯顿烧制成功的,与一位名叫约翰·弗里德里希·伯特格尔(Johann Friedrich Böttger)的炼金士有关。伯特格尔成功烧制硬瓷器的故事颇具传奇色彩。他出生于 1682 年,年轻时曾经对炼金术大感兴趣,为此投入了全部的精力与热情。普鲁士国王腓特烈一世将他召到柏林的宫廷,资助他一笔经费,让他完成点石成金的实验,这显然是一个无法完成的任务。因为惧怕国王的催促和惩罚,1701 年伯特

---

① 杜赫德. 耶稣会士中国书简集(第四卷). 耿昇,等译. 郑州:大象出版社,2005.

格尔私自出逃，前往德累斯顿。当时萨克森公国正处于"强力王"奥古斯特二世的统治下，这位选帝侯是有名的中国瓷器爱好者。在即位的第一年，他就花费了10万泰勒购藏中国瓷器，传说中他还用一个团的萨克森龙骑兵来交换普鲁士国王手中的一批中国瓷器。购买中国瓷器的巨大开销，加上卷入波兰王位继承权的战争，使萨克森公国的经济到了崩溃的边缘，以至于他的大臣们将中国比作一只让萨克森流血的瓷碗。

萨克森知名贵族E. W. 冯·契尔恩豪森（E. W. von Tschirnhausen）认为，只有两条路可以挽回危局：一是炼成黄金让奥古斯特二世继续购买中国瓷器，二是试制瓷器以满足他的需要。幸运的是，契尔恩豪森选择了第二条路。他猜想中国瓷器的秘密在于极高的窑温，于是从1694年起就开始了一系列制瓷实验，在10多年里遭遇了无数次失败，也积累了丰富的经验。这时，从普鲁士逃亡而来的伯特格尔进入了他的视野。

伯特格尔逃到德累斯顿后，奥古斯特二世在经费紧张的情况下仍然拨出40万泰勒，提供所需的设备，让伯特格尔进行炼金实验。两年后，炼金实验依然没有进展，伯特格尔再次出逃，但被抓了回来，盛怒的奥古斯特二世将其投入监狱。契尔恩豪森此时请求奥古斯特二世，让伯特格尔协助他从事制瓷研究。就这样，契尔恩豪森和伯特格尔两个人通力合作，在前期研究的基础上步步深入，夜以继日地试验各种黏土材料在不同窑温下的烧制效果。奥古斯特二世对此十分关心，各地也纷纷送来土矿标本，形成了全国上下一齐努力的局面。经历多次失败，到1708年，他们已经成功烧制了瓷质的红色炻器，但就在离成功仅一步之遥时，契尔恩豪森因劳累过度而去世。第二年，欧洲第一件真正的硬瓷器终于在伯特格尔的手中诞生了。

伯特格尔研制瓷器成功后，奥古斯特二世欣喜万分，他在德累斯顿每个教堂的门上都贴上了告示，自豪地宣称萨克森艺术家已经能够制造真正的瓷器了："让我们相信，我们已经掌握了白瓷器以及红色炻器的秘密，我们将超越东印度（中国）的瓷器，无论在艺术上、质量上还是造型的变化上。"[1]但这一切却没有给功臣伯特格尔带来回报。相反，为了严守"国家机密"，伯特格尔实际上处于软禁之中，失去了人身自由。1710 年，在奥古斯特二世的授意下，迈森瓷厂正式创办。初期产品质量不是很高，这与他们所用的黏土材料有关。伯特格尔经过艰苦努力，找到了优质高岭土，1713 年，迈森瓷厂终于烧出了高品质的白瓷，再一次震惊了整个欧洲。1715 年以后，伯特格尔获得了一定的行动自由，但长期囚徒般的生活和巨大的精神压力让他嗜酒成性，迈森瓷厂也因经营不善逐渐陷入困境。1719 年，伯特格尔死于饮酒过度，年仅 37 岁。

在迈森瓷厂暂时陷入困境的时候，其他欧洲国家便以高薪聘请的手段吸引迈森瓷厂的技术人员，因为这样做比他们自己探索制瓷工艺便捷得多。1719 年，在维也纳实力人物克劳迪乌斯·I. 杜帕基耶（Claudius I. Du Paquier）的一手促成下，迈森瓷厂的工艺师兼画匠克里斯托夫·C. 亨格尔（Christoph C. Hunger）和萨缪尔·斯特茨埃尔（Samuel Stöltzel）前往维也纳，协助杜帕基耶创办了维也纳瓷厂，这是继迈森瓷厂之后欧洲的第二家瓷厂。1720 年，正当维也纳瓷厂进展顺利之时，斯特茨埃尔因与杜帕基耶不合，突然重返迈森，并带走了维也纳瓷厂最优秀的画师约翰·G. 赫罗尔特（Johann G. Höroldt），另一位背叛者亨格尔则动身前往威尼斯，向意大利人透露了烧制瓷器的信息，此后他还在丹麦、俄国等国活动，帮助他们开办瓷厂。随着欧洲各地瓷厂的兴建，制瓷技术很快就传遍了整个欧洲。

当迈森瓷厂开始生产真正的优质硬瓷时，正如奥古斯特二世在告示中所宣称的那样，欧洲瓷器终于取得了与中国瓷

[1] Jarry, M. *Chinoiserie: Chinese Influence on European Decorative Art, 17th and 18th Centuries*. New York: The Vendome Press for Sotheby Publications, 1981: 100.

器抗衡的所有条件,不但在装饰与造型上,而且在品质上也不再输给中国瓷器了。因为流行风尚的关系,中国外销瓷器向欧洲的出口一直延续到 19 世纪初。之后中国热衰退,流行风尚改变,加上欧洲本土瓷器生产的发展,盛极一时的中国外销瓷渐渐退出了欧洲市场,中国风设计也淡出了欧洲装饰艺术领域。

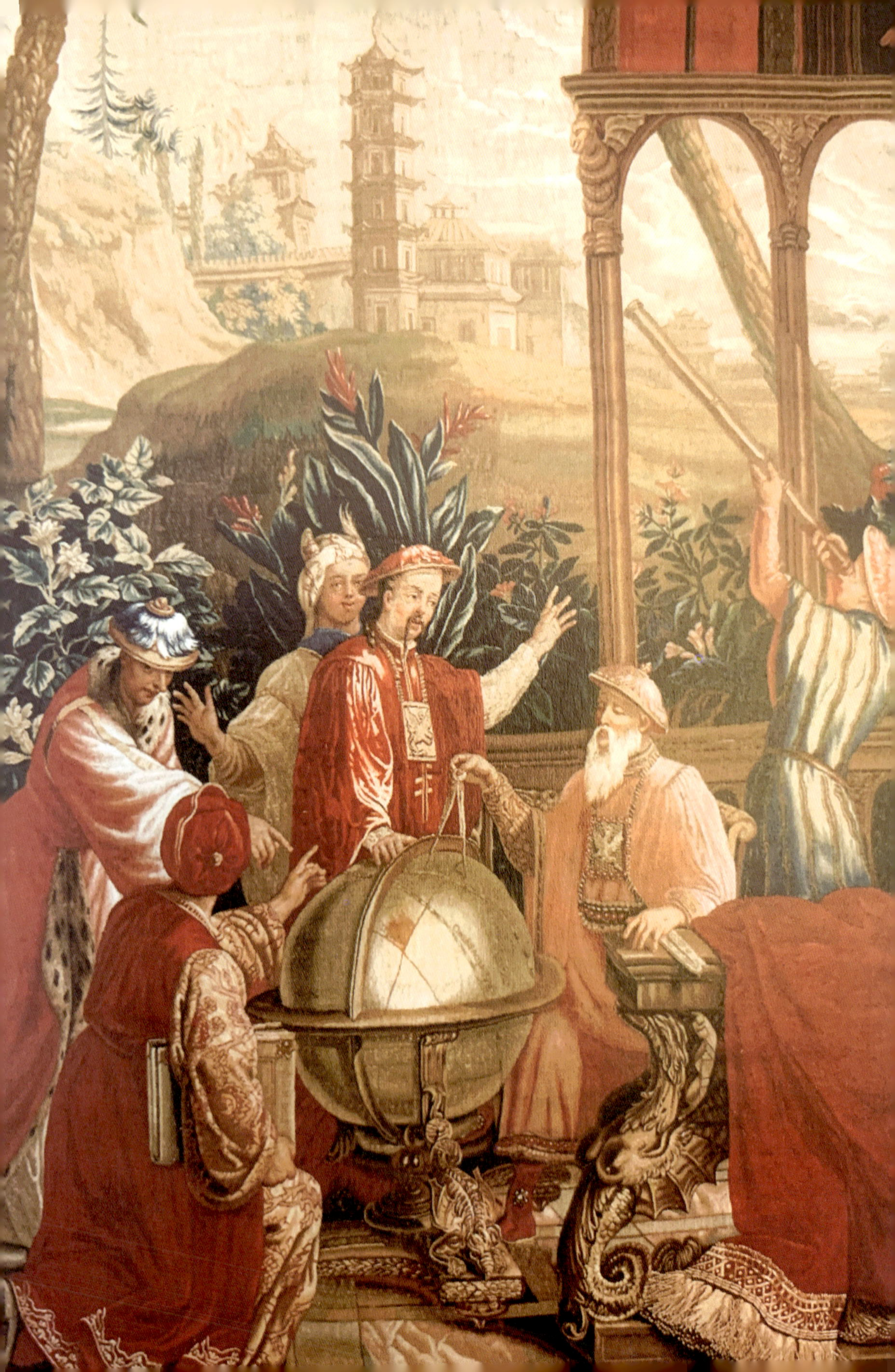

第三章
顺应潮流——中国风设计的时代变迁

17—18 世纪，当中国外销艺术品大量输入西方时，西方并非处于风格真空期，等待着东方风格去填充，事实上，西方艺术的发展有着自己的规律，从文艺复兴晚期风格到巴洛克风格，再发展到洛可可风格，至 18 世纪中期达到顶峰，晚期则过渡到新古典主义风格。但无论西方艺术处于哪一个阶段，都少不了东方的影响。中国风格就像这条风格之河中的一条支流，为西方艺术带来新的活力，提供艺术家想象与激情，甚至一时在河中激起汹涌的浪潮。然而，它并没有改变风格之河的总体流向。随着时间的推移它最终融入主流，成为西方 17—18 世纪装饰艺术的一部分。在这一章中，我们将回溯历史的纵向发展脉络，考察中国风设计经历了怎样的变化，以及引起这些变化的原因。

第一节　巴洛克时期的中国风设计

17 世纪至 18 世纪初，西方艺术领域的主导风格为巴洛克。巴洛克艺术起源于意大利罗马,在宗教艺术中有充分表现。而在法国,以法兰西学院和法兰西皇家绘画与雕刻学院为中心,以尼古拉·普桑(Nicolas Poussin)和夏尔·勒布伦(Charles Le Brun)为代表,发展出一种官方的巴洛克样式,宏大、辉煌、壮丽,但又失之刻板,甚至有些做作。因为恰逢太阳王路易十四统治时期,这种风格也叫"路易十四风格",就像路易十四那张著名的肖像画(图3-1)所体现的一般,戴着假发,披着有金百合图案的华贵而沉重的天鹅绒披风,衬以大片的暗红色背景,侧着身子,摆出君临天下的姿态。路易十四风格表现在绘画和雕塑上,也表现在建筑、室内装饰、家具、陶瓷等设计艺术上,并影响到西方其他国家。

图3-1 路易十四像
油画
18世纪初
法国特里亚农宫博物馆藏

中国风设计是从17世纪初发端的,但真正在欧洲流行是在17世纪50年代以后,与当时西方艺术领域的巴洛克风格重叠。巴洛克艺术虽然源自古典风格,但它华丽的装饰感、昂贵的材质、奢华的氛围、奇异的主题,与那个时期的人们对中国的想象是合拍的。中国外销瓷器上闪亮的釉色和华丽的装饰,比大理石更为光洁的中国漆家具,奢华的中国锦缎和刺绣上色彩的丰富变化,有关东方旅行神奇而冒险的经历,甚至中国外销艺术品昂贵的价格,都符合这个时代风格的总体精神。因此,我们将这一时期的中国风设计称为巴洛克中国风设计。

一、巴洛克时期的中国想象

17世纪后期,正是西方为中国事物而狂热的时代。收藏家们急切地等待着从远东归来的商船,东印度公司成为社会上最有力的代表,以中国为主题的假面舞会与茶会在上流社会盛行,"中国戏剧"开始在各地上演。绅士们在结束一天的打猎后,坐在壁炉边读着时髦的中国游记,为东方遍地的财富、奇异的事物和真真假假的冒险经历而激动;妇女们穿着花色明亮的东方织物,聚在一起刺绣,花样上有来自东方的花鸟和风景。由于地理知识的缺乏,17世纪的欧洲人分不清中国、日本与印度的区别,甚至将这些地方统称为"中国"或"东印度",但这丝毫不妨碍人们展开丰富的东方想象。

1692年,有两部以中国为背景的舞台剧分别在法国和英国上演。在法国上演的剧目名为《中国人》(*Les Chinois*)。[1]剧情是这样的:主人公奥克塔夫爱上了一位名叫伊萨贝尔的姑娘,但他得知另有三个竞争者也将前去求婚,其中一位是中国博士。为了赢得爱情,他略施小技,让他的仆人阿勒甘先后假冒成三位竞争者前去求婚,在不明真相的姑娘父亲面前出尽洋相,最后自己从容出场,稳操胜券。阿勒甘是意大利喜剧中的一个著名丑角。他扮演的中国博士从一只中国橱柜中走出来,竭尽吹嘘之能事,称自己是一个修辞学家、哲学家、逻辑学家、音乐家以及天文学家,然后橱柜打开,拿出一件件来自中国的时髦物品,还有一队小提琴师奏响所谓的东方音乐……在阿勒甘的协助下,奥克塔夫终于抱得美人归。此时身为中国博士的阿勒甘竟然高声唱道:"我特地从刚果来到此地,呵,呵,呵。"

在英国上演的剧目名为《仙后》(*The Fairy Queen*),根据莎士比亚的名剧《仲夏夜之梦》改编。为了迎合时尚,剧中有一场所谓"中国歌舞",背景为中国花园。根据同时代人的记载:"舞台灯光暗淡,只有一个演员在舞蹈",这时音乐响起,"舞台的背景突然亮了起来,这是一个透视表现的中国花园,(布景上的)建筑、花草树木、水果、动物,一切与我们这边的是那么不同。花园的尽头是一个拱门,透过它可以看到其他的拱门与凉亭,一排树消失在视线的尽头……在这之上是一个空中花园,花园中景色迷人,有漂亮

---

[1] 许明龙. 欧洲18世纪"中国热". 太原:山西教育出版社, 1999: 135.

的亭子、各种各样的树，奇异的鸟在空中飞。喷泉中的水喷出来，被一个巨大的盆接住"。在这个魔境般的花园中，中国情人用二重唱唱出庄重的和声。接下来的场景更加令人目不暇接："丛林中出现六只猴子，它们翩翩起舞。然后六个架子托着六只大型的中国瓷瓶从舞台上升起，上面种着六棵中国橘树……二十四个演员跳起大型舞蹈。"这时希腊神话中的婚姻之神——许门出现在舞台上，在歌声中，男女主人公重归于好，大幕徐徐降下。[1]

巴洛克时期人们对中国的想象也体现在法国著名设计师让·贝兰（Jean Bérain）的作品中。1690年，贝兰被任命为法国宫廷首席设计师，在他的装饰作品中，卷曲的藤蔓结合古典的建筑，偶尔会出现大象、猴子、宝塔、官吏和阳伞等东方元素，异想天开，但同时又遵循着严格对称的原则（图3-2）。贝兰还为宫廷化装舞会设计服装与场景，从流传下来的服装版画来看，与其说与中国人有什么关联，不如说是集奢华与怪诞于一体。

对东方的热情，因1684年暹罗大使抵达巴黎而更加高涨。1686年，第二个暹罗使团抵达巴黎，这次受到了更加隆重的接待。大使们乘坐着四轮马车穿过整座城市，在宏伟的凡尔赛宫觐见国王路易十四，并献上迷人的东方礼品：精美的杯子、黄金、真漆的大口水罐、闪闪发亮的康熙瓷器、色彩鲜艳的中国刺绣……这一切是多么符合人们的期待啊！于是，暹罗使团受到了法国人的热情赞颂，以此为题材的艺术作品纷纷问世（图3-3）。即使耶稣会士们指出暹罗不等于中国，而他们带来的礼品其实是中国产的，也丝毫不影响法国人的热情。不难想象，如果康熙皇帝派出中国大使抵达巴黎，又会是怎样宏大的场面呢？

从这两个舞台剧以及暹罗大使到访引起的轰动中，我们可以看到中国在欧洲人心目中的形象——遥远、神秘、美丽、辉煌，充满了各种奇异的事物，总之"一切与我们这一边的

[1] Honour, H. *Chinoiserie: The Vision of Cathay*. London: John Murray, 1961: 77.

图 3-2 东方风格壁饰
铜版画
让·贝兰绘
17 世纪末 18 世纪初

图 3-3 暹罗大使觐见路易十四
版画
1686 年

是如此不同"。由于对远东地理概念的模糊，不要说中国与日本、印度分不清楚，即使将中国与非洲的刚果、南美的秘鲁混在一起，恐怕台下的观众们也不会提出异议。这就是 17 世纪欧洲人对中国的想象，巴洛克时期的中国风设计与这种想象密切相关。

二、神秘辉煌的巴洛克中国风

1. 神秘奇异的异国情调

《仙后》这出戏的成功，在很大程度上应归功于漂亮出彩的场景以及异国情调的渲染，这是一个成功的中国风舞台设计。据昂纳推测，设计者可能就是当时英国有名的设计师罗伯特·鲁宾逊（Robert Robinson），他特别擅长东方场景设计。[①]英国维多利亚与艾尔伯特博物馆保存着一组壁画，其中 9 幅描绘的是中国题材，作者未知，但其体现出来的风格与鲁宾逊的作品有类似之处。如其中一幅表现了行进中的一队中国人，前面两人抬着一个坐在椅子上的大人物，后面跟着一群奇装异服的随从，前景是一棵巨大的棕榈树和一根竹子，天空中有奇异的鸟儿在飞翔（图 3-4）。据说这是保存至今最早的中国风壁画。尽管在艺术上没有太大的价值，

[①] Honour, H. *Chinoiserie: The Vision of Cathay*. London: John Murray, 1961: 78.

091

但其异国情调足以让人们联想到东方的遥远与奇异。

17世纪末著名的伦敦索霍（Soho）壁毯，表现的正是神秘、奇异的东方。索霍壁毯的订购者是美国耶鲁大学的冠名者、出生于波士顿的商人伊莱休·耶鲁（Elihu Yale），他曾在英国东印度公司担任高官，在印度拥有成功的事业，后来成为印度马德拉斯的地方长官。1699年，他回到伦敦过起了豪华的生活，并向伦敦索霍区的作坊定制了壁毯，要求织成"印度的风格"（原件后由耶鲁的后裔捐赠，现藏于耶鲁大学）。索霍壁毯共分4幅，分别是《公主梳妆》《坐轿》《进餐》以及《音乐会》。其中《公主梳妆》（图3-5）表现了公主坐在地毯的中央，有几位侍者环绕着她，在为她梳妆打扮；《坐轿》表现了一位王子坐在加顶盖的轿子上，由两个随从抬着走，几位女子在等候王子的到来；《进餐》表现了皇帝与皇后坐在帐篷里进餐，前景处有人在垂钓。壁毯的地色是深暗的，画面上的人物穿着中国、印度、欧洲风格的混合服装，在一个个浮岛上活动着，如钓鱼、散步、采果子、聊天、坐轿等等，配以东方式建筑、棕榈树、奇异的植物、禽鸟和其他动物，构成一幅幅神奇的画面，仿佛重现了舞台剧《仙后》的辉煌布景。[1]然而，人物的表情与活动是拘谨的，没有18世纪中国风设计那种自由、欢快而浪漫的气息。

索霍壁毯当时制作了不止一套。18世纪初，一位名叫范·德·班克（Van der Bank）的织工在伦敦索霍区拥有作坊，生产了一系列十分相似的壁毯，美国大都会艺术博物馆以及英国维多利亚与艾尔伯特博物馆、大英博物馆等均有收藏。

图3-4 中国风木板油画
罗伯特·鲁宾逊绘
17世纪末18世纪初
英国维多利亚与艾尔伯特博物馆藏

[1] Bielefeldt Bruun, M. The Chinoiserie of the 17th to 18th-century Soho Tapestry Makers. In Nosch, M-L., Zhao, F. & Varadarajan, L. (eds.). *Global Textile Encounters*. Oxford: Oxbow Books, 2014: 171-176.

图3-5 公主梳妆
英国伦敦制
1690—1715年
美国大都会艺术博物馆藏

而且,班克还接到过来自英国皇室的订单,制作4幅"印度样式"的挂毯,用来装饰肯辛顿宫的一个沙龙。虽然索霍壁毯留存多件,但艺术风格相当一致,浮岛上的主题图案可以互换,四周的边框装饰或为缠枝花草,或为瓷器等东方器物,可见耶鲁定制的壁毯在当时产生过不小的影响。

对神秘奇异气氛的渲染,在法国博韦织毯厂的第一套壁毯中体现得淋漓尽致。博韦织毯厂在18世纪初设计制织了第一套以中国皇帝的生活为主题的大型系列壁毯,作者是当时不那么出名的4位画家(目前只能确定其中3位的名字);18世纪40—50年代,又制作了更有影响力的第二套壁毯,设计者即法国著名洛可可画家布歇。虽然第一套壁毯的制织时间是在法国奥尔良公爵摄政时期,洛可可风格初露头角,但其中透露出来的思想与艺术倾向仍然是路易十四时期的。

第一套壁毯题为"中国皇帝的生活",共有10幅图,其中一幅为《皇帝的接见》(图3-6)。图中皇帝盘腿坐在

画面中央的宝座上，头上缠着印度穆斯林式头巾，插着孔雀羽毛，颈上戴着一串硕大的清代官服上的朝珠，宝座下铺着豪华的东方地毯。一头大象从宝座后探出头来，两个侍卫分列左右，几个觐见的使臣跪在宝座前大叩其头。在画面的左下角，中国公主正准备从双轮香车上下来，旁有贵妇为她打伞，而拉车的是两个跪在地上的黑奴。皇帝头上有着豪华的伞盖，身后的宫墙上立着两只长着翅膀的龙，天空的飞鸟、地上的动物，以及远景中的宝塔，组成了一曲稀奇古怪的东方景物和欧洲元素的大合唱。作者把想象中一切与东方有关的景物都搬上了画面，几乎淹没了所谓的中国主题。

17 世纪末 18 世纪初，具体地说约 1695—1715 年，欧洲锦缎织物上流行所谓"奇异纹样"（soieries bizarre），这个词是由历史学家 E. 沙伊尔（E. Scheyer）在 20 世纪初首先采用的[①]：想象中的植物和动物、几乎抽象的几何形态与东方元素的结合、不对称的构图，灵感来自进口的东方织物以及当时流行的动植物插图。或许，暹罗大使送给路易十四的众多礼物也助推了奇异纹样的流行。荷兰阿姆斯特丹是最早生

图 3-6 皇帝的接见
法国博韦织毯厂制
18 世纪初
法国卢浮宫博物馆藏

① Jarry, M. *Chinoiserie: Chinese Influence on European Decorative Art, 17th and 18th Centuries.* New York: The Vendome Press, 1981: 48.

产这种织物的,不久后其他纺织中心也纷纷跟进。作为欧洲丝绸业领头羊的法国里昂,设计生产了大量属于奇异纹样的锦缎织物(图3-7)。意大利威尼斯虽然在东方贸易中处于边缘地位,但依然是丝绸生产中心,也跟上了奇异纹样的潮流。

2. 厚重辉煌的豪华气派

除上述《皇帝的接见》外,博韦织毯厂第一套壁毯的另外9幅分别是《皇帝出行》《天文学家》《哲学家》《皇帝登舟》《皇后登舟》《校勘》《摘凤梨》《采茶》《打猎归来》。一系列中国皇帝的生活场面在想象中展开:威严的皇帝乘着豪华的车舆行进,侍卫打着绣有龙纹的旗帜;皇帝与天文学家商讨天象,皇帝与台阶下的哲学家交谈,皇帝登上龙舟与坐在岸边的皇后告别,宫女们在皇家花园里采摘凤梨,等等。壁毯组画在一定程度上参考了基歇尔的《中国图说》,如其中的《天文学家》和《哲学家》,描绘的应该是在清宫供职的汤若望(Johann Adam Schall von Bell)神父,因为壁毯上的神父形象与基歇尔书中的汤若望装扮一致,他戴着官帽,穿着官服,胸前的补子上绣着鸟(应该是一品仙鹤),以显示其位极人臣的身份与地位(图3-8)。从内容看,虽然画中人物穿着东方服装,活动在东方的背景中,但反映的却是18世纪初法国贵族的生活理想和价值观,他们赞叹东方君主盛大的仪式排场、豪华的生活方式、壮丽无比的宫殿和无与伦比的权势。虽然洛可可风格已经显而易见,但人物神态是庄重的,氛围是神秘奇异的,似乎是凡尔赛宫君臣生活在东方世界的再现。另外值得注意的是,所有中国人的面相都体现出欧洲人的特征。

在17世纪后期的中国风设计中,漆家具以豪华、沉重、硕大而著称。在保存下来的作品中,有些是为珍贵的东方漆柜配上豪华的底座,有些是欧洲艺术家创作的中国风家具。

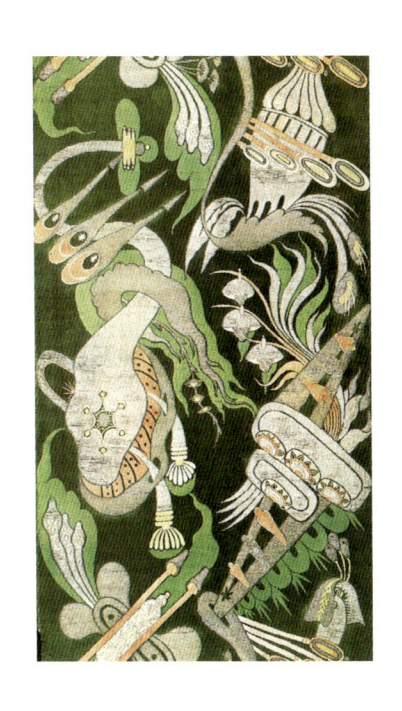

图3-7 奇异纹样的锦缎
法国里昂制,1700年

荷兰是从中国和日本进口漆器的主力军，也是最早仿制东方漆家具的，以至于专家也很难将进口货与仿制品区分开来。如17世纪90年代荷兰制作的组合柜，有着极其富丽的东方装饰（图3-9）。上面是双门橱柜，打开门里面有很多小抽屉。中间是三层的抽屉柜，下面有底座。柜门内外与抽屉表面都装饰了丰富的中国风图案，配上铰链、门锁等光亮的铜制件，极尽豪华。[1] 1700年前后，中间的抽屉柜去掉了，底座升高成桌子，显得不再沉重，但扭曲的桌腿与挺拔感仍然是巴洛克的感觉。

在低地国家，如今属于比利时的疗养胜地斯帕曾经是漆器生产的中心，漆绘艺术享誉欧洲。著名漆艺家达哥利就出生于斯帕，并在家乡接受漆艺训练。17世纪晚期至18世纪初的德国宫廷漆家具，是与达哥利的贡献分不开的。达哥利年轻时就去德国寻找机会，获得了勃兰登堡选帝侯的赏识，1687年被任命为官方商会艺术家，后又加冕为普鲁士国王的腓特烈一世宫廷服务，获得了很高的声誉，被授予"室内装饰艺术家"的称号。他的作品不满足于对东方家具的纯粹模仿，而是赋予作品浪漫的想象。他笔下的漆绘图案，包括

图3-8　中国皇帝与天文学家
壁毯
法国博韦织毯厂制
18世纪初
美国J.保罗·盖蒂博物馆藏

图3-9　中国风漆柜
黑漆描金
荷兰制
1690年
荷兰海牙市立博物馆藏

[1] Jarry, M. *Chinoiserie: Chinese Influence on European Decorative Art, 17th and 18th Centuries*. New York: The Vendome Press, 1981: 131.

图 3-10　带豪华底座的
中国风漆柜
英国制
约 1690 年
英国维多利亚与艾尔伯特
博物馆藏

图 3-11　中国风三足桌
英国制
约 1700 年

东方人物、建筑、动物都更有异国情调，画面也比东方漆器更重视景物的透视关系，如内含小抽屉的双门柜，柜门上豪华的中国风漆绘、光亮的铜饰件以及稳固扎实的底座，体现出巴洛克中国风设计的特点。

英国 17 世纪晚期的家具出类拔萃，以豪华的装饰和出色的髹漆工艺著称。家具样式有写字台、立式钟座、椅子和桌子等，这些产品在中国都找不到原型，中国风主要体现在其装饰图案上。如一件 1690 年左右制作于伦敦的漆柜（图 3-10），柜门装饰着黑地描金的东方图案，下面配上底座，柜顶装饰山墙，复杂的雕刻加上镀银，整件作品表现出豪华、沉重、金碧辉煌的效果。还有一张 1700 年左右的三足桌（图 3-11），椭圆形桌面，黑漆的地上绘有彩色的中国风图案，小小的东方人物活动在浮岛上，与同时期伦敦索霍壁毯中的装饰风格十分接近。

由于东方漆器的大量输入，伦敦的工匠们起来抗议，认为进口漆器影响了他们的生计。但英国的家具商却从东方情调的流行中获益匪浅。英国制造的中国风家具销往欧洲各国，甚至到达大洋彼岸的北美。事实上，英属北美殖民地在18世纪初就出现了仿制的漆家具。一位名叫托马斯·约翰逊（Thomas Johnson）的著名漆艺家，还在美国波士顿留下了一些杰出的中国风作品。

3. 多元风格的混合

多元风格的混合虽然是各时期中国风设计的基本特征，但以巴洛克时期表现得最为突出。如果说洛可可时期的人们已经能够区别中国与印度的不同，设计者有意地将东方国家的风格结合起来的话，那么巴洛克时期的设计师似乎没有意识到这一点。在他们笔下，东方原本就是呈现这种多元混合状态的。以伦敦索霍壁毯为例，构图可能来自中国与日本的漆器，人物更多地体现印度的特征，建筑是中国式的，而动植物则是中国与印度的奇妙混合。有专家推测，索霍壁毯可能也是由当时最擅长营造东方情调的鲁宾逊设计的。据记载，鲁宾逊唯一的签名作品是1696年他为一个贵族府邸所画的装饰壁画：一系列有人物活动的异国风景，部分属于中国，部分属于秘鲁，虽然中国与秘鲁相距遥远，但这不妨碍设计师愉快地将两者融合起来。[1]

同样地，法国博韦织毯厂的第一套中国风壁毯，以《皇帝的接见》为例，一方面展现了东方的神奇、皇帝的权势与排场，另一方面也是各种风格的大融合。画面上印度莫卧儿君主打扮的中国皇帝、奴颜婢膝的使臣、欧式风格的中国公主、跪着的非洲黑奴、大象与龙，共同构成了一幅匪夷所思的东方宫廷图。

在陶瓷设计领域，多元混合的风格也很明显。荷兰代尔夫特是工商业重镇，坐落在贸易通道的运河旁。得益于东方贸易，代尔夫特的制陶业在模仿明代外销瓷的基础上繁荣昌

[1] Honour, H. *Chinoiserie: The Vision of Cathay*. London: John Murray, 1961: 78.

盛。17世纪中期起，随着代尔夫特窑厂的逐渐成熟，陶艺师不再严格地遵循东方样式，而是将中国和日本瓷器中最有代表性的纹样提取出来，作为装饰元素用到设计中，并毫不犹豫地将其与欧洲的造型结合在一起，创作出一系列新的样式。如著名的代尔夫特郁金香花插，采用了中国宝塔的造型，装饰白底蓝彩的青花图案，但希腊神话中的海底女妖却从塔底下探出头来，用双手托起宝塔。另外一组代夫尔特18世纪初的釉面砖（图3-12）向我们展示了一幅奇异的风俗画：上方是腾云驾雾的东方神灵，中间是东亚繁华的街景与人物，前景则表现了丛林中狩猎的非洲黑人。还有帽架这一特别的造型，是为安置当时流行的假发而制作的，几个着明式服装的中国人在花园中游戏，奇形怪状的假山旁长出了带刺的花朵（图3-13）。这一时期的代尔夫特中国风釉陶图案，不仅来源于中国外销瓷，也来源于纽霍夫的《中国出使记》，来源于一切与东方有关的参考样本。

　　法国的釉陶产品，受中国外销瓷以及代尔夫特釉陶的影响，从17世纪中期起转向中国风设计。路易十四的财政大臣让-巴蒂斯特·科尔贝尔（Jean-Baptiste Colbert）鼓励法国的釉陶生产，希望在外观上接近真正的中国瓷器。由于法国对外战争的影响，凡尔赛宫和贵族府邸的银制餐具受到限制，晶莹光亮的釉陶成为替代品。纳韦尔、鲁昂、马赛、圣克卢等窑厂均在这一时期兴盛起来，生产了大批具有法国特色的中国风作品。纳韦尔窑厂创办于16世纪末，在路易十四统治时期达到鼎盛，形成了美丽的巴洛克中国风样式。纳韦尔窑厂的中国风设计主要体现在三方面：一是意大利巴洛克样式的器型加绘中国式纹样，如带有扭转把手的华丽水罐上绘着中国的人物和龙纹图案；二是器型源于中国但绘上了法国式纹样，如宏伟壮丽的巴洛克风格绘画；三是色彩不满足于青花的蓝白两色，最终烧制出蓝色地上加彩色装饰的产品。与同时期的荷兰代尔夫特陶器相比，纳韦尔窑厂在风

图3-12　彩色釉面砖
荷兰代尔夫特制
18世纪初
荷兰国立博物馆藏

图3-13　青花帽架
荷兰代尔夫特制
1675年
英国维多利亚与艾尔伯特博物馆藏

第三章　顺应潮流——中国风设计的时代变迁

099

图 3-14 陶盘
法国纳韦尔（或鲁昂）窑厂制
17 世纪晚期或 18 世纪初
法国巴黎装饰艺术博物馆藏

格上更加自由，人物、山水、花鸟等纹样虽然脱胎于晚明瓷器，但有着法国式的优雅与浪漫（图 3-14）。鲁昂窑厂因路易十四兴建特里亚农宫时订购了大批蓝白釉陶砖而声名鹊起，马赛窑厂与圣克卢窑厂创办于 18 世纪初，但都是在洛可可时期达到鼎盛的。值得一提的是，17 世纪 70 年代，法国还首创了软瓷技术，在圣克卢窑厂取得了实质性进展，使软瓷成为法国釉陶的鲜明特色。

1688 年英国"光荣革命"后，奥兰治的威廉（即威廉三世）获得了英国统治权，大量荷兰陶工迁居英国，英国釉陶业开始发展起来，并仿代尔夫特窑厂生产白底蓝彩的中国风釉陶，但有些器型是英国独有的，主要产地在兰贝斯、南华克和布里斯托尔。由于饮茶之风的兴盛，英国对中国宜兴的紫砂壶产生了强烈的兴趣。1672 年，富勒姆的约翰·德怀特（John Dwight）烧成了一种类似的红色炻器。到 17 世纪末，

图 3-15　中国风漆器图案
《髹漆论丛》插图
1688 年

斯塔福德郡发现了优良的紫砂土，开始生产仿宜兴紫砂壶的红色炻器，不仅造型模仿宜兴紫砂壶，而且体积更大，壶身装饰着奇异的浮雕花鸟，壶盖上则装饰着动物和建筑、人物等，在仿制的基础上融入了对中国的想象（见图2-11）。

德国的中国风釉陶也是在代尔夫特的影响下诞生的。17世纪德国最出色的中国风釉陶出自法兰克福窑厂，该厂创办于1666年，产品以模仿明代晚期的青花瓷为主，装饰着中国人物与风景纹样。此外，普鲁士的柏林、勃兰登堡的普劳厄以及萨克森的德累斯顿，都在荷兰人的帮助下生产白地蓝彩的中国风陶器。与欧洲其他国家相比，德国的釉陶产品并不出色，但是在奥古斯特二世的强力推动下，德国人一心仿制真正的中国瓷器，终于在1712年取得成功，完成了从陶向瓷的飞跃，从而翻开了18世纪欧洲中国风陶瓷的新篇章。

4. 光亮耀眼的装饰效果

对17世纪中国风漆家具影响最大的是前述《髹漆论丛》一书。该书于1688年在伦敦和牛津出版，其中的插图迎合了社会上流行的中国热，将东方的建筑、景观与人物等元素结合想象，设计成一幅幅"中国风图案"（图3-15），为家具制作商提供参考。其影响越出了英国，也不限于漆艺，传播到欧洲其他国家。除了富有异国情调的装饰图案，该书作者还在序言中特别强调了漆器那耀眼的光亮："把我们的房间涂上比抛了光的大理石还要亮、反光性还要好的漆，还有什么能比这更让人惊喜不已？"[1]光亮的漆面像一面镜子，照见身处其间的人物和背后的场景。欧洲人据此想象，认为生产漆器的日本或中国的建筑，一定也是闪闪发亮的："日本能用更加壮丽的景象令你心情舒畅，那里不但是整座小镇，而且连都市都装饰着一样鲜艳的涂层。他们的建筑物是如此明亮、如此辉煌，以至于当太阳将它的光芒投射到它们金色的屋顶时，那一束束反射的光让那里的白天倍加明亮。"[2]

[1] Bellemare, J. Design Books in the Chinese Taste: Marketing the Orient in England and France, 1688–1735. *Journal of Design History*, 2014, 27(1): 1-16.

[2] Bellemare, J. Design Books in the Chinese Taste: Marketing the Orient in England and France, 1688–1735. *Journal of Design History*, 2014, 27(1): 1-16.

这些热情洋溢的言辞具有鲜明的巴洛克艺术的特点，而插图中的建筑、景观与人物也强调了东方的奇异性。

不仅是漆家具，17世纪晚期至18世纪初，欧洲出现了光亮耀眼的"中国房间"——"漆屋"与"瓷宫"，成为巴洛克中国风在室内设计中的典型表现。它原本可能是主人为了炫耀自己的财富与地位而专辟的，用以集中展示东方漆器和瓷器，但后来装饰性超越陈设性，变成了一种以充分展现漆板和瓷器的装饰效果为特点的室内设计形式。

所谓"漆屋"，是指一个房间的四周墙面用进口的东方家具上拆下来的漆绘壁板或其仿制品来装饰，强调漆面光亮的豪华感以及漆绘图案所营造的东方情调。此类房间一般配置了漆家具，用于收藏和展示东方瓷器。漆屋的源头在荷兰，从17世纪后期出现并流传到欧洲各地，在法国与德国都有充分表现，直到18世纪晚期才退出流行。1690年，位于荷兰吕伐登的属于奥兰治-拿骚家族的宫殿中就有一个漆室，是现存最早的漆绘房间，墙上装饰着从中国漆绘屏风上拆下来的漆板，现藏于荷兰国立博物馆。

丹麦首都哥本哈根的罗森堡宫也有一个精美的漆绘房间，保存较为完好（图3-16）。暗绿色的底漆上用金色表现图案，直线条的边框采用仿玳瑁的颜色。过去人们曾经认为这些漆绘是17世纪早期的作品，后经专家考证，应该是17世纪90年代的作品。其中有一幅描绘了中国赛龙舟的场面（图3-17），船头饰有龙，船尾高翘，船舱是中国式楼阁，旗杆上插着迎风飘扬的三角旗，船员们齐心划桨，指挥者站在船头，头上插着两尾长长的翎毛。龙舟的原型来源于纽霍夫的《中国出使记》。

德国最早且最精美的漆绘房间在路德维希堡宫，是设计师约翰·森格尔（Johann Saenger）在1714—1722年为符腾堡的艾伯哈德·路德维希公爵设计的。这里有一套装饰在墙面上的大型漆绘镶板：优雅的长尾鸟、嬉戏的龙和蜻蜓、异

图 3-16 丹麦罗森堡宫中的中国漆屋
17 世纪[1]

图 3-17 丹麦罗森堡宫漆绘壁板上的赛龙舟场面
17 世纪

国情调的花园景色、多瘤的树干下放置着古典主义的陶罐。这些迷人而精致的漆绘镶板，代表了 18 世纪初期的风格，预示着洛可可风格的来临，但总体精神仍然是属于巴洛克的。

虽然很多中国房间已经不存，但保留下来的部分设计稿让后人可以想象当年的辉煌。丹尼尔·马罗（Daniel Marot）是 17 世纪晚期著名的室内设计师，他在法国出生并接受训练，在荷兰生活过，并为联合执政的英国玛丽二世与丈夫威廉三世效力，为汉普顿宫设计室内装饰与家居用品。马罗最负盛名的是一批铜版画设计稿，从保存下来的一幅为威廉三世设计的瓷器室铜版画（图 3-18）看，墙壁以东方漆绘板装饰，上面的风景与人物与伦敦索霍壁毯有着同样的主题与韵味，而小托架上则安置着成排的瓷器。如作品完成，这个中国房间一定是闪闪发亮的。

以大量瓷器进行装饰的室内形式——"瓷宫"，也是 17 世纪后期的产物。瓷宫的创意可能源自法国路易十四的特里亚农宫，但更可能源自将东方瓷器尽量展示出来以炫耀财富和地位的设想，即从天花板到墙角，都用瓷器层层叠叠地堆砌起来，以至于满眼都是闪耀的瓷器之光——这使得瓷宫具有鲜明的巴洛克艺术的特点。

尽管欧洲各国都有用瓷器装饰房间的做法，但 17—18

[1] 此类照片注释中的时间为建造或装饰的时间，非照片拍摄时间。后同。

世纪最具震撼力的案例，其中一个是葡萄牙里斯本的桑托斯宫，它的独特之处在于瓷宫那金字塔式的穹顶（图3-19），镶嵌着300个青花瓷盘，抬头望去，是一片奢华的瓷光，极具视觉冲击力。还有两个瓷宫在德国，为勃兰登堡选帝侯腓特烈三世（即之后的普鲁士国王腓特烈一世）所建。一个位于柏林的奥拉宁堡宫，原屋已不存，从1733年的一幅铜版画看，房间的所有墙面、壁炉和柱子，都被瓷杯、瓷盘、瓷罐等挤得满满当当的。屋子里还有一些支架、墙托、书架和角柜等，都放满了瓷器。因为奥拉宁堡宫不够大，腓特烈三世又在柏林西边建起了夏洛滕堡宫，其中也设有瓷宫（图3-20）。该瓷宫建于1710年，第二次世界大战时被毁，经修复后保存到今天。瓷器背后还放置了镜子，追求一种光亮、豪华、耀眼的装饰效果，突出拥有者的炫耀心理。从密集排列的瓷器往下看，可以发现墙裙上的中国风装饰图案。18世纪20年代以后，此类瓷宫不再流行，但其余韵一直持续到18世纪50年代。

图3-18 瓷器室设计稿
版画
丹尼尔·马罗设计
17世纪末
英国维多利亚与艾尔伯特博物馆藏

图3-19 葡萄牙桑托斯宫的瓷宫穹顶
1667—1687年

图 3-20　德国夏洛滕堡宫的瓷宫
18 世纪初

图 3-21　蓬巴杜夫人
油画
弗朗索瓦·布歇绘
1759 年

第二节　洛可可时期的中国风设计

　　1715 年法国国王路易十四的去世，象征着一个时代的结束。以路易十五的宫廷为中心，一种迷人的、优雅的、轻快的艺术风格席卷整个西方，这种风格被称为洛可可，它的形成是巴洛克风格向前发展的必然归宿，而来自东方艺术的影响则促成了它的诞生。自 17 世纪后期一路发展而来的中国风，与洛可可这一时代潮流不谋而合，到 18 世纪 50 年代，中国风在欧洲各国发展到了顶峰。法国画家华托与布歇分别是洛可可早期与盛期的杰出代表，路易十五宫廷的蓬巴杜夫人（图 3-21）则是洛可可艺术当之无愧的赞助人与保护者，她的品位与爱好，在很大程度上决定着洛可可艺术的走向。中国风是洛可可艺术中最富魅力的一个阵地，而洛可可风格也赋予了中国风不同于其他任何时代的轻松逸乐的气质。

　　洛可可中国风设计，具有一切洛可可装饰艺术所共有的特征：大量采用 C 形与 S 形曲线、不对称与不确定的构图、

图 3-22　晨妆
油画
弗朗索瓦·布歇绘
1742 年

柔和亮丽的色彩以及优雅精致的女性气质。除此以外，中国元素的加入使其带上了独特的异国情调，让人们为之着迷。它反映的是 18 世纪的人们对中国的想象，折射的却是法国上流社会醉生梦死的逸乐生活，与 17 世纪晚期的巴洛克中国风相比，在精神气质上有相当区别。

一、洛可可时期的中国想象

洛可可是一种时代的新风尚，路易十四的时代已经过去，壮丽与宏伟让位于优雅和迷人，精致的奢侈逸乐的气息弥漫在几乎所有艺术作品中。艺术家们似乎轻易地就从歌颂文章的宏大表述滑向珠宝广告的花言巧语，贵族与精英们不是在沙龙中侃侃而谈，就是在贵妇人的化妆室里卿卿我我（图 3-22）。正如龚古尔（Goncourt）兄弟指出的那样："戏剧、书籍、绘画、雕塑、住宅，一切都屈服于娱乐的品位，一切都呈现出颓废的优雅。漂亮，在历史上这一时期的氛围中，代表了法国式的诱惑与魅力。这是她的本质，她的才华、道德和生活方式。"[1]

东方依然有着无穷的魅力。但与巴洛克时期神秘奇异的

[1]　Honour, H. *Chinoiserie: The Vision of Cathay*. London: John Murray, 1961: 87. 龚古尔兄弟，法国著名文学家，创办的《龚古尔杂志》（*Journal des Goncourt*）颇具影响，龚古尔文学奖也是法国著名的文学奖。

东方不同,随着中国贸易的大规模展开,大量外销艺术品涌入市场,传教士的书信被公开出版,伏尔泰等人文知识分子热情地向人们介绍中国文化。中国的地理概念变得清晰起来,人们虽然仍不太分得清中国与日本,但对中国与印度的区别却比 17 世纪清楚得多,更不会将中国与非洲或美洲混在一起了。中国不再神秘,然而中国依然美好。学者们围绕中国的宗教、政体、制度与文化展开激烈的争论,有褒有贬,但在普通人心目中,中国是一个鲜花盛开的国度、一个田园牧歌的所在、一个奢华逸乐的欢乐场,而这正是洛可可艺术所要找寻的世界。人们被粉彩瓷器那柔丽迷人的色彩所折服,被穿着漂亮丝绸绣袍的离奇有趣的人物所吸引,更对东方那奢侈逸乐的生活心驰神往。

1754 年,让-乔治·诺韦尔(Jean-Georges Noverre)的芭蕾舞剧《中国节日》(*Les Fêtes Chinoises*)在巴黎的歌剧院上演,上流社会人士趋之若鹜,舞台装饰辉煌而奢华,据说由著名洛可可画家布歇设计,而剧中人物的服装则是博凯(Boquet)设计的。这部剧作情节简单,实际上是由一幕幕场景舞蹈组成,灵感来自旅行者与探险家对中国的描述,是中国想象的舞台呈现。有观众记录道:背景为节日装饰的公共广场,有一个圆形剧场;穿着长袍的中国人(包括官吏和奴仆)从他们的住所中走出来……他们排成了八排翩翩起舞,上下起伏舞动,模拟大海的波涛……一个中国官吏,坐在一顶富丽堂皇的轿子里,由六个人抬着走,而两个黑奴则拉着一辆车,车上坐着一位年轻的中国女人。还有许多中国人演奏各种乐器。最后,中国人回到了他们在圆形剧场的位置,剧场变成了一个瓷器柜,升起了 32 个花瓶,里面隐藏着 32 个中国人……这种种场景,令人想起布歇以中国宫廷生活为主题的壁毯设计。[1] 演出获得了巨大的成功,虽然没什么情节,但它将舞蹈表现、音乐与布景装饰、服装设计完美地融合在一起,以大型芭蕾舞的形式,呈现了一个异国情调的幻

---

[1] Honour, H. *Chinoiserie: The Vision of Cathay*. London: John Murray, 1961: 93.

景，契合了 18 世纪的欧洲对中国的热情与想象。此剧吸引了大批观众涌向剧院，也获得了剧评家的高度赞赏。1755 年，《中国节日》引进英国，在伦敦特鲁里街的皇家剧院上演，同样取得了巨大的成功。虽然由于英法之间的战争阴云，演出遭遇了骚乱，部分舞台装饰被毁，但剧中奢华的中国风布景和舞者的服装都给人留下了深刻印象。在 18 世纪欧洲的中国风设计中，有大量中国音乐家和舞者的形象，与这台芭蕾舞剧的设计可谓相映生辉。

因此，在 18 世纪欧洲社会的想象中，中国既不是神秘古怪的，也不是庄严堂皇的，而是欢快的和享乐的。如布歇笔下的中国人物，每一个男人都风度翩翩，每一个女人都风情万种。正如很多学者指出的那样，布歇描绘的与其说是中国，不如说是路易十五的宫廷，画面上的男男女女，就是打扮成中国人模样的上流社会廷臣与贵妇，他们装模作样，醉生梦死，将优雅与唯美发挥到了极致，也将享乐大大地提前透支了。他们生活在一个虚构的乐园里，一个不愿醒来的美梦中，在金色的落日余晖中踏着优雅的舞步，直至法国大革命来临。

二、洛可可时期的中国风设计

1. 优雅精致的浪漫氛围

法国画家华托不仅以油画《舟发西苔岛》在巴黎沙龙中一举成名，开拓了洛可可美术的新纪元，还对洛可可中国风设计产生过重大影响。华托以中国为题材的作品不多，却在很大程度上为 18 世纪的中国风设计定下了基调。他画笔下的中国，有着极其优雅、精致、浪漫的气质，而与 17 世纪中国风设计中那神秘、奇异的东方世界迥然有别。

华托画过一幅题为《中国神灵》的壁画，从复制的版画（图 3-23）看，具有洛可可中国风的全部特征：两个 C 形涡卷支撑着一个高台，一个头戴锥形帽的中国神灵坐在其上，

图 3-23 《中国神灵》
壁画的版画复制品
让－安东尼·华托绘
1729—1730 年

图 3-24 《中国女神》
壁画的版画复制品
让－安东尼·华托绘
1729 年

头上悬着伞盖；好像在一片雾中的林间空地上，一行人沿着两旁 Z 形曲折的台阶走向高台，虔诚地向神灵敬拜。画面中出现了大量的 C 形与 S 形曲线，朦胧迷离的色彩，带着某种灵异的仙境般的气氛，而所表现的中国神灵，却没有巴洛克作品中常见的高大、庄严与神圣感。

1719 年，华托为巴黎的缪埃特城堡创作了一组以中国为题材的壁画，即"中国与鞑靼的人物画"系列。这个城堡 18 世纪晚期已遭毁弃，现存的只是版画复制品。如其中一幅《中国女神》（图 3-24），描绘了一位优雅端庄的女神，坐在一截奇形怪状的树根或假山上，一手持阳伞，一手持掸尘，两个穿长袍的"中国人"虔诚地向她行叩首礼。女神有着巴黎上流社会女子的姿态与表情，而她被虔诚敬拜的场面，又让人感到一丝滑稽。缪埃特城堡的另一幅壁画表现了中国妇女与儿童，古典的面容、亲切的题材，让人联想到的也是巴黎女性与儿童，而非遥远的中国母子。

18 世纪中期，布歇成为路易十五时期最重要的洛可可画家，他不仅是法兰西皇家绘画与雕刻学院的院长、国王的首席画家，还是戈贝林皇家制造厂的艺术总监。他最杰出的中国风作品，是为博韦织毯厂第二套"中国皇帝"系列壁毯绘制的设计稿。这套壁毯创作于 1742 年之后，共 9 幅画，后来织成 6 幅大型壁毯，主题分别是"早餐""集市""舞蹈""垂钓""打猎"和"梳妆"。以"梳妆"主题为例，画面表现

了一个鲜花盛开的花园，一位美貌的公主正在梳妆打扮，侍女与仆人在周围侍候着她（图 3-25），令人联想到巴黎贵妇的化妆间。又如"集市"，高大的棕榈树下各色人等云集，有卖瓷器的，有卖小鸟的，有游方郎中模样的，还有一位衣着华丽的中国公主坐在人力香车上，好像在举行一场巴黎上流社会的化装舞会。再如"舞蹈"主题（图 3-26），各种打扮不一的中国人兴致正高，他们弹着、唱着、跳着，尽情地享受着眼前的快乐，歌舞宴乐，好像身处极乐世界，永远不再有明天。

同第一套壁毯相比，布歇设计的第二套壁毯少了皇家的礼仪与威严，但多了一种奢华逸乐的气氛，人物神态少了故作姿态的庄重威严，但多了风情万种的迷人魅力。这正是洛可可中国风的特征，虽然以中国为主题，但表现的内容都与18 世纪中期的法国宫廷生活有着紧密的联系。

华托的壁画和布歇为博韦壁毯所做的设计，无论是题材还是装饰风格，都对 18 世纪的中国风设计产生了深远的影响。他们笔下的中国神灵、人物和风景被大量模仿，在西方各国的室内装饰、家具、陶瓷和纺织品图案上随处可见。

图 3-25　中国花园
弗朗索瓦·布歇为法国博韦织毯厂创作的画稿
1742 年
法国贝桑松美术馆藏

图 3-26　中国舞蹈
弗朗索瓦·布歇为法国博韦织毯厂创作的画稿
1742 年
法国贝桑松美术馆藏

图 3-27 垂钓
油画
弗朗索瓦·布歇绘
1742 年

图 3-28 酒杯洁具
法国樊尚窑厂制
1747—1749 年
法国巴黎装饰艺术博物馆藏

2. 悠然自得的田园情怀

18 世纪的中国风设计，经常表现出田园牧歌般的劳作、悠然自得的闲情与和谐美好的生活场面。在享乐中沉醉与在自然中逍遥，在某种意义上具有同样的哲学内涵，即对繁华易逝、好景不长的人生的感伤。它表现在绘画与壁毯中，也出现在瓷器、家具等物上，从中传达出来的境界，的确让人喜爱，可以说是洛可可艺术中特别迷人的一个侧面。

垂钓、划舟、饮茶、逗鸟是经常出现的题材。最有名的是布歇的油画《垂钓》（图 3-27），在如画的自然风景中，一位中国老人身边倚靠着一位美丽的姑娘，他们坐在水边钓鱼，一位儿童在一旁为老人撑起一把伞，似乎很是亲近。同样的题材大量出现，中国人变成了浪漫的渔夫和农夫、充满闲情逸致的官员和妇女，生活在美好的世外桃源中。如 18 世纪中期法国樊尚窑厂的一套中国风软瓷作品，装饰着中国人捕鱼的场面（图 3-28），好像是布歇中国风壁毯画面的缩小版。1750 年桑尼斯窑厂的一件釉陶制品（图 3-29）上画了一叶小舟，其上坐着微笑的中国仕女和儿童，身边的莲花与水草触手可及，配上明媚而又柔和的色彩，一种悠然自得的感觉扑面而来。在中国的传统图案中，有所谓"渔樵耕读"装饰主题，至于岸边垂钓，更因姜太公钓鱼的典故，与士人文化结合在一起，寓意着东山再起、建功立业的期待。而在西方，垂钓被单纯地想象成中国人安乐生活的一部分，只有

闲情逸致。

　　中国人也是浪漫的音乐家，他们吹奏着异国情调的乐器，沉醉在迷人的音乐世界中。布歇笔下的中国人物经常与音乐有关，如一幅展现"女子吹笙、男子抚琴"的作品（图3-30），身边配上花树与鸟儿，还有一把收拢的伞。瑞典王后岛中国宫的黄色沙龙中有一幅壁画，表现击鼓与手提鸟架的中国人，身边放着一把琵琶，该画参考了布歇的另一幅中国风作品。除了绘画，也有把中国音乐家以雕塑形式表现出来的，最著名的作品是位于德国波茨坦的中国茶室。1757年，普鲁士国王腓特烈二世（史称"腓特烈大帝"）在波茨坦的无忧宫（即"桑苏西宫"）营造了一个被称为"中国茶室"的中国风建筑，别出心裁地将圆形屋顶下的柱子做成棕榈树造型，并在门廊中塑造了一个个真人大小的中国人雕像，有人在吹箫，有人在弹琵琶，姿态各异，优美动人（图3-31）。有趣的是，这些音乐家依然有着西方人的脸部特征。

　　还有一种题材是表现中国人的日常生活。画面往往以庭院与内室为背景，灵感来自中国外销艺术品上的装饰画，但洛可可艺术家赋予了其不同于中国的浪漫气息。布歇与同时代洛可可画家描绘过不少中国庭园生活的作品，或儿童嬉戏，

图3-29　冰酒器
法国桑尼斯窑厂制
1750年
法国巴黎装饰艺术博物馆藏

图3-30　法国里昂的丝绸设计稿
弗朗索瓦·布歇绘
1765年

图3-31　德国无忧宫的中国茶室外的两尊音乐家雕塑
1757年

图 3-32 中国风瓷罐
法国塞夫勒瓷厂制
1760 年

或母子相伴，甚至是情人间的互动。瑞典中国宫的黄色与蓝色沙龙中，都有表现居家亲情的壁画装饰。18 世纪后期，中国风设计大师毕芒也专门出版过以"婴戏"为主题的图案集。这些图案都被用于中国风设计，如法国塞夫勒瓷厂 18 世纪 60 年代的彩瓷作品（图 3-32），华丽的曲线、缤纷的色彩，是洛可可风格盛期的杰作。彩瓷上的图案一幅为二妇教婴儿蹒跚学步，一幅为二妇交谈，儿童牵着一妇的衣角，都给人以幸福和谐的感觉。

3. 轻松幽默的娱乐气息

轻松与幽默是中国风设计的又一个鲜明的特点，这种特点在 18 世纪初就已初露端倪。路易十四的宫廷设计师贝兰的壁饰作品，带有一种与众不同的轻快的气息，被认为是洛可可风格的最早体现。尽管总体风格还是相当节制的，但在巴洛克式的涡卷上已经出现了调皮的猴子，它们奔跑着、跳跃着，用豌豆枪互相瞄准，娱乐气息跃然其上。

18 世纪 30 年代，以装饰艺术家克里斯多夫·于埃（Christophe Huet）为代表的 singerie 题材十分流行。singerie 是一个特定的法语词，即"猴戏"，描绘猴子穿着人的服装，模仿人的行为举止。于埃最著名的作品是 1735 年在尚蒂伊城堡中所绘的"大猴戏图"（Grande Singerie）。这是一组大型的装饰画，四周装饰着卷曲的洛可可边饰，并用精致的镀金线脚框边，底色为白色。其中一幅表现一个中国人模样的药剂师站在药房里，两边的猴子是他的助手，周围放置着各种器械（图 3-33）。除了壁画外，还有很多猴子出现在门上、

天花板的灰泥涡卷上，它们有的弹琴，有的捉蜻蜓，有的奔跑，千姿百态，反映出于埃极为丰富的想象力。这组装饰画是18世纪中国风设计的杰作。

在德国，轻松欢快的娱乐感在迈森瓷厂的中国风产品上体现得淋漓尽致。迈森瓷厂的中国风时代是在画师赫罗尔特到来之后真正开启的。赫罗尔特不仅设计了大量的优秀作品，而且直接负责瓷厂的艺术创作。在他的领导下，10多种釉上色彩被用于瓷画，使迈森瓷器的色彩变得丰富而明亮。赫罗尔特的经典作品通常在白瓷上画一些活动的中国人物，配上花木、建筑、飞鸟等精致的异国画面，并环绕金色的装饰性边框。这些中国人物给人以弱小而玲珑的感觉，他们穿着带花纹的宽袖长袍，戴着锥形帽或展脚官帽，行为举止包括抽烟、喝茶、钓鱼、交谈、买卖、追逐蝴蝶、荡秋千、打架等，总之仿佛在出演一幕幕喜剧小品（图3-34）。这种设计风格固然有着中国外销艺术品的影响，但其独创性也是很明显的。

在法国，如果说华托的中国风比较端庄，布歇的中国风不失优雅，那么到了毕芒那里，就多少有点调皮游戏的意味了。毕芒是一个到处游走的艺术家，除了出生地法国，还几

图3-33　法国尚蒂伊城堡大猴戏图（局部）
克里斯多夫·于埃绘
1735年

图3-34　中国人物把手杯
德国迈森瓷厂制
1725—1730年
美国大都会艺术博物馆藏

乎走遍了从伦敦到华沙的欧洲主要城市，接受宫廷和达官贵人的装饰委托。华托对布歇和毕芒都产生过重要影响，布歇继承了华托绘画中优雅而性感的一面，而毕芒则刚好相反，他的中国风设计往往有夸张幻想的成分，创造出一个魔境般不真实的灵异世界，花与草都是细茎疏叶，人物弱不禁风，而笔下的中国人物（图3-35），好像是用魔法呼唤出来的一批小精灵，他们跳着、晃着、摇着，翻着跟斗，永远不知疲倦，轻快得像要离开地面。

与同时代的许多设计师一样，毕芒也乐于承接各种各样的委托。他在波兰为国王设计过中国风书房，在葡萄牙为侯爵夫人设计了一个中国式亭阁，他为丝绸和棉布提供优美的纹样，也为迷人的中国装饰添上铃铛、龙、鸟、猴子、贝壳和头戴鲜花的中国人，可惜那些优美而短命的设计大多已无处寻觅了。毕芒影响最大的是他的雕刻版画。1755—1760年，毕芒在伦敦和巴黎先后出版了《中国的人》《中国儿童游戏》《中国花卉集》《女士的娱乐》等，1771—1773年汇集成《中国花卉、装饰、边饰、人物和主题图画集》一书出版。由于印刷品的传播，毕芒的中国风图案传遍全欧洲，在细木镶嵌、漆绘、墙纸、瓷器、珐琅鼻烟壶、陶砖、纺织品上，处处可见毕芒的设计。即使到了20世纪，人们还偶尔能从茶杯、烟灰缸或其他装饰小件上，见到那些毕芒风格的舞动的中国人形象。如毕芒设计的一幅丝绸图案，画着一个中国天文学家透过望远镜吃力地观察天空（图3-36）。梦幻般不真实的场景，有点可笑的人物，充满游嬉的气息，这正是典型的毕芒风格。1808年，毕芒在他的出生地里昂去世。

毕芒的娱乐感也在18世纪30—50年代的里昂丝绸设计中反映出来。其中的中国风丝绸图案结合了闲情逸致与轻松娱乐的感觉，建筑形同玩具，中国人在水面上划舟、闲谈、垂钓、谈情说爱，猴子在花叶中蹦跳，而穿着礼服的清朝官员似乎在投入地旋转，一切都在一刻不停地运动中（图3-37）。

这些作品兼有布歇与毕芒的感觉，但似乎少了一点布歇的优雅与风情，而多一些毕芒的轻松与游戏感。

华托、布歇、于埃、赫罗尔特、毕芒，这是洛可可艺术史上一串闪光的名字，他们不仅以中国为题材创作了一批最精美的作品，而且也为大量不从事原创设计的艺术家和工匠们提供了可供选择和借鉴的样板。因为他们的艺术才华和创作实践，18世纪的中国风设计才会如此多姿多彩、漂亮迷人。

4. 华丽迷人的玲珑造型

洛可可中国风设计经常给人一种华丽而玲珑的感觉，有点俗气，有点华而不实，但也玲珑可爱。特别是各种中国风陈设品以及出现在欧洲园林中的中国风小建筑，虽然体量相差很大，但那种玲珑感是一致的。

18世纪欧洲各地的陶瓷厂生产了大量的陶瓷小雕像，用作案头摆设。这些作品大多以中国人为题材，有时是一个，有时为一组，并配上鲜花、棕榈、凤梨、伞盖、宝塔等常用中国题材，人物姿态做作，色彩鲜艳俗气，造型小巧精致，

图3-35 中国风人物图案
让-巴蒂斯特·毕芒绘
18世纪

图3-36 中国风丝绸图案
让-巴蒂斯特·毕芒设计
18世纪

图 3-37 中国风丝绸图案
让 - 巴蒂斯特·毕芒设计
1742—1745 年

图 3-38 骑公鸡的女子瓷塑
德国迈森瓷厂制
18 世纪

大量采用 C 形与 S 形曲线，给人以华丽而玲珑的感受。在德国迈森瓷厂，如果说赫罗尔特以中国风装饰闻名，那么约翰·约阿希姆·坎德勒（Johann Joachim Kändler）则以千姿百态的中国风瓷塑独领风骚。坎德勒在设计上延续了轻松娱乐的风格，有一种"即兴喜剧"般的效果。如一把茶壶的造型，是戴着锥形帽的中国女子骑在一只公鸡上（图 3-38）；还有一对穿花袍的中国夫妇对坐谈笑，各在手中持着扇与鸟。

在 18 世纪的欧洲，各大瓷厂都有瓷塑小雕像作品，用于房间摆设或兼为笔筒、墨水瓶、烛台、调味瓶、茶壶等。比较有名的如英国切尔西瓷厂出品的"中国乐师"瓷塑（图 3-39），是艺术家约瑟夫·威廉斯（Joseph Willems）的作品，表现了四个中国乐师的群像（其中一个是儿童），有的持铃铛，有的持手鼓，仿佛正踏着音乐的节奏投入地跳舞，身上长袍花色斑斓，烧制难度很大。还有其他以中国乐师为题材的作品，展示了异国情调的服饰与乐器，配上瓷瓶、假山和亭阁等，玲珑可爱。

座钟、挂钟等器物，材料大多是镀金的铜制件。以座钟为例，钟座常由东方动物如骆驼、中国式狮子、麒麟等组成，并由一个或几个中国人以各种姿势托住钟面，起伏不定的C形涡卷上爬着霍霍鸟（ho-ho bird），顶上再塑一个撑伞的中国人形象（图3-40）。如果是瓷制的钟座，则往往以白色为底，人物身着色彩艳丽的服饰，整体感觉极其华丽。至于烛台、调味瓶、茶具等餐桌用品，既有金属制的也有陶瓷制的，是最能体现中国风设计的小型器物。此外，中国风也体现在大型器物的细节设计上，如家具，在洛可可C形线条交织的顶端，往往会放一个中国人物雕像，镜框周边的装饰、椅背、床盖的顶端也是如此，如英国18世纪家具设计师奇彭代尔的作品。

大型建筑与公共建筑很少采用中国风，遍布欧洲各地的中国风建筑，往往是园林小品，它们点缀在山坡上或湖边河畔，与瓷器上的山水景观相一致，往往还要添一座小巧玲珑的中国桥。这些建筑大多为亭、阁之类，有时称"夏屋"（summer house），为园林增添了更多的异国情调。

图3-39 中国乐师
瓷塑
英国切尔西瓷厂制
1755年
美国大都会艺术博物馆藏

图3-40 中国风青铜座钟
法国制
1700—1750年
法国巴黎装饰艺术博物馆藏

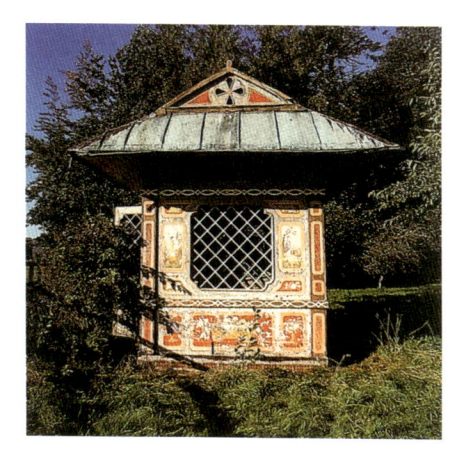

在英国有两所这样的夏屋留存下来，其中一座位于白金汉郡的斯托，屋顶仿中国歇山式，窗户装饰着中式棂格（fret 或 lattice），更有趣的是，外墙上用鲜艳的色彩画着一幅幅"中国画"，有风景、花鸟、博古、瓶花等等（图3-41）。在法国，此类建筑几乎无一保留，但我们从同时代人的绘画作品中，仍可以见到它们的身影。这样的建筑，因其小巧玲珑的造型，而与游戏、逸乐、异国风情等气质联系在一起。

图 3-41 英国白金汉郡的中国夏屋 1738 年

第三节 理性与浪漫并存的晚期中国风

18世纪60年代，正当洛可可风格盛行时，一种新的美学思潮开始出现端倪，它反对洛可可的过度花哨，要求回归古典主义传统。到法国路易十六统治时期（1774—1792），新的趋势已非常明显。这一时期在法国流行的艺术风格也称为"路易十六风格"，它表现在建筑、绘画、雕塑和装饰艺术上。这一时期既是洛可可风格的尾声，又是新古典主义风格的第一个阶段。到18世纪90年代以后，西方基本上进入了新古典主义时期。

新古典主义的兴起，主要是对洛可可风格过度发展的回归，此外也是因为被维苏威火山喷发吞没的两座罗马古城——庞贝和赫库兰尼姆的发掘，在社会上引起了强烈反响。同时，启蒙主义运动的发展、卢梭对自然美德和真情实感的呼唤，也起到了相当作用。由于洛可可风格的衰落，与洛可可水乳交融的中国风设计也进入尾声。一种对东方艺术的实证态度正在兴起，路易十六的宫廷在节制中演绎着豪华，而新古典主义在驱逐中国风的同时，也出现了将两者融合起来的倾向。然而，东方对某些人来说依然魅力无穷，英国的摄政王（乔治四世）创造了中国风设计最后的辉煌。

一、钱伯斯的实证中国

18世纪50年代，正当洛可可中国风发展到顶峰时，一种新的态度正在形成，它首先表现在质疑风行一时的所谓"中国建筑"上。当"中国迷"们沉溺在那些矫揉造作的建筑中，满足于将所谓的"中国元素"堆砌在作品上时，有理性的知识分子开始发出疑问：这些华丽而奇异的建筑真的是中国建筑吗？轻率的虚构和放纵的想象，是对待中国艺术的值得提倡的态度吗？什么样的建筑才是真正的中国风格？甚至说，中国风格值得被如此推崇吗？

这种实证的态度在18世纪中期的艺术评论中出现了，它代表了与追逐时尚潮流不同的另一种理性精神。1754—1757年，当普鲁士国王腓特烈大帝在波茨坦建起那个异国情调的中国茶室时，其过于奇特的造型，立刻遭到了当时评论家的抨击，其中一位这样嘲笑道：

> 我们知道，虽然中国人把他们的偶像与神灵放在庙宇里，但无论如何，他们不会把它们放到屋顶上，也不会把自己饮茶、抽烟的肖像放在屋子前面。他们是否会以矩形的间隔整整齐齐地种上棕榈树，这些树什么时候能够长大，可以用它们绿色的茎干支撑起屋顶并在屋顶下居住是大可怀疑的。然而，建筑师应该被原谅，因为他没有一双自由的手，只是一味地顺从国王画的设计图。总的来说，这个建筑并没有足够的个性和独特之处，这些棕榈树和娱乐的中国人像，也没有引入明显的中国元素，因为没有真正的棕榈树，也没有真正的中国人。[1]

在这段评论中，作者强调的是，中国茶室表现了一个非真实的中国，因为真正的中国人不会在屋顶上放置神像，也不会把自己饮茶、抽烟的肖像放在庭园中。总之这个建筑是

---

[1] Honour, H. *Chinoiserie: The Vision of Cathay*. London: John Murray, 1961: 113.

失败的，因为没有引入真正的中国风格。虽然笔者没有见到这篇评论的全文，但从这段文字中可以体会到，作者嘲笑和抨击的不是中国建筑本身，而是中国风设计。这也正是英国建筑师钱伯斯所要表达的观点。

钱伯斯以擅长设计中国式建筑著称，然而他的作品不是通常意义上的中国风设计，事实上他一心想与那个夸张的中国风拉开距离。与其他设计师不同，钱伯斯年轻时作为东印度公司的押运员周游东方，并在广东有过短期停留。因为对建筑艺术感兴趣，钱伯斯将当地的庙宇和宝塔用素描的形式记录下来。几年以后，他在巴黎和罗马接受了建筑学的严格训练，1755年开始在伦敦从事建筑设计，1757年出版了《中国建筑、家具、服装、机械和器具的设计》一书。在该书的前言中，钱伯斯明确地宣称：我不愿意看到那些低劣的中国风作品。

"中国迷"们对钱伯斯的设计深感失望，他的书也未能为读者提供异国情调的想象。因为钱伯斯告诉大家他不是一个中国狂热者。"我远不是那种渴望将中国优秀艺术夸张变形而留名的人，"他写道，"我认为她（中国）是伟大的、智慧的，与她周边的国家相比而言，我不准备将她与我们这个世界的古代艺术或现代艺术放在一起进行比较。"[1]对钱伯斯来说，中国是地理上真实存在的远东国度，她的建筑艺术是值得尊敬的，而且在本质上与欧洲建筑是相通的，但并不比欧洲建筑更优秀。由于气候、地理与文化背景的不同，中国建筑有着与欧洲建筑不同的风格特征，因此没有必要将两者进行比较，更没有必要将中国建筑变形夸张，以迎合人们对异国情调的需要。

钱伯斯最负盛名的作品，是他完成于1762年的邱园宝塔（图3-42）。这座宝塔是18世纪的众多中国式建筑中"最准确"的，虽然它并没有具体参考哪一个东方建筑。中国风的迷恋者认为它太严肃正经，想象力不够，而汉学家与中国

[1] Honour, H. *Chinoiserie: The Vision of Cathay*. London: John Murray, 1961: 155.

学者可能会认为它不够准确，起码它10层的高度，就不符合中国宝塔一般为单数层的传统做法。不过在当时，钱伯斯是希望通过它告诉人们，真正的中国建筑是什么样子的。为了强调"准确性"，钱伯斯在书中用中文音译称呼宝塔为Taa（塔），而不是西方习惯用的Pagoda，并将另一种流行的中国楼阁称为Tin（亭），而不是西方更常用的Pavilion，这让人感到些许一本正经的学究气。邱园宝塔很快成为伦敦外围的地标建筑，并且出现了不少描绘宝塔的绘画作品，有的甚至还被设计成印花图案印在棉布上。

在中国风设计的历史上，钱伯斯《中国建筑、家具、服装、机械和器具的设计》以及他的邱园宝塔具有重要的意义。它们标志着欧洲对待东方艺术的一种新的态度，即要求自由却相对准确的创造，不要采用轻率游戏的态度，更不要滑稽夸张的模仿。钱伯斯在书中还讨论了中国的室内空间、家具以及中国人的着装形象，对18世纪后期的中国风设计产生了深远影响。到18世纪末与19世纪，一种考古学的实证精神，就不但规范着中国风格，还体现在哥特式和古典主义风格上了。

图3-42　英国邱园宝塔
威廉·钱伯斯设计
1762年

二、新古典主义与中国风设计

18世纪60年代起，当异国情调的中国风流行达到高潮时，虽然钱伯斯这样的设计师提醒人们，真正的中国不是这样的，但另一些人却开始带着鄙视与厌恶的口吻批评中国艺术。随着对中国的了解越来越深入，关于她的负面信息越来越多，以往笼罩在中国身上的神秘而又美好的光环正在渐渐褪色。但欧洲人又不了解真正优秀的中国艺术，于是将输入的华丽繁缛的广彩瓷与广式家具，甚至他们自己建造或制作的华丽花哨的中国风建筑以及各种富有异国情调的玩意儿等同于中国艺术，也即将洛可可中国风等同于中国艺术。这对中国艺术是不公正的，但在18世纪晚期的欧洲，连钱伯斯也不过在广州短暂停留，对广东的建筑有所了解罢了，谁也没有见识过明式家具的简洁与唐宋瓷器的大气，又怎能指望他们对中国艺术有公正的评价呢？

新古典主义的兴起，代表了西方对自身古代传统的兴趣正在复兴。从艺术的发展规律来说，也是对洛可可风格后期过于轻浮与繁缛倾向的一种背反。洛可可的艺术家们沉湎于曲线、自然形态和不对称布局，这使得他们的作品有一种闪闪发亮的运动感，当这种风格发展到极致时，人们就会重新怀念起希腊神庙那种冷静、简洁、庄重与和谐的美。洛可可风格走向末路，中国风设计也备受攻击。

尽管古典主义的环境不适合中国风的生长，就像庄重的希腊神庙不能摆上易碎的乾隆瓷器，但在18世纪晚期，欧洲仍然出现了一种新的中国风装饰，在迎合新古典主义时尚的同时表现中国景物，即将中国风以古典主义的方式加以处理。于是，中国的人物有了高贵和端庄的气质，装饰题材更加保守一些，构图以对称为原则，总体感觉比较宁静。把这种风格称为"新古典主义中国风"是有点别扭的，但从本质上说，我们可以把中国风看作一种题材，虽然它更多地与洛可可艺术融为一体，但与新古典主义相联系也未尝不可。在法国，新古典主义开始表现为一种更为节制、更为优雅的奢华风格，室内设计与家具的线脚与边框大量采用直线，色彩运用也颇为节制，这就是所谓的"路易十六风格"。路易十六风格表现在建筑、室内设计、家具、纺织品等各领域。在意大利，与生俱来的古典主义传统，使得艺术家能轻松地将中国风与古典主义和谐地结合起来。而在英国，18世纪晚期的某些中国风作品也体现出这种类似的取向。

如法国里昂18世纪70年代生产的一块提花锦缎，仍然是中国人物与花树的配置，但对称的构图给人以稳定感，中

国妇女、孩子与织机的题材，让人联想到"孟母教子"的故事。在这里，人物的造型与姿态是庄重的，与洛可可盛期那翩翩起舞的清代官员形成了鲜明的对比。

法国的一些漆家具表现出了路易十六时期最为优美的中国风样式。如原本放置在贝尔维城堡的一只漆柜（图3-43），是当时著名家具设计师马丁·卡林（Martin Carlin）的作品，现藏于卢浮宫博物馆。在新的美学风尚支配下，飞动的曲线让位于冷静与节制的直线，色彩以黑金两色为主，美丽的东方漆绘被镀金的花环与垂花饰装点得格外雅致，有一种节制与理性的美。

在保存至今的法国18世纪晚期的中国风建筑中，除莱兹荒漠园的中国别墅外，卡桑的中国亭和尚特卢的宝塔也属于新古典主义风格，它们建于18世纪70年代。卡桑的中国亭与中国的原型十分接近，且放在一个敦实的古典主义基座上，粗犷的塔斯干立柱使八角形凉亭分外稳定（图3-44）。尚特卢的宝塔高七层，其中的中国元素仅表现在下粗上细的塔形轮廓、优雅上翘的屋顶、窗棂格装饰的栏杆上，但支撑每层塔的是古典主义的多立克立柱（图3-45）。

18世纪70年代英国生产的银制茶叶罐（图3-46），也体现了新古典主义中国风的特点。简洁的立体造型、四周边饰的几何回纹、顶上的希腊月桂纽和侧面的中国文字装饰，

图3-43 法国贝尔维城堡的漆柜
1785年
法国卢浮宫博物馆藏

图3-44 法国卡桑的中国亭
1778年

图3-45 法国尚特卢的宝塔
1775—1778年

图 3-46　银制茶叶罐
英国伦敦制
1772 年
英国维多利亚与艾尔伯特博物馆藏

将希腊与中国的题材奇妙地融合在一起。特别是立方体的造型，让人联想到运载茶叶的贸易船上的装货箱。

三、摄政王的最后浪漫

18 世纪 90 年代以后，新古典主义在西方艺术领域取得统治地位，花园中不再建造精致小巧的亭台楼阁，中国风设计与洛可可风格一起走向衰落。然而，19 世纪初，英国却出乎意料地出现了两个辉煌的中国风设计作品——卡尔顿宫的中国沙龙和皇家布赖顿宫，似乎有意与时代潮流背道而驰。这两个作品的主人都是威尔士亲王，1811—1820 年他以乔治三世的王储身份摄政，被称为"摄政王"，他于 1820—1830 年在位，即乔治四世。

乔治四世对东方艺术的爱好可能与他的童年经历有关。他的母亲夏洛特王后对东方物品有着极大的兴趣，她在白金汉宫有一个瓷器收藏室，将中国瓷器、法国塞夫勒和英国切尔西瓷厂的瓷器满满地摆放在一起，有点像 17 世纪晚期欧洲大陆流行的瓷宫。还有一个"日本房间"，建于 18 世纪 50 年代（现已不存）。成年后，他首先在位于伦敦的居所——卡尔顿宫的一楼营造了一个"中国沙龙"，以满足他对东方艺术的爱好，设计和装饰是在设计师亨利·霍兰（Henry Holland）的主持下完成的。中国沙龙现已不存，但托马斯·谢拉顿（Thomas Sheraton）出版于 1793 年的《橱柜制造者和室内装饰业者图册》（*The Cabinet-maker and Upholsterer's Drawing-book*）中有两幅中国沙龙的插图（图 3-47），而可移动的家具则在白金汉宫保存至今。

卡尔顿宫的家具中有一张紫檀木贴面的橡木陈列桌，原来摆放的位置是中国沙龙的壁炉旁。陈列桌本身让我们联想到法国路易十六风格，但它的装饰和摆设却特别强调"中国元素"。四条桌腿上有雕刻加彩绘的四个栩栩如生的中国人像，中间的横档上坐着一个敞胸露腹的布袋和尚，桌子的边

饰有镀金装饰的双龙图案，桌子上陈列着中国彩瓷。中国沙龙中还有一把安乐椅，靠背和椅面用锦缎包覆，织有双龙、江崖海水与如意云纹的图案，扶手和足部装饰雕刻着龙，而靠背用回格纹作边饰，中间再加一个中国人雕像。这把椅子上的织物纹样，更接近中国的真实原型，但陈设品中有一个"鼓童"钟（可能是法国产品）（图3-48），却依然是18世纪中期典型的法国洛可可中国风：一个中国男孩将钟面当作了铜锣，两旁凤梨树枝支撑着一个精致的宝塔屋顶。

根据同时代人的记载，卡尔顿宫的中国沙龙可以称得上丰富多彩，墙饰、纺织品、家具、陈设品、灯具等，无一不装饰着中国题材，特别是龙、佛像与人物雕像，更是比比皆是。但乔治四世后来营造的布赖顿宫，更是发挥了他超常的想象力，异国情调有过之而无不及。

布赖顿宫的外观是印度莫卧儿王朝式的，无数的尖塔和洋葱头屋顶（图3-49），甚至让人联想到俄罗斯克里姆林宫。其内部装饰是中国式的，从餐厅、音乐厅、走廊到每一个房间，从头上的吊灯、墙上的壁纸到仿冒的竹家具，以及无处不在的各种大型陈设品，无不是中国元素的怪异堆砌。特别是龙的形象无处不在，它们挂在天顶上，盘在灯具上，绕在柱子上，画在墙壁上，给人以一种辉煌而恐怖的感受。这个富丽堂皇的宫殿于1823年完成后，几乎所有的参观者都被它震惊了。

图3-47 英国卡尔顿宫的中国沙龙
版画
1793年

图3-48 "鼓童"钟
法国制
1787—1790年

图 3-49 英国布赖顿宫建筑侧面

图 3-50 英国布赖顿宫的宴会厅
油画
1826 年
英国国家美术馆藏

以宴会厅为例说明（图 3-50）。天顶象征蓝天，中央是一朵巨型的莲花，从中挂下一条银制的巨龙，爪子抓住大型吊灯，吊灯的造型是 6 条龙，顶着彩色玻璃的 6 朵莲花。周围还有 4 盏类似的小吊灯，顶上装饰着银凤；墙上装有壁灯，5.5 米高的深蓝色陶瓷柱，顶上有龙与莲花的造型，所有灯具都是当时最先进的煤气灯。大吊灯的下方是豪华的大餐桌。四周墙上画着大型中国人物壁画：皇帝、皇后与官员相互交谈，戴锥形帽的中国男人与妻儿亲切地嬉戏，新娘出行（图 3-51），等等。壁画上方，有 100 多个铃铛从檐口上挂下来。餐边柜、陈列品、地毯……所有的一切，好像是一首中国情调的交响曲。当华灯齐明，客人们在乐队的伴奏下进餐时，可以想见这是何等的辉煌。

除宴会厅外，这样的中国风空间还有南客厅、北客厅、中央沙龙、音乐厅以及走廊。当时的记载称：凭口头描述和用笔绘画，无论如何精彩，都不能传达出这个宫殿给人的富丽堂皇的印象。

有意思的是，布赖顿宫的家具大量采用了仿冒的中国竹家具。竹家具在钱伯斯的《中国建筑、家具、服装、机械和器具的设计》一书中已有介绍。18 世纪晚期至 19 世纪初，用雕刻手段仿冒的竹家具成为时尚，是中国风家具的另一种类型。如放置在布赖顿宫的陈列柜（图 3-52），模仿了竹子

127

的色彩和竹节的形状，几可乱真。桌面上陈列着大象瓷塑和清代官员的塑像，背后是中国式手绘壁纸。

事实上，在人们赞赏布赖顿宫的同时，也有大量的批评和责难的声音。的确，宫殿的装饰太豪华了，且风格混乱，很多人认为乔治四世的品位有问题。更重要的是，它是18世纪末19世纪初大型中国风设计项目的孤例，与当时新古典主义的简洁、庄重的社会风尚可谓南辕北辙。

但如果仔细体会卡尔顿宫和布赖顿宫的设计，就会发现，它们并不是与世隔绝的创造。一方面，两个宫室中所有家具的风格与路易十六风格非常接近，室内的装饰线均为直线，而非洛可可式的曲线，这与18世纪末的风格是一致的。只是设计师大量采用中国主题的摆设与装饰，刻意营造异国情调，几乎遮盖了路易十六风格的装饰特点。另一方面，无论是中国人像、动物还是壁画中的中国建筑、风景，都追求形象上的真实性。建筑外观上的印度莫卧儿王朝样式与内部的中国元素不会混同，清代官员的装饰也中规中矩，卡尔顿宫中安乐椅上的龙与云纹几可乱真，这一点与钱伯斯对待中国艺术的实证态度是一致的，只是细节上的真实感被整体感觉

图 3-51 英国布赖顿宫壁画上的中国新娘出行场面

图 3-52 英国布赖顿宫的仿竹陈列柜
1802 年

上的梦幻感给淹没了。

布赖顿宫是乔治四世在英格兰土地上构筑的一个物化的中国幻境，它所刻意营造的，是马可·波罗以来一直徘徊在欧洲文化背景中的、无数外销瓷器和漆器上描绘过的那个被称作Cathay的中国，而绝不是真实地存在于远东的19世纪的中国。

因为卡尔顿宫与布赖顿宫，本该于18世纪90年代结束的中国风设计，又向后延伸到了19世纪20年代，才终于降下帷幕。但19世纪毕竟不是中国风的时代了，乔治四世的爱好既没有挽回中国风的衰落，也没有对同时代人的品位趋向产生多大影响。对于中国与西方的文化艺术交流来说，一个时代结束了。

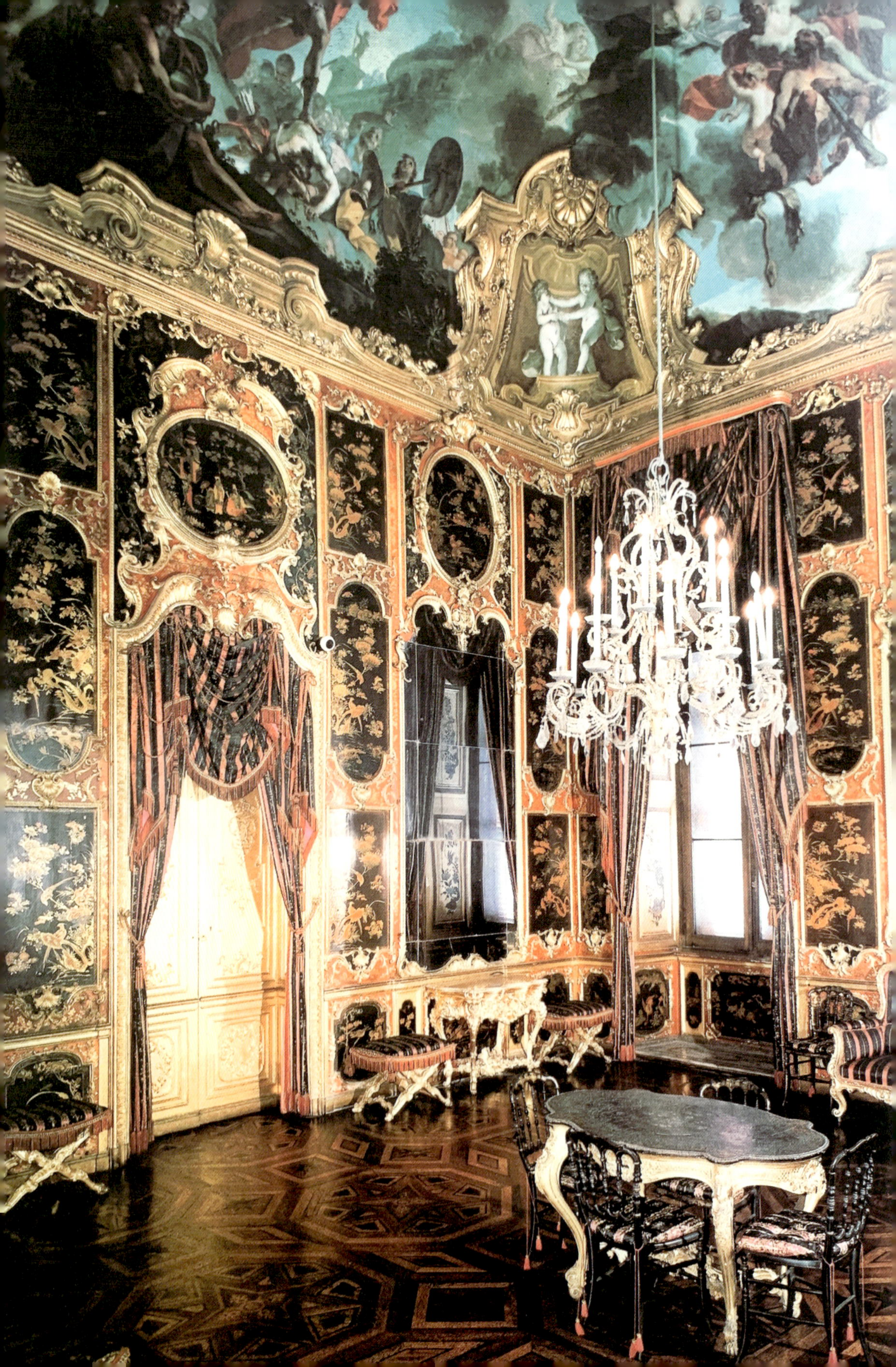

第四章
传播与变异——中国风设计的地域特色

相对于中国而言，西方文明是一个整体，但西方也是不同国家的集合体。这些国家有着不同的语言文字、文化传统，所处的社会发展阶段也不尽相同。在东方贸易中，葡萄牙具有开拓之功，荷兰在17世纪充当了"海上马车夫"，而英国则在18世纪占据了主要地位。法国虽然在贸易中不是主要角色，但对中国的制度与文化最为关心，也是向中国派出传教士最多的国家。因此，17—18世纪西方各国出现的中国热，既有其相似的一面，又表现出不同的特点。这一章主要以法国、德国、英国为主要考察对象，兼及荷兰、意大利、瑞典、俄国等其他国家，对17—18世纪中国风设计在欧洲各国表现出来的特点及其原因进行分析。

第一节 法国的中国风设计

法国在中国热中有着非同寻常的意义。在中国风设计盛行的17—18世纪，法国正处于路易十四、路易十五至路易十六的统治时期，从王权的加强，到大革命的爆发，法国社会经历了天翻地覆的变革，由此产生的影响波及整个西方世界。法国的文化与艺术也在这一阶段达到了辉煌的高峰，正如文艺复兴时期的意大利佛罗伦萨、罗马，巴黎成了西方艺术的中心与时尚的发源地。

17—18世纪的文化艺术发展是以宫廷为中心展开的，中国风设计也不例外，它基本上是一种宫廷艺术。法国对中国文化拥有强烈的兴趣，同时，它对西方其他国家的艺术与时尚趣味有着很强的影响力。因此，中国风设计在很大程度上是以法国为中心展开，并向西方其他国家辐射的。

一、文化热、经济冷

法国的中国热具有明显的文化热、经济冷的特征。与其他西方国家相比，法国的对华贸易要落后得多。法国商船"安菲特里特号"首航中国，已迟至17世纪末的1698年，而此时葡萄牙与西班牙的海上时代已经过去，荷兰在东方航线上扬帆已达一个世纪，英国则作为新的海上霸主正在崛起。有学者做过计算，自那时起到1833年，即英国东印度公司对华贸易垄断权被废止前的130余年中，法国派遣到中国的商船仅140艘，且吨位都不大，平均每年约1船次，不仅远远比不上英国，连丹麦的东印度公司也比不上。[①]在直航以前，法国需要的中国商品主要由葡萄牙、荷兰的商船输入，而直航以后，法国仍在相当程度上要依赖其他国家的转口。

与此形成鲜明对比的是法国对中国文化表现出来的巨大热情。17世纪80年代以后，法国派往中国的传教士是欧洲各国中数量最多、规格最高的。路易十四从耶稣会中挑选了白晋、李明、张诚（Jean-François Gerbillon）等5位有学术素养的教士，以"国王数学家"的名义派往中国，所需费用从国王的私库中支出。此后又陆续向中国派出传教士，导致在华传教士国籍比例发生重大变化。这些法国传教士在传教

① 严建强.十八世纪中国文化在西欧的传播及其反应.杭州：中国美术学院出版社，2002：191.

的同时，也将中国政治、经济和科学、艺术方面的信息源源不断地传入法国，欧洲汉学中心因此从罗马教廷转移到法国。法国社会从宫廷到市民对中国文化的迷恋，受到中国文化的影响之大，是欧洲其他国家无法比拟的。

中国物品在法国受到了异乎寻常的欢迎。本书无意详细阐述法国的中国热发展经过，但法国宫廷、上流社会对中国瓷器、漆器等物品的购藏量是巨大的，并将这种爱好向市民阶层传播。法国王后——奥地利的安妮（路易十四的母亲）在17世纪中期就拥有一组12扇的中国折叠屏风，路易十四的凡尔赛宫和王储的枫丹白露宫，也收藏有大量瓷器、刺绣、漆家具等中国物品。路易十四的首要大臣黎塞留、马扎然与科尔贝尔等，都是东方艺术的爱好者，他们的府邸中都有中国外销艺术品的收藏。巨大的市场和相对不足的供应，以及不同层次的顾客对产品的多样化需求，刺激和推动了社会上对中国外销艺术品的仿效，而法国艺术家的自由创作，必然导致中国风设计的兴盛。

以路易十四修筑特里亚农宫为例。1670年，路易十四命令宫廷建筑师勒沃在凡尔赛建造了特里亚农宫，作为礼物赠送给情人蒙特斯潘夫人，被认为是中国风建筑的首创者。特里亚农宫虽然在外观上与中国建筑没有关联，但顶部整齐而有变化地排列着许多瓷瓶，室内大量装饰着蓝白两色的釉陶贴面砖，在阳光下闪闪发光，据说其创意来自南京大报恩寺琉璃塔。虽然发光的瓷瓶与面砖只是欧洲本土窑厂出产的蓝白釉陶产品，但宫廷的需要不但促进了荷兰代尔夫特制陶业的繁荣，也促进了法国纳韦尔、鲁昂、圣克卢等窑厂中国风釉陶产品的发展。

除中国物品广受欢迎外，中国文化在法国也备受知识阶层的推崇。以伏尔泰为代表的启蒙主义思想家，热情赞扬中国的开明政治与重农政策，孔子及其他中国先哲的思想得到介绍，以中国为题材的"中国戏剧"在各地上演，《赵氏孤儿》

等中国小说在社会上流行并被改编为剧作隆重上演，传教士的中国见闻源源不断地出版。以至于有人说，18世纪法国知识分子对中国文化的了解，甚至超过了对当时欧洲某些地区的了解。[1]这一切都推动了中国风设计的兴起。

二、中国风的起源地

在欧洲所有宫廷中，路易十四的法国宫廷具有某种特殊性。中世纪晚期以来，在欧洲封建领主制解体、王权不断加强的过程中，法国最终发展成为一个中央集权的君主专制国家，并在路易十四时期达到顶峰。这位专制君主以"太阳王"自居，建立起当时欧洲最强大的王权。他成立了法兰西学院，创办了法兰西皇家绘画与雕刻学院，开设了戈贝林皇家制造厂，集中国家力量，大力发展法国的文化艺术，包括建筑、绘画、雕塑和一切工艺美术，取得了辉煌成就。

凡尔赛宫在17世纪前期，仅仅是路易十三的狩猎行宫，规模不大，但路易十四当政后，对它进行了多次改建与扩建，使其最终成为一座壮丽辉煌、气势恢宏的宫殿（图4-1）。1682年，路易十四将整个宫廷搬到凡尔赛宫。从那时起，凡尔赛宫就不仅成为法国的政治与文化中心，还基本上左右了欧洲的艺术风格和时尚趣味。

17世纪后期至18世纪，凡尔赛宫的光环笼罩在几乎所有的欧洲宫廷上。各国的上流社会都以讲法语为荣，用法语写作，穿法国时装，室内装饰、家具、纺织品等一切时尚，也都以法国样式为模板，即使与法国处于敌对状态也不例外。特别是德国各小宫廷，几乎唯凡尔赛宫的马首是瞻。也许只有欧洲大陆之外的英国，与法国文化保持了一定距离。洛可可风格正是从法国上流社会的室内设计开始，逐渐演变成一种艺术风格并向欧洲各国传播的。法国对中国外销艺术品的热爱，以及在设计中表现出来的中国趣味，也被欧洲各国的宫廷所仿效。

[1] 赫德逊. 欧洲与中国. 李申, 王遵仲, 张毅, 译. 北京：中华书局, 2004：263.

图 4-1 从巴黎大道看城堡别墅及凡尔赛花园
皮埃尔·佩特尔（Pierre Patel）绘
1668 年

葡萄牙是最早输入中国物品的，然而葡萄牙却没有诞生足以影响欧洲的中国风设计。西班牙的情况与此类似。荷兰虽然比法国更早投身于东方贸易，也更早模仿中国外销艺术品并发展出中国风设计，但荷兰上流社会在时尚领域缺乏权威性。英国雄心勃勃，在东方贸易中后来居上，但17世纪后期，英国正陷于内战（1642—1651年的保皇党与议会党之争）、共和政体创立、王政复辟、"光荣革命"等一系列重大事件中，其宫廷在艺术风格与时尚方面的影响力大受影响。18世纪，英国成为欧洲第一流的经济强国，但法国巴黎的时尚中心地位已无法动摇。

17世纪的欧洲也深陷宗教战争的困扰。1685年，路易十四取消了《南特敕令》①，大肆迫害胡格诺教徒（法国新教徒），导致大量以手工艺谋生的胡格诺教徒纷纷逃往英国、德国等新教国家，他们也将法国精湛的工艺技术与中国风设计带到了这些新定居的地方。德国丝织业与壁毯业的兴起、英国丝织业和制瓷业的发展，均在很大程度上与流亡的法国胡格诺教徒有关。

① 1598年，法国国王亨利四世颁布《南特敕令》，保证了法国新教徒——胡格诺教徒一定的信仰自由。但1685年路易十四废除了《南特敕令》，此后法国的新教徒丧失了公民权利，教士被流放，成千上万的胡格诺教徒逃往信奉新教的国家。他们擅长手工业专业技术，对促进当地的经济繁荣做出了重要贡献。

三、优雅精致的气质

法国的中国风设计有着精致、优雅的独特气质，表现在瓷器、壁画、家具、纺织品及室内设计的各个领域，或可称为"法国气质"。这种气质是其他国家很难超越的，一直到今天，巴黎时装仍然占据着国际时尚界的至尊地位。在法国，艺术就是这样与国家的政治与经济紧密相连，以至于如果剥夺了巴黎的时尚产业，法国在国际贸易中的地位也要大打折扣。这种精致、优雅的特色不是与生俱来的，它的形成，与路易十四时期法国上流社会的性质有密切关系。

从路易十四起，宫廷贵族与市民精英组成的上流社会就决定了时尚的品位，这个社会的形成是一个长期的过程。根据诺贝特·埃利亚斯在《文明的进程》中的研究，法国在王权加强的过程中，既要防范贵族势力过于强大出现对王权的挑战，又要防止新兴的市民力量不断增强对王权不利，因此，国王设法在两者之中维持平衡。[1] 国王建立起中央集权的官僚体制，将政府职务大部分授予新兴的市民阶层，削弱贵族的力量，使他们无力组织起有效的反叛，但同时，又将宫廷职务与王室家政职位尽数授予贵族，使他们在这些职位上获得丰厚的收入（年金）、优越的地位与荣耀的光环。到路易十四时，凡尔赛宫就逐渐聚集了一个宫廷贵族阶层，他们丧失了权力，但收获了奢侈与安逸。凡尔赛宫就像一个辉煌的舞台，路易十四与宫廷贵族们每天在这里表演着一本正经的礼仪。久而久之，这个阶层摒弃了粗野与莽撞，培育出一种极为雅致的文明——准确的礼仪、得体的周旋、温雅的态度、精致的着装、细腻的感觉，以及对文学、艺术、科学、哲学的兴趣与爱好，简言之，形成了一种"教养"。这种"教养"不仅是一种外在的符号，将他们与普通平民阶层区分开来，更是与国王的宠爱、赏赐以及个人前途密切相关。"一个侯爵，他不会去想在他的领地里策划一起小的反叛，而是乐于知道，他在翌日即可获得特权去参加在庞大宫殿中举行的堂

---

[1] 埃利亚斯. 文明的进程（I）. 王佩莉, 译. 北京：生活·读书·新知三联书店, 1998.

皇宴会，并与国王进行两三分钟平淡无味的谈话。"①

法国的宫廷还具有某种开放性，凡尔赛宫是允许市民参观的。市民中的上层精英，例如著名的学者、艺术家等，因为种种机缘而与宫廷贵族有较多的交往，他们在精神气质上互相靠拢，共同形成了一个圈子——上流社会。除了高贵的血统外，正是礼仪和品位将他们与其他人区别开来，当然没有财富也做不到这一点（图4-2）。在17—18世纪的法国，无数人对这个上流社会心驰神往，蓬巴杜夫人便是以美貌、智慧和出色的"教养"，以平民身份进入宫廷，成为路易十五的情妇，并被封为侯爵夫人的。

上流社会对艺术风格和时尚品位有着决定性的影响，而中产阶级与一般市民则尽可能在行为方式和时尚品位上模仿上流社会。法国的艺术设计，也就有了一种特别精致、优雅、楚楚动人的气质。然而，所有的一切是建立在社会第三等级（市民等级）的劳动之上的。到18世纪晚期，由于第三等级不堪重负，法国大革命终于爆发，路易十六与玛丽·安托瓦内特王后分别走上了断头台。但是，经过一个多世纪的培育，这种精致的品位、优雅的举止已经渗入法国人的血液，成为其民族特征的一部分。

图4-2 爱的宣言
油画
J.-F. 德特洛伊（J.-F. de Troy）绘
1731年

四、法国杰出的中国风设计

法国的中国风设计是从宫廷中发展起来的，在各个设计

① 勒纳, 米查姆, 伯恩斯, 等. 西方文明史. 王觉非, 等译. 北京: 中国青年出版社, 2003: 576.

领域都有很好的表现，但最出色、最能代表法国特色的是锦缎、壁毯、软瓷、路易十五时期的家具与铜质陈列品设计。

法国的里昂是欧洲丝绸生产的中心，提花锦缎独步天下。最精美的中国风设计出现在1730年以后，让·何维勒（Jean Revel）是法国丝绸史上一个标志性的人物。他发明了一种新的工艺技术，可以将不同颜色的丝线以某种方式混合，创造出过渡色，像绘画一样在织物上表现阴影的效果和光线的细微差别，从而使法国的丝绸设计有了新的突破，出现了大量风景人物图案。里昂中国风设计中最出色的，正是栩栩如生的花卉与中国人物风景的组合（图4-3、图4-4），图案极其优雅，灵感来自华托、布歇、于埃、毕芒等艺术家的创作，以及市场上流行的有关中国风设计的图案书。

壁毯设计也是法国的强项。博韦织毯厂制作的两套以"中国皇帝"为题材的大型壁毯，奠定了法国在这一领域至高无

图4-3　中国风双层提花锦
法国里昂制
1740—1750年
中国丝绸博物馆藏

图4-4　中国风锦缎
法国里昂制
1740—1745年
法国里昂纺织史博物馆藏

图 4-5　丹麦克里斯蒂安七世宫的中国沙龙

上的地位。特别是第二套壁毯获得了巨大的成功，在 1743—1775 年共复织了 12 套，作为法国宫廷礼物赠送给欧洲其他国家，如送给丹麦王室的一套，至今仍然挂在克里斯蒂安七世宫的"中国沙龙"里（图 4-5），据说有一套甚至辗转送给了乾隆皇帝，乾隆收到礼物后非常高兴，将它们安置在圆明园。设想一下，在清代北京的宫殿上装饰着法国画家布歇设计的壁毯，这本身就是一件富有意义的事。遗憾的是这套壁毯下落不明，清宫档案中也没有发现相关记录（也有说在第二次鸦片战争的圆明园劫难中被英法联军掠夺并带回了欧洲）。

18世纪也是法国欧比松织毯的黄金时代。欧比松是一个地区，当地有很多作坊，生产的欧比松挂毯和地毯闻名世界。为顺应时代潮流，欧比松壁毯作品经常以中国为题材，包含进餐、垂钓、狩猎、劳作等画面。布歇的绘画以及加布里埃尔·于基埃（Gabriel Huquier）等人的版画是欧比松壁毯模仿的对象，但设计师通常会对画面内容做一些改变，增加或减少景物以适应定制者的墙面尺寸。艺术家让－约瑟夫·杜蒙（Jean-Joseph Dumons）与欧比松中国风壁毯有密切关系，在保存下来的一幅作品（图 4-6）中，画面上描绘了一个中国男子，打开柳条编织的笼子，奇异的鸟儿飞出来，一个年轻女人的手上立着一只鸟，还有两个孩子，一个试图去抓鸟，而另一个则顾自玩着手中的小风车。[1]画面风格与布歇的作品较接近，但欧比松的设计师也从毕芒的作品中获取灵感，如山丘上耸立着一座宝塔，奇异的鸟儿环绕着宝塔飞翔之类。

法国的釉陶产品十分出色，17 世纪至 18 世纪初，纳韦尔、鲁昂、马赛和圣克卢等窑厂都有出色的中国风设计作品。纳韦尔窑厂创办于 16 世纪末，17 世纪中期开始生产中国风釉陶制品，早期生产白地蓝彩器物，后期转向五彩。鲁昂窑厂在 17 世纪中期发展起来，由于路易十四兴建特里亚农宫向鲁昂窑厂订购大批蓝白釉陶砖，该厂从此声名鹊起，生产了不少中国风产品（图 4-7）。马赛窑厂与圣克卢窑厂创办于 18 世纪初，中国风产品也十分出色（图 4-8）。其他众多的窑厂也都有中国风陶瓷生产。

因为一直没有找到高岭土，法国是欧洲各国中最晚烧制硬瓷器的，但它采用了一种特别的软瓷技术。在奥尔良公爵的支持下，法国先是于 1677 年在圣克卢窑厂烧成微呈黄色的软瓷，接着于 1725 年在孔蒂公爵的居城尚蒂伊烧成了纯白色的软瓷。孔蒂公爵是东方艺术的爱好者，拥有庞大的东方瓷器收藏，尚蒂伊窑厂的画家们经常前往他那里观摩，设

[1] Jarry, M. *Chinoiserie: Chinese Influence on European Decorative Art, 17th and 18th Centuries.* New York: The Vendome Press for Sotheby Publications, 1981: 30.

图4-6 鸟舍
壁毯
法国欧比松织毯厂制
18世纪前期
比利时布鲁塞尔皇家艺术
历史博物馆藏

图4-7 中国风陶盘
法国鲁昂窑厂制
18世纪

图4-8 中国风冰酒器
法国圣克卢窑厂制
1730年

图4-9 中国风茶具
法国尚蒂伊窑厂制
1730—1735年

计了大量中国风作品（图4-9），相关资料还被分门别类整理后刻印成图案集。樊尚窑厂是法国宫廷在1738年创办的，1753年定名为皇家窑厂，蓬巴杜夫人对其设计风格有直接影响，该厂不少作品属于中国风设计（图4-10）。正是在这位夫人的建议下，樊尚窑于1756年迁往塞夫勒，并终于烧成了真正的硬瓷。皇家塞夫勒瓷以明丽、优雅的装饰和造型名扬天下，其中的玫红色瓷有"蓬巴杜玫瑰"的称呼，是洛可可艺术的杰出代表（图4-11）。

法国的漆家具设计是17世纪后期发展起来的。路易十四为了装饰新落成的凡尔赛宫，需要大量技艺高超的手工艺人，因此国内外能工巧匠纷纷聚集到巴黎，1667年创办的戈贝林皇家制造厂中就设有漆家具工作室。此外，孔蒂公爵

第四章 传播与变异——中国风设计的地域特色

的尚蒂伊城也有出色的漆家具制作。马丁兄弟是当时巴黎最负盛名的漆艺家，制作了大量精美的作品。然而，最能体现法国特点的中国风家具作品，大多制作于路易十五时期。

从18世纪30年代起，法国发展出一种杰出的家具装饰工艺，即将进口的中国和日本漆绘屏风或橱柜拆开，将其修正为一块块装饰精美的漆板，并加以精心润饰，然后拼装在橱柜等家具上。因此这一时期法国中国风家具的特征是：彩绘的东方漆板、大理石的桌面、精致的髹漆、镀金的铜饰，造型上有着洛可可时期特有的优美曲线，可谓美轮美奂。家具样式以立柜、抽屉柜和抽屉桌等为多，橱柜的立面和两个侧面都镶有精美的东方漆板，其中中国漆板大多由款彩工艺制成，庭园风景、人物故事等装饰得较满；而日本漆板以黑地描金为主，山水风景、溪流瀑布等装饰得比较疏朗。这些家具一般都有制作者签名，体现了路易十五时期最华丽的法国家具风格（图4-12、图4-13）。路易十六时期，彩绘漆板装饰的中国风家具不再流行，但由于路易十六的王后玛丽·安托瓦内特热爱东方艺术，一部分精美的家具仍镶嵌东方漆板，装饰较为节制，风格优美。

法国的室内设计形式多样，漆绘的中国风壁饰美丽动人，但一些最精彩的中国风房间是用壁画装饰的，如于埃为巴黎

图4-10　中国风瓷盘
法国樊尚窑厂制
1740—1745年
法国巴黎装饰艺术博物馆藏

图4-11　一对象首花瓶
法国塞夫勒窑厂制
1760年

第四章 传播与变异——中国风设计的地域特色

图 4-12 用中国款彩漆板装饰的立柜
法国制
1730 年

图 4-13 中国风抽屉柜
法国制
18 世纪中期
美国大都会艺术博物馆藏

郊区的香姆城堡的中国沙龙所绘的壁画（图4-14）。此外，最具有法国中国风气质的还有铜制工艺品。这些铜制镀金的座钟、挂钟、烛台、柴架以及工艺品等展现出精致的工艺、不对称的造型、优美流畅的曲线，以及姿态各异的中国人物，几乎每一个作品都是洛可可中国风的缩影。

第二节　德国的中国风设计

17—18世纪德国的情况与法国有着很大的不同。与中世纪以来法国王权的不断加强相反，神圣罗马帝国日趋没落，内部诸侯林立，纷争不断。17世纪前期的"三十年战争"（1618—1648）后，德国更是四分五裂。[①]在中国风流行的17世纪后期，法国已经成为强大的中央集权国家，而德国则分成众多小国，每个小国诸侯都有自己的小片领地，但实际上，只有几个相对较大的诸侯国对德国的发展有影响，如勃兰登堡公国（首府柏林，后发展为普鲁士王国）、萨克森公国（首府德累斯顿）、巴伐利亚公国（首府慕尼黑）等。这些公国规模不大，经济相对落后，但都在自己的领地上建立起集权的小朝廷，而市民力量则极为弱小。因此，17—18世纪的德国其实是一个松散的德语联盟，而不是一个统一的民族国家。18世纪中期，普鲁士王国在腓特烈大帝的统治下开始崛起，努力跻身欧洲强国之列，在文化艺术上也获得了相当成就。因此，各公国不同的情况使德国的中国风设计既具有共性，又呈现出多样性。

一、紧跟法国时尚

17世纪前期，"三十年战争"对德国的破坏很大，大片领土成为荒野，工商业更是一片凋零。此后形成的四分五裂的各个小国规模都不大，而且经济拮据，属于欧洲的落后国家，他们的宫廷不可能对欧洲具有时尚号召力。相反，他们

图4-14　法国香姆城堡中国沙龙壁画
克里斯多夫·于埃绘
1747年

[①] 三十年战争：宗教改革运动后，天主教与新教对立而引发的宗教战争。由于错综复杂的周边政治形势，欧洲主要国家纷纷卷入，演变成为一场大规模的欧洲争霸战争。战争结束后，法国取得了欧洲霸主地位，荷兰独立，西班牙衰落，德国遭受严重破坏，神圣罗马帝国名存实亡。

都极力追随法国的时尚，唯凡尔赛宫的马首是瞻。德国各宫廷通用的语言是法语，法语被认为是上等人的语言，而本国语言则是中下阶层说的僵硬粗笨的土语。即使不会法语，至少也要在讲话或行文中夹杂些法语单词，以示高雅。至于从室内装饰、家具到时装的一切的生活品位，德国人都效仿凡尔赛宫，而且表现得比法国更夸张一些。德国与中国的贸易量极小，宫廷对中国文化也无多大兴趣，但只要法国流行中国风，德国各宫廷也一定会很快跟上，把它作为法国时尚的一部分来接纳。然而，德国的精英学者，如哲学家莱布尼茨及诗人歌德，却对中国文化情有独钟，这在一定程度上反映了德国宫廷贵族与社会精英之间的鸿沟。

巴伐利亚选帝侯马克西米利安二世，17世纪晚期曾经在凡尔赛宫消磨过几年的流亡生活。他一回到慕尼黑，就立刻在宁芬堡的王室夏宫中建造了具有异国情调的"宝塔宫"（见图 6-34）。宝塔宫的外观与中国建筑无关，但内部的客厅和楼梯间却装饰着蓝白纹样的代尔夫特陶砖，与凡尔赛的特里亚农宫十分相似。楼上装饰了两间中国房间，其中一间为漆屋。据昂纳推测，装饰壁面的漆板是巴伐利亚本地漆工绘制的，而房间中配置的漂亮漆家具是从巴黎订购的。[①]

从法国传来的漆屋与瓷宫也在德国风行，流行时间要比法国慢一拍，例如漆屋在德国一直流行到18世纪中期。尽管德国有欧洲最出色的家具制作师与漆匠，但设计却往往紧跟法国样式，宫廷还要购买法国家具，或直接引进法国漆艺师。普鲁士国王腓特烈一世曾要求巴黎著名的漆艺家马丁兄弟前去柏林，罗伯特·马丁（Robert Martin）的儿子——让－亚历山大·马丁（Jean-Alexandre Martin）于是来到柏林，此后还陆续有一些法国漆艺家前往，为普鲁士宫廷在各处的中国房间和沙龙进行装饰。遗憾的是这些精美的作品现均已不存。还有一些著名的家具设计师，如路易十五时期的法国设计师伯纳德·范·里森伯格二世（Bernard II van

[①] Honour, H. *Chinoiserie: The Vision of Cathay*. London: John Murray, 1961: 64.

Risenburgh，在家具上往往留下 BVRB 的签名）、18 世纪晚期的德国设计师戴维·伦琴（David Roentgen），他们在为法国宫廷服务的同时，也受聘为德国宫廷工作。

二、宫廷间的流布

德国各宫廷的艺术设计紧跟巴黎时尚，但与法国不同的是，德国将这种流行局限在宫廷内，而且通过宫廷与宫廷之间的联姻，将中国风设计传播到德国各地以及北欧、意大利等地。因此德国的中国风设计有一个奇特的现象，即只在宫廷间流布，而且可以分出若干不同的血统来源。

与法国宫廷具有某种程度的开放性不同，在德国各小邦，没有形成像法国那样的由宫廷贵族和市民上层精英组成的"上流社会"。德国的社会结构相对落后，容克（Junker）贵族依附在领地上，农奴众多，而资产阶级市民的力量却很不发达。因此在德国，宫廷贵族的圈子都较小，而且具有封闭性，唯血统是论。在这些小圈子内，人们讲法语，穿法国时装，以法国方式过上等人生活，不屑于或没有能力将这种"精致的文明"传递到市民阶层。当市民阶层的力量增长后，他们就与宫廷处于对立状态，并因为憎恨宫廷贵族所代表的那一套"文明礼仪"而连带厌恶"法国的生活方式"。

普鲁士国王腓特烈一世在奥拉宁堡宫的瓷室与荷兰王室有关。后继的腓特烈大帝有十几个兄弟姐妹，巴伐利亚拜罗伊德隐宫中的中国房间为腓特烈大帝的姐姐——普鲁士的威廉明妮公主所有，其中的东方漆绘壁板也是腓特烈大帝送给她的，装饰极其富丽堂皇。腓特烈大帝的一个妹妹成为瑞典王后，瑞典的中国宫名义上也是国王送给她的生日礼物。萨克森选帝侯奥古斯特二世除热爱中国瓷器外，还以儿子数量众多著称。意大利那不勒斯国王卡洛斯三世的王后是奥古斯特二世的孙女，18 世纪晚期那不勒斯盛行的中国风设计与她有关。巴伐利亚的马克西米利安二世从凡尔赛宫回来后大刮中国风，在宁芬堡修建宝塔宫。他有一个儿子是科隆的主教克莱门斯·奥古斯特（Clemens August），以像中国人一样乘坐轿子走访教区而闻名，在布吕尔宫建了个两层的中国屋（如今只剩一尊喷泉雕塑）（图4-15），并在各处离宫中布置漆绘的中国房间；还有一个儿子是选帝侯卡尔·阿尔布雷希特（Karl Albrecht），也在宁芬堡建了一个中国风行宫——阿马林堡宫。

三、大胆创意与想象力

如上所述，因为没有形成像法国那样的一个开放的"上流社会"，且长期处于战争与经济落后的境况，虽然德国各宫廷一心追慕法国式的优雅，但模仿的往往只是法国文化中表面的东西，缺少精致的生活方式长时间熏陶出来的从容态度与优雅品位。洛可可风格在法国起源，却在德国发展到极端，其夸张的形式每每让法国的时髦人士皱起眉头。德国的中国风设计也一样，总是比法国少一分含蓄，多一分夸张。如前述家具制作者里森伯格分别为法国宫廷和德国巴伐利亚宫廷制作了一张写字桌，前者的在曲线中包含一种彬彬有礼的教养，而后者的在线条中体现了几分扬扬得意的张扬。①

但从另一方面来说，德国贵族虽然缺少一份精致与细腻，但也不做作，大胆直率，敢想敢为，更富创意。例如萨克森选帝侯奥古斯特二世，为了购藏中国瓷器，不惜让国库一空，还竟然用600名龙骑兵去与普鲁士国王交换一批心爱的中国青花瓷，真是匪夷所思。为破解中国瓷器的秘密，法国派传教士在瓷都景德镇寻访瓷器制作工艺，然而真正的硬瓷器是诞生在德国的。

由于大量收藏东方艺术品，原本经济不够宽裕的德国小宫廷更是雪上加霜。普鲁士国王和萨克森选帝侯都异想天开，

图4-15 德国布吕尔宫的中国风喷泉雕塑
1750年

① Honour, H. *Chinoiserie: The Vision of Cathay*. London: John Murray, 1961: 111.

让炼金士炼出黄金来让他们挥霍，年轻的炼金士伯特格尔因此得以出入两国的宫廷。当萨克森公国将这种热情用于仿制瓷器时，几乎全国上下一齐配合，遍试各种材料与火温，终于烧制成了真正的硬瓷器，一举夺得欧洲领先地位。奥古斯特二世欣喜若狂，马上兴建"日本宫"，以收藏东方瓷器与新研制成功的迈森瓷器。普鲁士国王腓特烈大帝的中国茶室（图4-16）虽然有法国的源头，但其想象力也是无与伦比的，特别是将柱子做成"中国植物"——棕榈树的设想，把一个撑伞的中国人雕塑立在屋顶上，以及在柱廊中放置真人大小的中国音乐家雕塑，这些做法都是极富德国特色的（图4-17）。

图4-16 德国波茨坦无忧宫的中国茶室
18世纪中期

图4-17 德国波茨坦无忧宫中国茶室的中国人物雕塑
18世纪中期

四、德国杰出的中国风设计

德国最杰出的中国风设计，主要表现在瓷器（包括瓷塑）、漆家具、室内装饰以及富有创意的建筑上。德国宫廷的一切时尚都追随法国，但陶瓷器却是例外。早在17世纪晚期，德国各邦就热衷于从荷兰代尔夫特引入陶工，在法兰克福、波茨坦、柏林和卡塞尔等地建立窑厂，生产代尔夫特式仿中国青花的蓝白釉陶。到18世纪初，萨克森公国的迈森瓷厂最早烧制成了硬瓷器；画家赫罗尔特和雕塑家坎德勒的加盟，更使得迈森瓷厂独步欧洲，对欧洲各地的瓷器产生了重大影响。

早期迈森瓷的图案中，多为白色或红色地上金色的剪影

图 4-18 中国风炻器
德国迈森瓷厂制
1720 年

图 4-19 中国风烧杯式瓷瓶
德国迈森瓷厂制
1726 年

式中国人物风景（图4-18），也叫"金色中国风"，这与奥格斯堡的金属装饰工艺有关。奥格斯堡有杰出的金属工艺传统，不少奥格斯堡工匠在迈森瓷厂工作，有时迈森瓷厂也将烧制好的白瓷运至奥格斯堡进行装饰加工。赫罗尔特是1720年从维也纳来到迈森瓷厂的，因其出色的绘画创作才能而受到重用，到1731年，他已升任迈森瓷厂的艺术总监。可以说，赫罗尔特的名字是与迈森的中国风联系在一起的。在他主持绘画工作室期间，迈森瓷器具有浓郁的东方色彩，画家们用极富丽的色彩，如红色、蓝色、土耳其青、明亮的黄色等，在瓷器上彩绘富有异国情调的中国人物风景，流光溢彩，美艳动人（图4-19）。

迈森瓷厂的瓷塑作品也是欧洲最出色的。1731年，雕

塑家坎德勒加盟迈森瓷厂，在他主持建模工作室期间，迈森瓷厂设计制作了一系列中国人物雕塑，其中以布袋和尚变形而来的 Pagod 造型（图 4-20）最有特点，此外也有成组的中国人物。迈森瓷厂堪称欧洲硬瓷器生产之最，其制瓷工艺与装饰风格对德国及欧洲其他窑厂产生过很大影响，至今仍在欧洲瓷器领域占有重要地位。除迈森瓷厂外，普鲁士国王腓特烈大帝创办了柏林皇家瓷厂，巴伐利亚选帝侯也设置了宁芬堡瓷厂，其中都有中国风作品。

德国最出色的中国风漆家具，也诞生在普鲁士与萨克森宫廷，国王们除热爱中国瓷器外，还热衷于制作与购藏漆家具。17 世纪晚期到 18 世纪初，为普鲁士宫廷服务的达哥利是欧洲最杰出的漆家具设计师之一。他在柏林开设了庞大的工作室，设计制作了一系列中国风格的漆绘家具，还在大键琴上漆绘中国人物（图 4-21）。达哥利的作品以东方漆器为灵感来源，但又不满足于模仿，而是赋予作品以浪漫的想象，比东方原型更富有异国情调，也更重视画面的透视关系。有时候他还以明亮的色彩漆绘家具，以体现与东方漆器的区别。另一位杰出的漆艺家是马丁·施耐尔（Martin Schnell），他受聘为萨克森宫廷服务，被奥古斯特二世授予了"宫廷漆匠"的称号，在 30 年间创作了一系列十分优美的中国风作品（图 4-22）。此外，德国的细木工镶嵌家具也十分出色，特别是伦琴，被誉为德国最好的橱柜工艺师，他的作品以中国风装饰著称。如一件收藏

图 4-20　中国人偶瓷塑
德国迈森瓷厂制
18 世纪中期

图 4-21　德国夏洛滕堡宫的大键琴
格哈德·达哥利漆绘
约 1700 年

图 4-22　中国风漆盘
马丁·施耐尔制
1720 年，已毁

图 4-23　卷头桌
细木工镶嵌装饰
戴维·伦琴制
1775—1780 年
美国大都会艺术博物馆藏

在美国大都会艺术博物馆的卷头桌（图 4-23），结构十分精巧，细木工镶嵌的中国人物与风景优雅迷人，与法国艺术家布歇、毕芒与于基埃的中国风作品风格相似。因伦琴同时为法国宫廷制作家具，作品具有浓郁的法国风味也不足为奇。

深沉的漆与清亮的瓷是一种对比，有很好的装饰效果。欧洲的室内陈列，一般喜欢把瓷器排列在橱柜里面或橱柜顶上，或一排三件、五件地放置在壁炉架与陈列桌上，这种形式在 17 世纪后期到 18 世纪前期特别流行。德国宫廷爱好东方瓷器和漆器是出了名的，瓷器与漆器收藏丰富，因此以满布的瓷器装饰的"瓷宫"以及用漆绘壁板装饰的"漆屋"特别流行。欧洲其他国家也有瓷宫与漆屋，但没有像德国范围内那么普遍。

德国的中国风设计还体现在建筑上，这一点也是其他国家少见的。英国与法国一般只在园林中采用小型中国风建筑，如亭、阁、塔等以作点缀，但德国却把中国风元素大胆地用于宫廷建筑。其中最有名的，一个是萨克森奥古斯特二世的"日本宫"，一个是普鲁士国王腓特烈大帝的波茨坦无忧宫中国茶室。日本宫原称"荷兰宫"，是一座欧洲建筑。奥古斯特二世为了收藏丰富的瓷器，将建筑改为"中国式"。改

第四章　传播与变异——中国风设计的地域特色

151

的方式也简单，即在建筑的柱子上加上中国人物的雕像（图4-24）。此外，这位选帝侯还在皮尔尼茨宫建了一个具有异国情调的中国亭。

波茨坦无忧宫的中国茶室有双层宝塔顶，它的平面是三叶形的，据说出自腓特烈大帝本人的设计（见图4-16）。其实，原型来自建筑师伊曼纽尔·埃尔（Emmanuel Héré）为波兰国王设计的两座中国风建筑，其中一座是宝塔顶的二层建筑，另一座是平面为三叶形的双层宝塔顶建筑。但中国茶室的棕榈树柱子和中国人物雕塑却是德国人创造的。此外，中国茶室的内壁上方也绘有中国风壁画：一群衣着华美的中国人正在饮茶、交谈、嬉乐，仿佛他们就是腓特烈大帝邀请的宾客，正凭栏俯视下方（图4-25）。

图4-24 德国德累斯顿日本宫
18世纪前期

图 4-25 德国波茨坦无忧宫中国茶室的壁画 18 世纪中期

第三节　英国的中国风设计

对 17—18 世纪的欧洲来说，英国具有某种独特性。英国较早向中央集权制度发展，但受《大宪章》的约束，国王的权力一直受到议会的制衡。到 16 世纪，由于毛纺织业的不断发展，圈地运动如火如荼，大量失地的农民进入城市，使英国社会迅速向近代资本主义社会过渡。到 17 世纪中期，棉纺织业也开始发展，资本急切地寻找原料与市场，促使英国以积极的姿态介入东方贸易，并很快取代了荷兰，成为新的海上霸主。因此与法国、德国的情况不同，英国的资产阶级力量特别强大，与王权的矛盾日益激化，最终导致了 1642—1651 年的英国内战，国王查理一世被杀。此为英国近代史上影响深远的重大事件之一。

17 世纪中期王政复辟，1688 年"光荣革命"后，英国基本上已成为一个君主立宪的近代国家，在政治制度与经济关系上均比法国更为进步。虽然英国的王权不如法国强大，宫廷的影响力也不如凡尔赛宫，但伦敦是 18 世纪欧洲少见的工商业都市，英国的贵族也不像法国贵族那样，拿着丰厚的年金周旋在宫廷中，而是积极投身于工商业中，热衷于在海外开疆拓土。这种独特的政治经济体制，使得英国的中国热与中国风设计有着自己的特点。

一、经济热、文化冷

英国宫廷对中国物品也非常喜爱。17 世纪初，荷兰人将葡萄牙商船劫持到阿姆斯特丹拍卖东方物品时，英国国王詹姆斯一世也是买主之一。但是在很长一段时间内，英国并未出现法国那样的中国热，直到 1689 年威廉三世和玛丽二世统治时，英国宫廷才开始收藏中国瓷器，因此一般认为，是玛丽在荷兰"感染"了对中国物品的爱好并将中国风引进了英国宫廷。无论如何，英国宫廷虽然也爱好中国艺术品，甚至到 19 世纪初，乔治四世还在逆潮流而动，兴建东方风格的皇家布赖顿宫，但综观英国宫廷，并没有出现像法国从路易十四、马扎然主教到蓬巴杜夫人那样对中国艺术的持续迷恋，也没有德国萨克森、普鲁士宫廷那样拥有中国瓷器的巨大收藏。与法国相比，英国知识阶层对中国文化的评价和兴趣都不高，但是中国巨大的市场却对英国有着强烈的吸引力。

从 17 世纪起，英国就一直谋求与中国进行直接贸易，但由于种种原因进展不大。到 18 世纪，英国终于在对华贸易中占据领先地位。据马士《东印度公司对华贸易编年史》记载，在 1775 至 1804 年的 30 年间，英国东印度公司派往广州的商船达 495 艘，而且一般都是 700 吨以上的吨位，后期更高达 1200 吨，远远超过法国，更别说德国了。但英国还不满足，于 18 世纪末派出了以马戛尔尼为首的庞大使团，希望从乾隆皇帝手中获得更大的通商与开展贸易的权利。当这些权利得不到满足时，英国便开始向中国输入鸦片，并最终采用武力，用坚船利炮轰开了中国的大门。鸦片战争后，英国就把持了中国对外贸易的垄断权。

这种与法国社会完全相反的经济热、文化冷的局面，导致英国中国风流行的特殊现象，即一方面流行中国风设计，另一方面又不断在报章杂志上对中国风提出批评意见，冷嘲热讽的大有人在。英国的知识阶层也很少对中国君主制度唱赞歌，换句话说，英国的中国热仅仅是服从市场流行的需要罢了。

二、多样化表达

英国较早向中央集权制度发展，但国王的权力一直受到《大宪章》制约。因此英国的宫廷与法国的不同，只享有有限的王权，加上权力制衡，没有法国宫廷那种耀眼的光环，在时尚领域的号召力十分有限。正如英国著名历史学家乔治·麦考莱·特里维廉（George Macaulay Trevelyan）所说的，"光荣革命后，宫廷的荣耀暗淡了。不管是王冠的政治地位，还是戴王冠者的个人气质，都今非昔比"[1]。英国的宫廷既不是风格的发源地，英国的贵族也不像法国贵族那样悠闲，他们无暇在夫人们的化妆室中流连。因此，英国的上流社会气质与法国有很大的不同。

与法国一样，英国也是在18世纪中期达到中国风流行顶峰的。如果说，法国的中国风设计是从宫廷向外传播的，在风格上表现出某种一致性，那么英国的中国风设计就多在宫廷之外演绎。英国宫廷并不是风格的流行中心，相反，富有的贵族与商人们纷纷在乡村建起庄园或别墅，添加中国房间，以标榜自己的成功与品位，且样式多姿多态，可以说是多种风格各自表述。

以家具和室内设计为例，奇彭代尔样式把中国元素融进家具的结构，大量采用中国的棂格装饰（图4-26），而白金汉郡克莱顿庄园的中国房间却以精美的木材雕刻，体现出最富幻想的洛可可中国风；将东方漆板嵌装在家具上的路易十五法式家具自有其爱好者，而钱伯斯又以专家的姿态推出所谓真正的"中国家具"（图4-27）。虽然每一时期的流行都有一些共同趋势，但这种趋势一般与宫廷无关。设计的平民化是现代设计的特征，这正是英国在社会发展阶段上超前一步的体现。

三、相对独立的风格

法国式的中国风设计主要是通过宫廷来传播的，我们可

---

[1] 严建强.十八世纪中国文化在西欧的传播及其反应.杭州：中国美术学院出版社，2002：210；Trevelyan, G. M. *English Social History: A Survey of Six Centuries, Chaucer to Queen Victoria*. London: Longmans, Green, and Co., 1944.

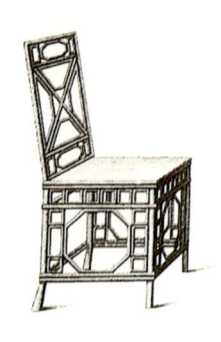

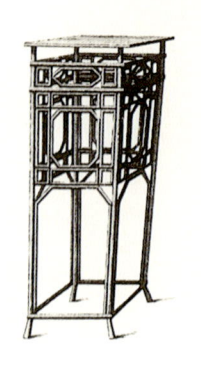

以很明显地看出法国宫廷—德国各宫廷—北欧与意大利官廷这样的传播途径。法国的洛可可中国风也影响到英国，但英国主要是从布歇、毕芒以及其他法国艺术家的设计图案中接受法国影响的，而不是对凡尔赛宫廷的顶礼膜拜。因此，英国从未出现如德国、奥地利那样极端的洛可可风格，相反洛可可风格在英国一直不温不火。作为经济与军事强国，英国在海外利益上也与法国发生直接冲突，因此，英国有意识地与法国文化保持一定距离。英国在地理位置上与欧洲大陆隔绝，也使得法国的时尚不那么容易跨过英吉利海峡。当然，英国人对法国人在艺术与时尚方面的创造力还是相当佩服的。

在中国风设计上，英国在银制品、炻器、壁纸、家具与园林设计等领域特别出色，很多造型在欧洲大陆找不到对应物。欧洲大陆上盛行中国风装饰时，英国却出人意料地对中国园林设计大感兴趣，并发展出自己的风景式园林（英中式园林），耐人寻味。从时间上来看也是这样，当欧洲大陆的中国风设计如火如荼时，英国不温不火，但当中国风设计如潮水般退却时，英国却不慌不忙地最后谢幕。

四、英国杰出的中国风设计

英国杰出的中国风设计，除瓷器外，主要体现在银制品、

图 4-26　奇彭代尔式立柜
英国制
1755 年

图 4-27　中国家具
《中国建筑、家具、服装、机械和器具的设计》插图
1757 年

图 4-28　银制潘趣碗
英国制
1688 年

图 4-29　银制茶叶罐
英国制
1747 年

炻器、奇彭代尔式家具、印花棉布、壁纸等领域，而更为重要的是，18世纪的英中式园林，也是从英国向欧洲大陆传播的。

英国最早的中国风设计体现在银制品中，而且此后一直很发达。早期欧洲并没有输入东方金银器，因此中国风银制品具有创新意味。如17世纪后期的一只银制"潘趣碗"（图4-28）。潘趣酒（punch）也是从英国开始流行的，由多种成分混合而成，包括酒和果汁、牛奶等，据说是由英国东印度公司的水手在17世纪早期带回英国的。该银碗上装饰着中国人物，形象来源于纽霍夫《中国出使记》等中国游记，人物造型具有一种异国情调的欢快感。除餐具外，英国的银器制品还有烛台、茶壶、咖啡具、调味器、文具、化妆间器皿以及后来大量出现的银制茶叶罐等，图案装饰采用平雕与浮雕工艺，有中国风景人物和花卉植物等题材。

茶与茶具由荷兰人从中国传入欧洲，却让英国人最为痴迷。英国进口与消耗茶叶的量居欧洲首位，茶具设计也最为丰富。除了陶瓷产品外，还有银制茶壶，装饰华丽，具有鲜明的洛可可风格特征。银制的各种茶叶罐更是英国的特色产品，装饰着中国人物风景，或以茶树为装饰，形态各异，很有特色（图4-29）。还有一种茶壶，是在涂锡的铁皮上进行漆绘，这又是一项英国人的发明，称为"庞蒂浦漆器"，现

157

属威尔士的庞蒂浦镇就是18世纪这种漆器的产地。铁皮涂锡漆绘，原本是对昂贵的东方漆器的模仿，但漆绘上中国风图案后，也给人特别华丽的视觉感受（图4-30）。

英国的陶瓷史上，釉陶产品大多模仿代尔夫特陶，硬瓷器的烧制则晚至18世纪中期，落后于欧洲大陆许多国家。重要的有切尔西、德贝、伍斯特、伦敦的鲍（Bow）等瓷厂，其中也诞生了非常精美的中国风作品（图4-31）。但英国炻器的发展却超过了欧洲大陆。茶叶从中国初传至欧洲时，欧洲人不懂得怎样泡茶，他们会直接泡一大桶茶叶，以液体形式贮存，需要的时候就倒出来喝一点。宜兴紫砂壶的流行改变了饮茶风俗，英国的炻器生产因此发展起来。英国经常烧造的是盐釉炻器，生产中心在斯塔福德郡。英国生产的茶壶样式中，宜兴紫砂壶的影响是显而易见的，同时也受到了英国传统银器造型的影响。除英国外，17世纪的荷兰和18世纪的德国迈森瓷厂也有炻器的生产。

图4-30 庞蒂浦漆壶
英国制
约1760年

图4-31 中国风瓷瓶
英国伍斯特瓷厂制
英国牛津大学阿什莫林博物馆藏

骨瓷也是英国人的发明。所谓骨瓷，是指瓷器成分中含有牛羊等动物骨粉，从而改善了瓷器的玻化及透光度，是一种纯白色低温软瓷。1748年，鲍窑厂的托马斯·弗莱（Thomas Frye）获得了骨瓷的专利权，其瓷胎的成分是瓷土、瓷石与骨粉的混合物。18世纪末，英国特伦特河畔斯托克城的斯波德瓷厂引入骨瓷生产，使当地成为英国瓷器的重要产地。与此同时，伍斯特瓷厂也开始生产骨瓷。至19世纪，骨瓷已成为英国瓷器工业的重要产品，今天依然是英国高档瓷器的代表。

英国的中国风家具也与欧洲大陆的不同。法国人喜爱将东方漆板拆下来装饰在橱柜上，德国的漆绘与细木镶嵌家具十分发达，而英国的中国风家具却独辟蹊径，以结构形式表达中国元素，因而具有雕刻般的特征。18世纪的英国，涌现出一批杰出的家具设计师，他们从法国洛可可风格、中国艺术甚至中世纪哥特风格中汲取元素，形成了一种混合式的独特样式。因奇彭代尔的杰出贡献，此种样式也被称为"奇彭代尔式"。

奇彭代尔是西方家具史上首位个人名字被用来命名一种风格的设计师。他出生于约克郡的一个木匠之家，约30岁时前往伦敦发展，在圣马丁巷创设了自己的工坊，1754年出版了《绅士及家具制造者指南》并大规模发行，这说明奇彭代尔拥有不俗的经商谋略。这本书起到了很好的广告作用，成为达官贵人订购家具的参考图册，也是其他工匠模仿新款的参考书，这为他带来了响亮的名声和一批富裕的赞助人。奇彭代尔在该书扉页中写道："本书由160幅以铜版画整齐印制的图片组成，希望由此提升和改善当下的品位，它可以适应各个阶层人群的生活环境。"[①]在这些铜版画中，有洛可可风格、哥特风格和中式风格的家具设计，其实这三者经常互相穿插应用，而中式风格更是奇彭代尔式家具的重点。中国元素主要体现在三方面。一是结构装饰，大量采用中式

[①] 周宁.奇彭代尔式家具的中国风实现路径.北京文化创意，2020（6）：32.

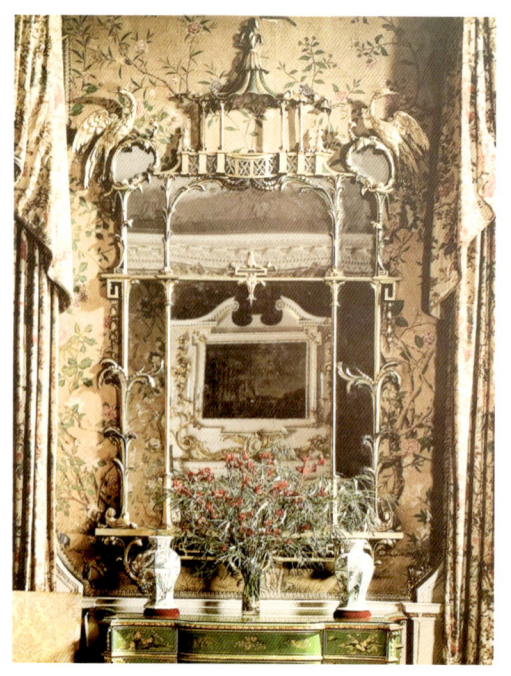

棂格结构，以透雕和浮雕的形式加以表现，特别是在椅子背部用得最多（图4-32），还有在家具上的条状或块面结构处使用，如围栏、侧沿、背板等等。二是将中国建筑特别是宝塔或亭子的顶部造型用于家具设计，如在椅背、床盖、书架、镜边装饰的顶端雕刻出中国宝塔或亭子的造型（图4-33）。以上设计看起来有点古怪，但造型简洁、合理，在英国以外很少见到类似的产品。三是中国风图案装饰，无论是椅子座面上包覆的织物，还是橱柜上优美的漆绘，都点缀着东方景色与中国人物形象，这一点与欧洲大陆一样，在异国情调中透出洛可可的优雅与柔美。

奇彭代尔开创的家具风格在英国有不少追随者，其中最著名的是约翰·林内尔（John Linnell）。林内尔属于子承父业，从父亲那里接受了家具制作的训练，并在学院接受了艺术教育，对法国洛可可风格尤其感兴趣。父亲去世后，林内尔继承了家族事业，客户中包括不少豪门贵族。如他为伯明顿庄园设计的中国卧室：视觉重点是一张奇特的床，以红金两色

图4-32　奇彭代尔式椅
英国制
1760年
英国维多利亚与艾尔伯特博物馆藏

图4-33　英国诺斯特尔修道院带有宝塔顶的镜框
托马斯·奇彭代尔设计
1769年

图 4-34 英国伯明顿庄园的中国风床
约翰·林内尔设计
18 世纪中期
英国维多利亚与艾尔伯特博物馆藏

图 4-35 中国风刺绣
英国制
1700 年
英国维多利亚与艾尔伯特博物馆藏

髹漆，床盖做成宝塔顶的样子，顶上立着一条龙，四角上翘的屋檐上也雕刻着 4 条昂首的龙，似乎在拱卫主龙，靠墙一面的床板则饰以精致的中式棂格（图 4-34）。这个漂亮的中国卧室目前保存在维多利亚与艾尔伯特博物馆，同时保存的还有 355 幅设计素描稿，其中有不少属于中国风设计。

英国的纺织品与壁毯也出现了不少优秀的中国风设计，壁毯以索霍壁毯为代表：漂浮在海上的小岛，岛上安置植物、建筑与东方人物，这种构图对中国风设计产生过重要影响。纺织品上的中国风主要表现在印花棉布和刺绣上。17—18 世纪，来自印度的印花棉布和中国的刺绣在欧洲大行其道，从服装到帐幔，都必须采用东方织物才算站在时尚的前沿。英国的印花棉布是在模仿印度织物的基础上发展起来的，并与传统的铜版刻印技术结合，经过一系列技术创新，很快在图案效果上超过了印度同类产品，其中不少属于中国风设计。英国的刺绣与法国一样出色，妇女们参照市面上流行的图样，将东方情调融入刺绣。英国维多利亚与艾尔伯特博物馆藏有一件亚麻地上用蚕丝与羊毛线刺绣的壁挂，深色的地上分布着各种场景：东方建筑、假山、动植物，以及饮茶、垂钓、散步的人们（图 4-35），与 17 世纪末的索霍壁毯有异曲同工之妙。

英国的室内设计特别流行壁纸，中国两种类型的外销壁纸——人物风景与花树禽鸟大受英国家庭欢迎，再配上奇彭代尔式家具，就是典型的英国式中国房间。英国国家名胜古迹信托机构曾对保留中国壁纸的乡村庄园做了统计，计有140余座之多，且分布区域很广。如由林内尔设计的伯明顿庄园的"中国卧室"、由奇彭代尔设计的诺斯特尔修道院中的贵宾卧室（图4-36）、哈伍德庄园等，都是极为精美的案例。此外著名的还有萨尔特拉姆庄园、菲尔布里格别墅、布利克林别墅、贝尔顿庄园等等。这些中国壁纸布置的时间从18世纪前期至19世纪后期不等，甚至不同时代的中国壁纸并存于一个庄园中。由于英国人对中国壁纸的持续爱好，而中国壁纸价格昂贵，因此诞生了仿中国风格的壁纸，比中国原型更夸张、更充满异国情调。在中国壁纸的影响下，英国成为壁纸的生产中心，输出壁纸到欧洲的其他国家以及大洋彼岸的美国。而法国人常用的中国风壁画，在英国却极为少见。

除采用壁纸和奇彭代尔式家具外，英国的中国房间还采用了欧洲大陆上少见的木雕工艺。白金汉郡的克莱顿庄园就以精美的木雕工艺著称。这个庄园属于韦尔内（Verney）家族，在1757—1771年进行了重建。建筑外观中规中矩，而走进中国房间（图4-37），其景象却令人叹为观止：房间全部以木雕和灰泥进行装饰，且全部漆成白色，整体效果如同精美的奶油甜点，令人愉悦。门与壁龛的上方、镜子的周边均饰以复杂的木雕，沙发上方还有一个带屋顶的罩子，两个逼真的中国人像立在罩子的两侧。木雕装饰中布满了洛可可涡卷，穿插着霍霍鸟、花篮、树叶、果实、人像、铃铛等各种主题的装饰，一对中国夫妇在其中愉快地对坐饮茶。中国风与洛可可、哥特式甚至古典元素奇妙地融合在一起，构成了18世纪英国最富有想象力的室内空间。设计师是卢克·莱

图 4-36　英国诺斯特尔修道院中的贵宾卧室
托马斯·奇彭代尔设计
1769 年

图 4-37　英国克莱顿庄园的中国房间
卢克·莱特福特设计
1757—1769 年

特福特（Luke Lightfoot），虽然只是一名木雕工艺师，但他具有天马行空般的想象力。

18世纪的风景式园林也是起源于英国并传遍欧洲的。欧洲传统的园林是规则式园林，地势平整开阔，有对称的中轴线，景点布置讲究整齐划一，树木的栽种与造型、水体的处置都有严谨的规则，以几何图形呈现出来，故也称"几何式园林"，法国凡尔赛宫的园林是其杰出的代表。但英国率先在园林设计上追求一种无序之美，山体、水体、草地、树木都呈现优美的自然状态，即通过人为的设计达到"风景如画"的效果，这在设计理念上的确是一个重大突破。它所强调的不规则自然布局，围绕山水来做文章等，"虽然人作，宛如天开"，正是中国园林设计的处理原则。关于英式风景园林的问题，学术界颇有争议。简言之，英国学者更强调自己的独立创造，更多地从自身的文化传统上去寻找源头，认为在理念上受到过中国影响，但这种影响是有限的；而法国学者则认为它就是在中国的直接影响下产生的，并称之为"英中式园林"。尽管众说纷纭，但英国风景式园林受到的中国影响是不能否定的。它在美学上追求自然的无序之美，在形式上追求不规则布局，与中国园林美学有相通之处，其格局比

苏州私家园林要大，更接近圆明园、承德避暑山庄等中国皇家园林。18世纪的英中式园林，大多点缀小巧的中国式亭塔、假山、拱桥、流水等，在英国各郡的乡野遍地开花，可惜没有一个园林遗址能以原样完整地保留下来。今天，我们只能从当年的绘画作品（图4-38）中一睹它们的风貌。英国的坎伯兰公爵甚至在伦敦附近的弗吉尼亚湖上造了一条中国式游船（图4-39），设有中国亭阁式船舱，船身上还画着巨大的龙，客人们登上游船，便能想象自己行驶在东方的风景中。

英式风景园林对欧洲的造园艺术产生了极为深刻的影响。在建筑领域，除了花园中的中国风小建筑外，钱伯斯的邱园宝塔以及从中反映出来的实证态度，也是从英国向其他地方扩散的。邱园宝塔和钱伯斯有关中国设计的著作，对18世纪后期的中国风设计产生过一定的影响。

第四节　其他国家的中国风设计

17—18世纪，中国风设计涉及的国家还有不少。荷兰是17世纪的"海上马车夫"、中国风设计的创始者，对欧洲其他国家的影响很大；意大利虽然古典主义气氛浓厚，但中国风设计一点也不比其他地方逊色；中国风设计还在瑞典、丹麦、奥地利、波兰甚至俄国有所表现。

图4-38　英国式园林
水彩画，描绘了英国沃里克郡的一个园林景色
1759年

图4-39　坎伯兰公爵的中国式游船
水彩画
1753年

有一个奇特的现象是，从16世纪起就大量输入中国物品，并在中国有唯一贸易据点——澳门的葡萄牙，以及16世纪的海上霸主、以菲律宾为据点与中国展开贸易的西班牙，都没有在本国发展出有影响的中国风设计（葡萄牙在16世纪晚期生产过仿中国青花的蓝白锡釉陶）。事实上，这两个国家并没有经历真正意义上的中国热，好像只在其中起到了中介的作用。个中原因，可能与这两个国家与中国接触过早，以及输入的中国物品过于丰富有关吧。在中国风鼎盛的17世纪后期至18世纪中期，西班牙宫廷的时尚影响力也已经衰落了。

一、荷兰的中国风设计

荷兰是欧洲各国中最早发育出资本主义生产关系的，其社会结构与英国有点类似，更注重经济利益而非与他国的文化互鉴。从17世纪初起，荷兰就首先成立了东印度公司，开始介入东方贸易，成为继西班牙之后的海上霸主。如果说西班牙是在中国、欧洲和南美洲之间的三角贸易中获利，那么荷兰则专注于与亚洲各国以及亚洲与欧洲之间的贸易。首都阿姆斯特丹是繁荣的港口，也是受欧洲各国宫廷瞩目的焦点。大量来自中国和日本的瓷器、漆器和其他艺术品在这里卸货、拍卖，最终流向各国的宫廷与贵族府邸。17世纪中期，荷兰在釉陶和家具领域首先出现了中国风设计。

代尔夫特陶是欧洲最早从模仿向中国风设计转变的。1650年左右，陶工们在陶砖、陶壶和陶盘上描绘一些可爱的小人，穿着东方服装，姿势滑稽（图4-40），但却是欧洲人创造中国人形象的开始。随着代尔夫特陶的成熟，陶工们不再严格地遵循东方样式，而是试图借用中国与日本瓷器中的装饰元素，创造更适合欧洲市场的风格。东方风格开始偏离它的原型，趋向夸张和变形。各种元素的混合应用、欧洲与东方造型的组合，使得代尔夫特陶风靡欧洲，与进口的东方

瓷器争夺市场。

代尔夫特制陶业的繁荣有两个原因：一是优越的地理位置，运河穿城而过，是当时重要的贸易商道；二是发达的手工业，该地本身就有制陶业的基础。代尔夫特最初生产的是仿明代青花瓷的蓝白釉陶，需要高温烧制，陶工们掌握了高超的烧制技术，可以得到不同层次的蓝色。在装饰纹样上，代尔夫特陶模仿中国的花鸟、山水和人物等题材，其中的女性形象因苗条羸弱而有"苗条的伊丽莎白"之称，还有所谓克什米尔（cashmere）主题，指的是程式化的莲花纹样，都是中国纹样在代尔夫特釉陶上的变体；而装饰精美的釉面砖和郁金香花插（图4-41），则是代尔夫特独特的产品。17世纪后期，饮茶风俗传入荷兰，代尔夫特的釉工们又开始生产仿中国紫砂壶形式的茶壶，其中陶工阿瑞·德·米尔德（Ary de Milde）还赢得了"茶壶先生"的称号。在代尔夫特的影响下，欧洲各地也开始烧制蓝白两色的釉陶，茶壶制作更传播到了热爱饮茶的英国，在英国发扬光大。

图4-40 釉面陶砖上的中国人物
荷兰代尔夫特制
1650年

图4-41 一对塔形郁金香花插
荷兰代尔夫特制
1710—1720年

当中国或日本外销瓷器转变为彩瓷后,代尔夫特又开始尝试彩瓷生产,但并非所有色料都经得住高温的窑火。为此,代尔夫特的陶工们做了各种尝试,终于烧成了仿日本伊万里瓷的产品,即在蓝白色外加上金色与红彩;到18世纪,代尔夫特又在仿制中国五彩和粉彩瓷上取得了一定成就。总之,窑厂林立的代尔夫特是最早仿制中国瓷器的,也是最早尝试中国风设计的。直至今天,代尔夫特依然以精美的青花瓷享誉世界。

荷兰也是最早仿制中国漆器的国家,大约在17世纪初就出现了漆艺公会。威廉·吉克是当时著名的漆艺家,曾应要求仿制了一只中国样式的漆柜,与进口的另一只漆柜一起作为礼物赠送给奥斯曼帝国的苏丹。瓦伦丁·西塞纽斯（Valentin Sezenius）在1626年就刻印出版了中国风图案集,风格独特,产生了较为广泛的影响。荷兰的中国风漆家具以17世纪后期的最为出色,此一时期的家具以豪华而沉重的橱柜为代表,打开双门有很多小抽屉,内外画满中国风纹样,配上铰链、门锁等光亮的铜制件,还有柜顶上的山花和柜子下的底座,这种形式影响到欧洲很多国家。18世纪,荷兰家具的光彩被法国、德国、英国等其他欧洲国家的产品所掩盖,但荷兰橱柜活泼的装饰风格,一直延续到18世纪末。

除漆家具外,17世纪后期至18世纪前期遍布欧洲各地的中国房间——漆屋,也是从荷兰开始流行的。1690年吕伐登王室宫殿中的漆屋可能是欧洲现存最早的,现保存于荷兰国立博物馆。前述丹麦罗森堡宫,是用中国风漆绘饰板装饰墙面的早期案例,然而这个宫殿的外观是荷兰样式的,设计制作漆室和家具的工匠也来自荷兰,在17世纪晚期至18世纪初为丹麦王室服务。此外,风靡欧洲的瓷宫,其最早的源头也可以追溯到荷兰。

因此,荷兰的中国风设计主要体现在代尔夫特釉陶、漆家具设计和室内装饰上。作为大量输入东方外销艺术品并最早开始仿制中国设计的国家,荷兰所起的作用在于为17—18世纪的中国风设计提供了最早的样式。可以毫不夸张地说,17世纪欧洲各国的中国风釉陶产品,都直接或间接地以代尔夫特陶为样本。比起后来在法国、德国和英国等地出现的中国风设计,荷兰的设计,无论是釉陶还是漆绘图案,都是最接近中国外销艺术品的了。

二、意大利的中国风设计

17—18世纪的意大利邦国林立,属于松散的联合体,直到1861年才由萨伏伊家族实现统一,这一点与德国相似。但与德国不同的是,意大利古代城市发达,古罗马遗址遍布各地,是欧洲文艺复兴的发源地,古典主义的氛围比较浓厚。在东方航线开辟前,意大利因处于东西方交通要道,是最早感受到中国影响的。元代时游历中国的马可·波罗、鄂多立克是意大利人,16世纪第一个深入中国内陆地区的西方传教士——利玛窦也是意大利人。

1580年,远在荷兰代尔夫特仿制青花瓷以前,意大利佛罗伦萨就在弗朗切斯科一世大公的支持下设厂生产美第奇瓷器了。这种器物有点像中国瓷器,也含有一些瓷土成分,但器身粗糙,必须先涂上一层白色的半透明珐琅质,然后用蓝彩绘上中国、意大利与中东的传统花纹。美第奇瓷的产量极少,在17世纪初就停止生产,但这是欧洲最早的一批中国瓷器仿制品。与17—18世纪的中国风设计不同,它没有受到中国外销瓷的直接影响,而是通过中亚、西亚的中转,感受来自中国的间接影响。

18世纪,意大利各地涌现出了许多陶瓷工厂,分布在威尼斯、法恩扎、洛迪、都灵、米兰等地,其中米兰的克莱里奇窑厂也制作过中国风瓷塑人物(图4-42)。但意大利最有名的窑厂,是那不勒斯的卡波迪蒙特皇家瓷厂。该厂由波旁王朝的卡洛斯三世(当时是那不勒斯和西西里国王)创办于

图4-42 中国男孩瓷塑
意大利米兰克莱里奇窑厂制
1760年

图4-43 中国风家具
意大利威尼斯制
18世纪中期

图4-44 中国风边桌
意大利那不勒斯制
18世纪晚期
意大利卡波迪蒙特博物馆藏

1743年,产品从茶具、花瓶、雕像、手杖柄头至鼻烟壶不一而足,其中有不少产品属于流行的中国风设计。1759年,卡洛斯三世继承西班牙王位,迁居马德里,也将该厂搬迁到马德里。而那不勒斯的王位继承者斐迪南四世又于1771年在当地创办了新的窑厂——斐迪南皇家工厂,不过其产品已转向了新古典主义风格。

从文献资料看,17世纪初意大利就开始仿制中国进口的漆家具,但没有任何实物留存至今。18世纪中期,威尼斯家具中的中国风设计独具魅力。与其他国家相比,威尼斯家具的制作质量一般,其魅力在于可爱而大胆的色彩、丰富的装饰、浓郁的异国情调以及颇有特征的造型,如抽屉柜和带蜗形腿的桌子(图4-43)。卡波迪蒙特博物馆也收藏有那不勒斯工匠在18世纪晚期制作的中国风家具,如一张大理石台面的边桌(图4-44),桌子下方X交叉架的中心坐着一个东方人物,表现出鲜明的洛可可设计特色。

18世纪最华丽的中国风室内装饰出现在意大利。萨伏伊家族统治下的皮埃蒙特成为中国风设计的中心。都灵王宫建于17世纪,此后直到1865年都是萨伏伊王室的住所。该宫殿是奢华的巴洛克风格,各个房间按照萨伏伊王室贵族的爱好进行了装饰,配置家具以及钟表、瓷器、银器等。其中国王寓所内有一个漆绘的中国房间(图4-45):墙面以光亮的

漆板装饰，黑色为底，绘以蓝色、红色和金色的花鸟与中国景物，四周镶以洛可可式涡卷边饰，安装在朱红色的墙面上，外观十分华丽。此类漆绘房间显示出法国装饰艺术的影响，一直流行到18世纪70年代。此外，都灵的王后庄园内也设计了4个中国房间，其中有3个被保留下来。

　　18世纪的意大利，还有若干个绝美的中国风室内设计案例。第一个是威尼斯地区维琴察的瓦尔马拉纳别墅，有保存至今的中国风壁画装饰，创作于1757年，绘者为詹多梅尼科·提埃波罗（Giandomenico Tiepolo，即小提埃波罗），其父亲是意大利著名画家詹巴蒂斯塔·提埃波罗（Giambattista Tiepolo）。壁画的主题是希腊神话，寓意为光明战胜黑暗、正义战胜邪恶。中国房间是别墅的侧厅，壁画表现了当时威尼斯人想象的中国场景。提埃波罗父子并未到过中国，墙上那些人物、花鸟、场景充满了丰富的想象，天马行空却不失大师水准，主要描绘了散步的"满大人"（图4-46）、祭祀月神（一位女子向月神雕像献上一篮橘子，神职人员手持香

图4-45　意大利都灵王宫的漆绘中国房间
1735年

图4-46　意大利瓦尔马拉纳别墅的中国风壁画
1757年

图4-47 意大利戈沃内城堡的中国房间
18世纪

图4-48 意大利波蒂奇宫中的瓷宫
约1757—1759年
保存于意大利卡波迪蒙特博物馆

炉站在一旁）、丝绸商人等。与其说壁画表现的是遥远的中国，不如说是威尼斯生活场景的再现。第二个是都灵附近戈沃内城堡的中国房间，采用了两种中国壁纸，一种是常见的花树主题，另一种描绘了丝绸生产过程，源自明清时期流行的《蚕织图》（图4-47）。位于杭州的中国丝绸博物馆复制了这个房间。

与其他国家不同，意大利的瓷宫是在墙上贴满瓷砖并用瓷塑构成丰富的中国风装饰。这种设计风格是由南方的那不勒斯王国创造的。那不勒斯国王卡洛斯三世和王后在波蒂奇宫中的瓷宫（图4-48）可列入18世纪欧洲最有创意的中国风设计行列：由卡波迪蒙特皇家瓷厂生产的3000多块白色瓷砖固定在墙面的木质托板上，再饰以彩色的垂花浮雕、缎带、乐器和一组组的中国人物场景，千姿百态，高大的灰色玻璃镜面映照出浮雕人物那鲜艳的色彩。天顶画上有奇异的鸟类和落在洛可可涡卷上的蝴蝶，一只猴子蹲伏在凤梨树丛中，手上抓着挂下来的大型枝形吊灯。这一切让人眼花缭乱，好像进入了一个不真实的幻境。瓷宫的装饰代表了卡波迪蒙特皇家瓷厂最高的艺术水平，装饰时间约在1757—1759年。

值得一提的是，波蒂奇宫中的瓷宫装饰完成后，卡洛斯

图 4-49　西班牙阿兰胡埃斯夏宫的瓷宫
1761—1765 年

三世获得了西班牙王位。他让意大利的艺术家在西班牙马德里郊外的阿兰胡埃斯夏宫为他再造了一个梦幻般的瓷宫。因此，西班牙这个辉煌的中国风设计，是由意大利艺术家创造的。这个瓷宫的艺术水平相当高，特别是其中的中国人物造型（图 4-49），与前述维琴察的瓦尔马拉纳别墅中的壁画风格类似，因此有西方学者推测，很可能是小提埃波罗随父亲在马德里工作期间设计创作的。

18 世纪末，中国风在西欧的流行已接近尾声，但在意大利南部的西西里，却还在上演着精彩的节目。斐迪南四世

图4-50　意大利巴勒莫的中国宫外观
1799年

图4-51　意大利巴勒莫的中国宫壁画
1799年

是卡洛斯三世之子，18世纪末为法国拿破仑军队所逼，从那不勒斯逃往西西里西北部的巴勒莫。他在该地建造了法沃里达别墅，即"中国宫"（图4-50）。法沃里达别墅的设计者是新古典主义建筑师朱塞佩·帕特里克拉（Giuseppe Patricola）。这座建筑将中国风与欧洲古典主义风格做了绝妙组合，整体是新古典主义风格、稳重的四层方形结构，但顶着一个方形的中国宝塔式屋顶。前面是一个半圆形的门厅，三楼还有两个大的露台。别墅的内部空间装饰更加华丽，其中设有中国房间，饰有以清代官员为主题的壁画（图4-51），四周加上棂格纹样的边饰。壁画的风格，包括构图、色彩和人物造型让人联想到庞贝壁画，只是将罗马人和罗马神庙变成了清代官员和宝塔。

因此，与一般人认为的在古罗马废墟上没有中国风生长的环境相反，意大利不但出现过中国热，而且最华丽、最灿烂的中国风室内设计是出现在意大利的（包括西班牙的那个瓷宫）。大胆的用色、丰富的装饰显示了意大利设计富有创意甚至幻想的一面，而人物的造型却有着意大利古典主义传统的特点，让人感到这些穿着丝绸长袍的中国人正从庞贝古城中走来，迈步在意大利明媚的阳光下。

三、奥地利与东欧的中国风设计

1. 奥地利的中国风设计

哈布斯堡王朝统治过神圣罗马帝国，维也纳是神圣罗马帝国的首都。通过王室间的联姻，哈布斯堡家族的势力遍布欧洲，匈牙利、波希米亚、西班牙都曾在其统治之下。今天维也纳艺术史博物馆和奥地利工艺博物馆展陈的大量杰出的绘画、雕刻和精美的工艺美术品，很多属于当年王公贵族的收藏，其中也包括来自中国、日本和印度的东方艺术品。

奥地利的中国风设计，首先体现在杜帕基耶瓷器上。生产杜帕基耶瓷器的维也纳瓷厂创建于1718年，是由神圣罗马帝国皇帝查理六世的大臣杜帕基耶创办的。德国萨克森公国的迈森瓷厂烧制白瓷成功后，"强力王"奥古斯特二世命手下严守秘密，以确保迈森瓷器的垄断地位。但是，杜帕基耶想方设法吸引迈森瓷厂的技术人员前来，终于破解了瓷器的秘密，使维也纳瓷厂成为欧洲第二家能生产白瓷的瓷厂。像迈森瓷器一样，杜帕基耶瓷器也采用了大量中国风装饰，以粉彩为主，显示其受到中国、日本和迈森瓷器的影响。奥地利工艺博物馆保存了一个瓷宫，室内摆放了1450件杜帕基耶的维也纳瓷厂出产的中国风瓷器，成为展示维也纳中国风设计的最佳空间。1744年维也纳瓷厂的特许经营权到期，改为哈布斯堡家族所有的维也纳皇家瓷器厂，产品逐渐转向欧洲本土装饰纹样。

查理六世的女儿玛丽亚·特蕾莎是18世纪欧洲著名的君主，在她的统治时期，哈布斯堡家族在欧洲事务中发挥了重要的作用。特蕾莎女王也是中国风的爱好者，在她的居所——美泉宫有好几个中国房间，其中一个精美的漆室（图4-52），是皇帝弗朗茨一世曾经的书房，至今仍存。装饰墙面的漆板是从中国进口的漆绘屏风上拆下来的，装饰着山水楼阁式风景，可谓美轮美奂。除美泉宫外，特蕾莎女王也在其他庄园设置了中国房间。如尼尔德威顿城堡的猎趣庄园，

图 4-52 奥地利美泉宫的漆室
1770 年

图 4-53 波兰维拉诺宫的漆室
彩绘由马丁·施耐尔设计和绘制
1732 年

墙上的壁画为法国洛可可画家毕芒所绘。毕芒周游列国，为王公贵族提供中国风设计，也接受了女王的装饰委托。

2. 东欧的中国风设计

波兰的中国热最早体现在国王扬·索别斯基三世身上，他娶了一位法国贵族女子为妻，她带来了一批中国物品作为嫁妆，也将中国风带到了波兰。萨克森公国的奥古斯特二世，同时也是波兰国王，自然会将他对中国艺术品的爱好延伸到波兰。波兰华沙的维拉诺宫有一个漆绘中国房间，负责设计并绘制的是萨克森宫廷漆匠施耐尔，这也是他仅存于世的漆绘室内作品（图 4-53）。但中国风设计真正在波兰兴起，是在 1764 年国王斯坦尼斯瓦夫二世即位以后。这位国王酷爱中国艺术，不但从法国与荷兰大量进口中国工艺品，还修建了一些中国式的宫殿与园林，其中以瓦金基宫最能体现中国风特色。室内设计也模仿中国风格，壁纸上绘有广州街景。在密斯诺维（Misnovrie）的宫室中有一幅装饰性壁画，也是法国装饰艺术家毕芒在 1765—1767 年的作品，延续了他一贯的艺术风格（图 4-54）。在宫廷的带动下，波兰在瓷器、建筑、园林等领域，都出现了富有异国情调的中国风设计。

东欧的匈牙利、捷克等地，18 世纪曾属于哈布斯堡家族

的势力范围，在维也纳的影响下，当地贵族的城堡府邸也设置了中国室。如捷克首都布拉格的特罗亚城堡，就有三个装饰着中国风景人物壁画的房间（图4-55）。

四、北欧与俄国的中国风设计

北欧的瑞典与丹麦，以及18世纪新崛起的俄罗斯帝国也有属于自己的中国风设计。

1. 北欧的中国风设计

北欧与中国的联系亦不少。18世纪，丹麦和瑞典王国都曾派商船（包括那艘沉没的"哥德堡号"商船）到中国，在对华贸易中据有相当的份额，并对中国文化有一定的兴趣，今天，瑞典的汉学依然闻名欧洲。本书前面已经提到，丹麦首都哥本哈根的罗森堡宫中有一个出色的17世纪晚期的漆绘房间，是丹麦王室的居所。墙面上覆盖着一块块暗绿色的漆绘木板，绘着中国风格的风景、人物和帆船，其中的画面参考了纽霍夫《中国出使记》和基歇尔《中国图说》中的插画。到了18世纪初，丹麦国王腓特烈四世也在他哥本哈根的夏宫——腓特烈城堡营建了一个令人眼花缭乱的中国房间，将想象中的东方景物画、中国瓷器与西方绘画融为一体，其中

图4-54 波兰密斯诺维宫的壁画
让-巴蒂斯特·毕芒绘
1765—1767年

图4-55 捷克特罗亚城堡的中国房间
18世纪中期

图 4-56 瑞典卓宁霍姆宫的中国宫
18 世纪 60 年代

图 4-57 瑞典卓宁霍姆宫的中国宫黄色沙龙
约翰·帕什设计
18 世纪 60 年代

门上的装饰则参照了丹尼尔·马罗的中国风版画。

不过,北欧最杰出的中国风设计是瑞典卓宁霍姆宫的中国宫(图4-56),其建筑风格和室内装饰,堪称"中国梦幻"在北欧大地上的实景再现。中国宫位于瑞典王后岛上,主体建筑是一个结构对称的两层楼,前带一个半圆形殿,平面呈横放的弓字形,中间为主厅,左右为侧厅,用回廊相连。每层分前殿与后殿,各有五至六个房间。红灰两色的外墙装饰着龙与中国风浮雕,起伏的铜制屋檐下挂着铃铛。建筑外观呈现出与普鲁士王室的波茨坦中国茶室类似的异国情调,而内部包括大厅、客厅、沙龙、起居室、走廊,到处都表现出优美的中国风设计。其中的"黄色沙龙"(图4-57)与"蓝色沙龙"(图4-58)是设计师约翰·帕什(Johan Pasch)的作品。以黄色沙龙为例,室内以黄色为主色调,墙上镶嵌着从中国漆屏风上拆下来的豪华漆板,门的上方装饰着中国主题的壁画,四角立着中国瓷瓶。壁画上,中国人或在享受天伦之乐,或在悠闲地钓鱼、散步、插花,或在弹奏奇异的东方乐器。

从瑞典王室的中国宫来看,北欧的中国风设计体现出一种欧洲各国的综合影响。中国宫的主人——瑞典王后乌尔利卡是普鲁士国王腓特烈大帝的妹妹,而中国宫的建筑与结构

图 4-58 瑞典卓宁霍姆宫的中国宫蓝色沙龙
约翰·帕什设计
18 世纪 60 年代

与普鲁士王室的波茨坦中国茶室有不少相似之处。但除此之外，还可以见到法国与英国的影响：壁画的题材来源于法国画家布歇和毕芒的中国风作品，人物造型有着法国式的优雅与精致，同时又受到英国建筑师钱伯斯出版的《中国建筑、家具、服装、机械和器具的设计》的影响。奇妙的是，北欧的设计师取法、英、德三国中国风设计的特点，在北欧的冰天雪地里营造了这个温暖的中国宫。乌尔利卡王后还在中国宫附近建了一个"中国村"，准备种桑养蚕，终因北欧严寒的气候而失败。中国村至今遗迹尚存，虽然种桑养蚕的实验没有成功，但瑞典还是发展了一定规模的丝绸生产。

2. 俄国的中国风设计

俄国是欧洲大家族中的另类。这是一个18世纪开始崛起的君主专制国家，其国旗上的双头鹰徽章，一头朝向西方、一头朝向东方，体现了其横跨欧亚大陆的帝国性质。俄国庞大的国土与中国接壤，因此中国对其缺乏神秘感，有关中国的知识也不必依赖传教士的介绍。但彼得大帝采取了大规模欧洲化运动，将俄国重新定位为一个欧洲大国，并将首都从莫斯科迁到芬兰湾一个全新的城市，即按欧洲巴洛克风格兴建的圣彼得堡。从那时起，欧洲文化大量输入，使俄国带上了更多的欧洲色彩。彼得大帝之后统治俄国的叶卡捷琳娜大帝具有德国血统，像德国宫廷一样，她治下的俄国宫廷对法国文化情有独钟，从室内装饰到时装品位都以凡尔赛宫为参照。因此，俄国是把中国风作为欧洲风格来接纳的。

俄国的中国风设计可以分为两个阶段，即彼得大帝统治时期与叶卡捷琳娜大帝统治时期。彼得大帝统治时期最重要的中国风设计是隶属于彼得皇宫的蒙普莱西尔宫，该建筑位于圣彼得堡附近，兴建于1714—1723年，是彼得大帝最喜爱的避暑夏宫。其中一间由漆绘和瓷器进行装饰的漆室，墙上的漆画在黑色底漆上绘红色与金色的中国建筑与人物，壁架上放置从中国与日本进口的瓷器。这个房间在二战时被毁，

图 4-59 俄国奥拉宁鲍姆的中国宫内部
18 世纪 60 年代

如今已得到修复。

叶卡捷琳娜大帝统治时期最华美的中国风设计位于芬兰湾的奥拉宁鲍姆夏宫。18 世纪 60 年代,叶卡捷琳娜大帝在此地营造了一个"中国宫",建筑师是意大利人安东尼奥·里纳尔迪(Antonio Rinaldi),园林设计师则是一位英国人。在叶卡捷琳娜大帝统治的 34 年间(1762—1796),她每年有一到两次到这个坐落在森林与湖泊之间的离宫小住。中国宫在外观设计上纯粹为欧洲风格,但其室内设计却有着优美的洛可可中国风特点(图 4-59)。其中最豪华的是"玻璃珠房间",在设计上很有特色。它的三面墙上都装饰着毕芒风格的墙饰:在厚实的丝绸上绣出精致的树和硕大的花朵,长尾鸟和蝴蝶在其中飞舞与栖息，背衬200万颗玻璃珠，发出蓝色、紫色和粉色的柔和光芒。刺绣是法国式的，但玻璃珠的底衬则体现出俄国女皇的豪华。此外地毯上的图案、壁炉上的灰泥雕刻，都体现出精美的洛可可风格。

　　彼得宫也在叶卡捷琳娜大帝统治时期进行了重修，增添了一系列中国房间，大多建于18世纪后期。其中一间以中国屏风上拆下来的漆绘板装饰墙面，还有一间贴着中国丝绸手绘壁纸。女皇甚至还在圣彼得堡郊外兴建了一个"中国村"，包括宝塔、庙宇和18座中国式建筑，试图营建一个沉浸式的异国情调所在。

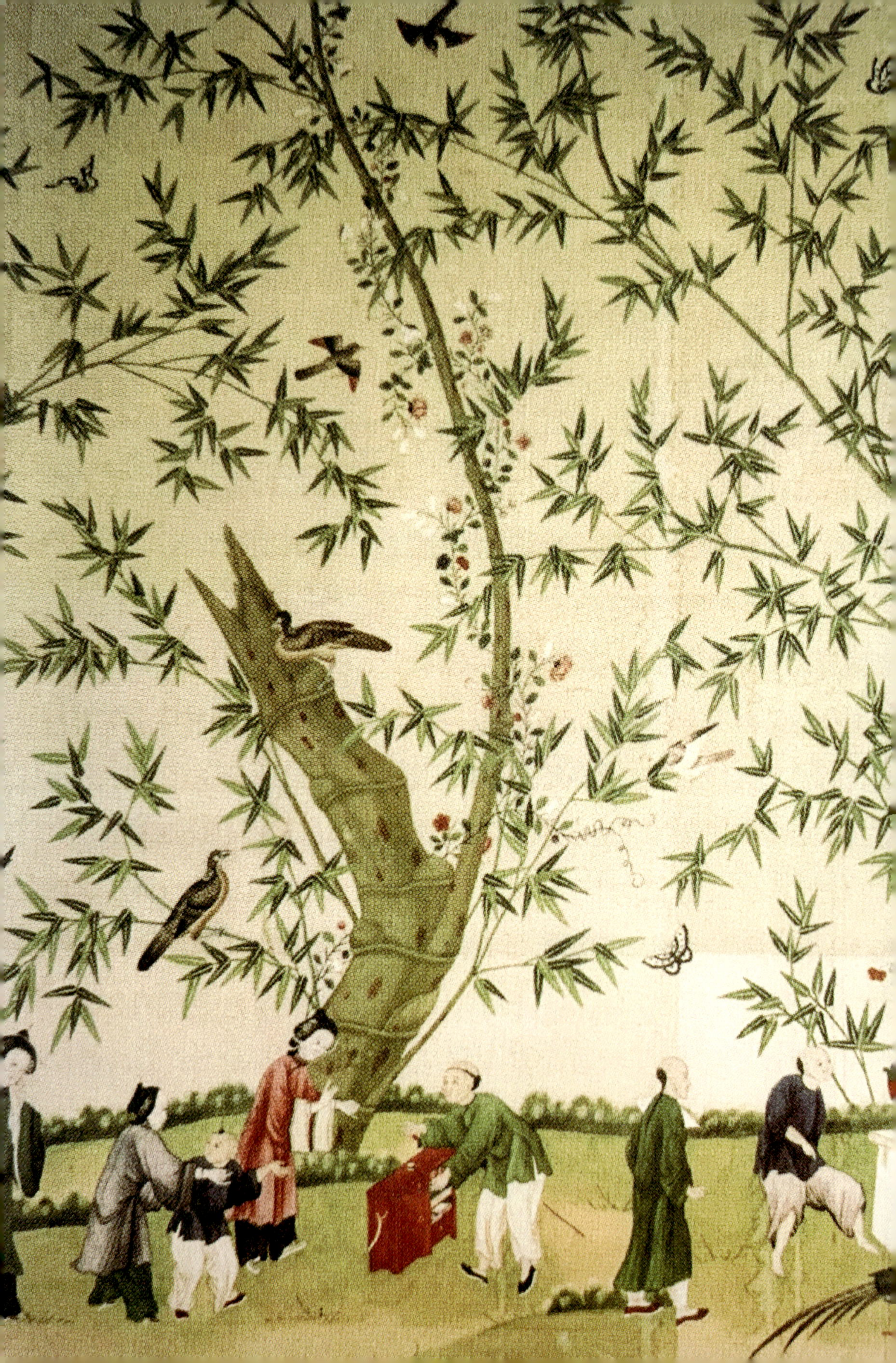

第五章
风格永续——中国风设计的衰退与复兴

中国风设计自17世纪初露出端倪，到18世纪中期达到高潮，其中盛行期约为百年，波及大部分欧洲国家和大洋彼岸的美国。在西方设计史上，从来没有一种装饰风格能像中国风这样持续时间长、流行范围广了。

然而这样一种装饰艺术风格，却在进入19世纪以后逐渐衰退了。有人开始抨击中国风设计，仿佛它在西方的流行是一个错误，为什么？综观18世纪以来人们对中国风设计的评价，发现它具有历时的、变化的性质，这主要取决于以下三个方面：一是西方自身艺术风尚的变化；二是中国形象的变化；三是对中国艺术认识的变化。尤其是西方视野中的中国形象，几百年来争论没有消停过。今天，随着中国作为一个世界大国的崛起，中国形象的塑造已经成为一个关乎政治、经济、文化的重大课题。因此，厘清中国风设计与中国形象的关系及其变迁，具有现实意义。

第一节　中国风设计的衰退及原因

当中国热与中国风设计盛行时，人们大多盲目地卷入其中，即使社会上有不同的声音，一般也不会引起注意。但是当整个社会的审美观与艺术品位开始转向时，对中国风设计的责难和批评之声也就越来越多，并进一步导致了中国风的衰退。如果说17—18世纪是一个中国在遥远的东方闪闪发光的时代，那么进入19世纪后，中国的光芒暗淡了。这是一个让中国与中国风设计一起跌落黑暗的世纪，作为东方艺术的代表站在历史舞台上受到瞩目的，换成了以浮世绘为代表的日本艺术。

一、中国风设计的衰退

18世纪70年代以后，人们对中国风与东方艺术的热情渐渐消退，虽然在某些领域还有一部分中国风作品问世，但时尚的趣味已经明显转向。中国风设计是与洛可可艺术紧密联系在一起的，伴随着欧洲各国资产阶级力量的增长，宫廷贵族奢侈逸乐的生活方式已无法继续，与这种生活方式互为表里的洛可可艺术走向没落，中国风设计的黄金时代也结束了。

路易十六时期，奢华的中国舞会和茶会不再举行，因为既消耗时间、金钱又没有多大益处。凡尔赛宫那衣冠辉煌的仪式让人厌倦，人们更愿意追求私人生活的乐趣。室内装饰与家具仍然豪华，也常采用东方漆板，但在装饰风格上是节制的，直线代替了曲线，对称代替了不规则，色彩也变得较为纯净，并越来越多地出现了带有古典主义味道的花叶饰、十字交叉饰、缠枝饰、阿拉伯花饰等装饰元素。欧洲各地的瓷厂，如德国迈森瓷厂、法国塞夫勒瓷厂的产品中，中国风设计的比例大幅度降低，并最终慢慢消失；源自英国的风景式园林虽然继续向欧洲各国蔓延，但人们不再兴建点缀风景的中国风小建筑。这些玲珑可爱的宝塔与凉亭曾经遍布各地，

图5-1 英国中式钓鱼台
水彩画
1825年

图5-2 英国奥尔顿塔
1824年

此时却因少人照料而渐渐荒芜。种种迹象表明，风靡一时的中国风设计正在退出流行，特别在法国，这一趋势十分明显。

19世纪初，英国的摄政王（后来的乔治四世）将他个人对东方艺术的热情，物化为皇家布赖顿宫那辉煌的中国风景观。工程完工以后，人们为其豪华所震惊，除了赞叹他的想象力外，对这个建筑的攻击与冷嘲热讽也如潮水般涌来。这个奢华的、犹如仙境般的宫殿，不曾在艺术领域掀起任何波澜，也几乎没有后继者。它的出现，在批评中国艺术的人看来，简直就是一个时代的错误。乔治四世最后一个中国风作品是弗吉尼亚湖边的中式钓鱼台（图5-1），建于1825年，毁于19世纪末。差不多同时，还有两个较为著名的中国风建筑，一个是建于圣詹姆斯公园的中国桥以及桥上的中国宝塔，遗憾的是，它们在落成后的第一次庆典活动中就不慎被焚毁，烧得面目全非的残骸留在现场一年多，成为中国风衰落的一个悲伤的象征；另一个是建于什罗普郡的奥尔顿塔，立于一片水面的中央，其实是一个会喷出水柱的喷泉，设计巧妙，至今尚存（图5-2）。

维多利亚女王登基以后，英国王室马上远离了中国风设计。女王本人不喜爱布赖顿宫，1846年，议会决定出售布赖

185

顿宫，以支付修缮白金汉宫的款项。创刊于1841年的《笨拙》（*Punch*）杂志，以"废物出售"为题，推测谁是它的新主人。布赖顿宫的宝藏被搬运一空，大量的钟表、瓷器、家具和装饰艺术品被运往温莎城堡和白金汉宫。1850年，已成空壳的建筑以5万英镑的价格转让给布赖顿地方议会。第二年，女王的丈夫——艾尔伯特亲王主持了在伦敦海德公园召开的第一届万国工业博览会，以彰显英国工业革命的伟大成就。展馆采用了铸铁和玻璃材料的结构，在阳光下如水晶般闪闪发亮，因此该博览会也称"水晶宫博览会"（图5-3）。水晶宫博览会的召开是英国19世纪设计改革运动的契机，也是现代设计发展的起点。尽管各种风格在展会上争奇斗艳，却几乎没有中国风设计。

图5-3 英国水晶宫博览会油画
1851年

二、中国风衰退的原因

从艺术发展的规律来说，历史上任何一种艺术风格都有其发生、盛行与衰落的过程，中国风设计也不例外。18世纪60年代，尚处于鼎盛时期的中国风已露出衰落的端倪，70年代以后逐渐明显，但给予其最后一击的还是1789年的法国大革命。同时，18世纪中期以后西方视野里中国形象的改变，以及新古典主义风格的兴起，也是中国风设计衰落的重要原因。

1. 被打碎的旧世界

1789年，法国爆发大革命，资产阶级打出"自由、平等、博爱"的口号，以摧枯拉朽之势荡涤了旧世界遗留的一切。几乎一夜之间，豪华奢侈的生活方式与繁缛的装饰风格成为历史陈迹。1792年，法国波旁王朝被推翻。第二年，路易十六与他那引领时尚潮流的王后玛丽·安托瓦内特分别走上了断头台。昔日辉煌的凡尔赛宫与豪华的贵族府邸内，那些髹漆镀金的家具与流光溢彩的瓷器几乎被搬一空。王后在出逃前夜，曾将大量奢侈品委托他人代为保管，以为自己还有重返宫廷的一天，却没想到，这一走就与她珍爱的一切永远告别了。

1795年，在一场盛大的民众大会上，作为抽奖头彩奖品的，是一个豪华的抽屉柜。它的原主人是王室贵胄阿图瓦伯爵，后被新政府没收。"这是一个装饰着塞夫勒鲜花和阿拉伯图案瓷片的抽屉柜，配有镀铜的女像柱和其他装饰物，白色大理石柜面。"[①] 从记载看，应该是一件路易十六风格的豪华家具。昔日贵族城堡中代表富贵与精致生活的家具，竟然在民众大会上成为奖品，令人唏嘘不已。这已不仅仅是一件件家具的流转迁徙，社会历史的发展、个人命运的沉浮与豪华物品的聚散，在18世纪晚期的法国，竟如此奇特地交织在一起。而在同时期的英国，工业革命如火如荼，机器生产日新月异，正在日益深刻地改变着世界的面貌与人们的生活方式。在大洋彼岸的美国，独立战争也已获得成功。一个王公贵族的旧世界被打碎了，资产阶级的新世界不能容忍贵族趣味的洛可可装饰艺术，自然也就没有中国风设计的发展空间。

2. 中国形象的转变

中国风的衰落，与西方视野里中国形象的改变也是分不开的。马可·波罗以来，中国就以繁花似锦的美好形象被西方人所熟悉，直到18世纪中期以前，无论是来到中国的传教士、商人还是使团成员，都对他们眼中的中国大加赞美。英国海军军官乔治·安森爵士（Lord George Anson），被西方人认为是"揭示中华帝国真相"的第一人。安森的舰队到过中国，在广东卷入了一系列小规模的冲突，产生颇多不快。1742年，他与随军牧师理查德·沃尔特（Richard Walter）在伦敦出版了《环球航行记》（*A Voyage Round the World*），对中国人与中国政府有不少诋毁之语。这本书对欧洲知识界

[①] Whitehead, J. *The French Interior in the Eighteenth Century.* Singapore City: Laurence King Publishing, 1992: 181.

图 5-4 英国沙格伯勒庄园的中国夏屋
水彩画
1780 年

的震动极大，有些知名人士以《环球航行记》为武器，努力证明中国是一个专制落后的国家，以此反击那些以中国为榜样、提倡开明君主制的论敌。尽管如此，这些论战对普通人尚无影响，人们依然狂热地追随着中国风，包括安森也在自己的花园中建了一个漂亮的中国风建筑，即斯塔福德郡沙格伯勒庄园的中国夏屋（图5-4），室内也是洛可可中国风，并一直保存至今。因为安森到过中国，这个建筑还被认为比英国人的模仿之作高明一些。

但到18世纪60年代以后，中国的光芒变得越来越暗淡了。过去对中国大唱赞歌的传教士与旅行者们，开始传出越来越多的负面消息。"礼仪之争"的激化也许是一个重要原因，清政府对来到中国的欧洲人有了越来越重的戒心，而欧洲人也逐渐改变了对中国恭敬赞美的态度。连一向宣扬中国文化、几乎是法国中国热里一面旗帜的伏尔泰都说："人们因教士及哲学家的宣扬，只看到中国美妙的一面，若人仔细查明了真相，就会大打折扣了。著名的安森爵士首先指出我们过分将中国美化，孟德斯鸠甚至在教士的著作中发现中国政府野蛮的恶习，那些如此被赞美过的事，现在看来是如此不值得，人们应该结束对这民族智慧及贤明的过分偏见。"①

其实，中国形象的转变与欧洲社会发展的进程是分不开的。利玛窦以后，到中国传教的耶稣会士并非刻意美化中国，

① 转引自：忻剑飞. 世界的中国观. 北京：学林出版社, 1991: 201.

图5-5 中国风景
水彩画
威廉·亚历山大绘
1805年
英国大英图书馆藏

因为处于康熙盛世的中国，无论在经济上、军事上、文化艺术上都处于蓬勃向上的时期，与同时代的欧洲各国相比并不落后，相反在很多方面要超越欧洲。但到了18世纪晚期，双方的境况都发生了深刻的变化。英国是资本主义工业化发展较早的国家，君主立宪与议会制度确立最早，一直对中国的政体有诸多批评；法国在18世纪经历了种种徘徊和磨难后，终于明确了资本主义发展的方向，大革命的爆发就是历史做出的选择；德国四分五裂的弱势地位正在改变，普鲁士德国正在崛起，并孕育出18—19世纪以康德、歌德、席勒为代表的文化繁荣与文化自信。

相比之下，处于封建社会末期的中华帝国，却在乾隆晚期后迅速走下坡。1793年，英国派出马戛尔尼爵士率领的代表团访华。在后来的报告中，马戛尔尼将中国形容成一艘必将在岩石上撞得粉碎的旧轮。[1]随团画家亚历山大一路上以中国景物为题材，画了大量速写与水彩画，以丝毫不加虚饰的真实笔法描绘了他所看到的现实中国，虽然当时正是所谓"乾隆盛世"，但人民的贫困随处可见。后来，这些画作被转刻为版画，汇集成各种图册出版，影响很大（图5-5）。[2]昔日的天朝帝国失去了耀眼的光环，在很多西方人眼中变成了腐朽落后的、野蛮专制的、摇摇欲坠的国度，她的文化与艺术也不再有吸引力。流行一时的"中国风格"，此刻也成了"品位低劣的平庸并附加有许多零碎"的异国设计的代名词。[3]

3. 新古典主义的兴起

中国风设计的衰退，还与新古典主义艺术的兴起有直接关系。新古典主义兴起于18世纪晚期，是一种席卷欧洲的艺术思潮，并立刻在设计领域表现出来。希腊神庙与罗马公共建筑庄重的柱式重新唤起了人们对古代传统的兴趣。德国

---

[1] 佩雷菲特.停滞的帝国——两个世界的撞击.王国卿,等译.北京：生活·读书·新知三联书店,1998：532.

[2] Alexander, W. *The Costume of China, Illustrated in Forty-Eight Coloured Engravings*. London: William Miller, 1805.

[3] 布罗斯.发现中国.耿昇,译.济南：山东画报出版社,2002：131.

考古学家约翰·温克尔曼（Johann Winckelmann）出版了《古代艺术史》（*The History of Ancient Art*）一书，大力倡导古典艺术那"高贵的单纯与静穆的壮伟"，在社会上引起了强烈反响。与此同时，意大利的古迹重新引起了人们的热情，特别是被火山灰掩埋的古罗马庞贝与赫库兰尼姆古城的发掘，发现了属于罗马时期的一些室内装饰与壁画，使人们大开眼界。与此相应，在室内设计等领域开始流行所谓"庞贝风格"（Pompeian）① 与"伊特鲁里亚风格"（Etruscan）②。

古典主义被重新奉为楷模，它的对称、简洁、宁静与和谐的品格，被誉为艺术上不可超越的神圣典范。这股思潮与启蒙运动的影响是分不开的，人们实际上是用希腊城邦的民主制来反对君主专制，用古典艺术来反对绮丽奢靡的贵族艺术。与古典艺术相比，人们发现洛可可中国风设计简直就是一个对立的反面典型。的确，重新仰望希腊神庙的眼睛，怎么能够欣赏康熙瓷器那异国情调的美丽呢？

18世纪的艺术批评，往往将审美与民族性、道德感等众多因素结合在一起。值得注意的是，当时的欧洲人对中国的纯艺术，如文人画、书法等并不懂得欣赏，也不能理解中国人为什么会对一些看起来逸笔草草的画作津津乐道，但却热爱以瓷器、丝绸、漆器为代表的中国装饰艺术。而现在，连中国装饰艺术也成了堕落的低劣品位。

对中国风设计的批评始于18世纪50年代，比这种风格的衰落早了约20年。如1755年的《鉴赏家》（*Connoisseur*）杂志中，一位作者这样写道："中国趣味已经占领了我们的花园、我们的建筑物和家具，还将进一步占据我们的教堂。一个中国风格的纪念碑，装饰着龙、铃铛、宝塔与中国人，会传达出怎样的优雅？"③ 这些人皱着眉头，看着点缀在园林中的中国风小建筑和摆放在室内的瓷器和漆家具，认为人们对异国情调的爱好亵渎了他们的传统，而新古典主义的流行，让他们如愿以偿地看到中国风设计退出了装饰艺术领域。

---

① 庞贝风格：指18世纪中期在意大利庞贝古城发现古罗马室内壁画后形成的一种室内设计风格。墙壁常常涂成暗红色，壁画主题是古代建筑中的女神与动物。后来，"庞贝红"还被用于艺术画廊的墙体色彩，对纺织品、陶瓷和漆绘家具设计也产生了一定影响。

② 伊特鲁里亚风格：由庞贝及赫库兰尼姆古城发掘而出现的一种室内设计风格。古希腊陶瓶上装饰的黑底红像人物，当时以为是伊特鲁里亚样式，由此出现了在室内墙体和家具中装饰陶瓶人像的伊特鲁里亚风格。这种风格在英国体现在亚当（Adam）兄弟的室内设计中，在法国则从路易十六以及督政府时期的装饰风格中体现出来。

③ Honour, H. *Chinoiserie: The Vision of Cathay*. London: John Murray, 1961: 130.

第二节　对中国艺术的再认识

对中国来说，19世纪是一个从强转弱的时代，以天朝上国自居、把欧洲看作蛮夷、故步自封的大清帝国，竟然在西方列强的侵略下节节败退。安森爵士的中国观感也许能说明一些问题——虽富裕却腐败，贫富不均，以及令人同情的虚弱防务，他甚至认为一支武装起来的英国舰队就足以应付中国南方的守军了。1840年第一次鸦片战争的爆发，是中国近代史的开端，在西方坚船利炮的攻击下，清政府一贯奉行的闭关锁国政策被打破，中国逐渐沦为半殖民地半封建社会，并向近代化社会艰难转型。

这一时期，尽管中国已经失去了迷人的光环，但大规模的深入交往，也为欧洲各国深入了解中国文化与艺术提供了途径。换言之，18世纪是盲目的崇拜赞美与不分青红皂白的指责谩骂，而19世纪则多少体现在以考古学和调查研究为依据的实证态度上。19世纪末20世纪初，虽然现实中国的地位已不如从前，但欧洲人却惊讶地发现，18世纪中国外销彩瓷、漆器和刺绣所代表的装饰艺术，绝不是中国艺术的全部。一个一个的发现更新着人们对中国艺术的认识。新认识来源于战争的劫掠、近代考古学在中国的兴起以及西方人士在中国内陆的考察与探险。

1840—1842年第一次鸦片战争期间，中国对外贸易一度中断，而媒体对鸦片战争的报道一时又助长了西方对中国的兴趣。一位名叫内森·邓恩（Nathan Dunn）的美国商人在中国生活了12年，收集了大量中国物品，在美国费城成功地举办了展览后，于1842年8月在伦敦海德公园再度开展，吸引了大批英国民众前去观看。伦敦的展览场地即"万唐人物馆"，入口处是一个非常真实的中国建筑（图5-6），里面陈列的不是专门为西方市场设计的外销艺术品，而是真实的中国生活用品。展览向观众承诺："告诉你一个真实的中国。"通过观展，人们"可以在某种程度上来分析中国人的精神和道德品质，并能了解他们的菩萨、寺庙、宝塔、桥梁、艺术、科学、产品、贸易、想象力、客厅、起居室、服装、珠宝、饰物、武器、船只、房屋，以及成千上万构成中国人移动和生存空间的其他事物。……参观者就像是看到了活生生的中国人，只要再运用一点想象力，便可以随这些中国人而去，或在他们中间生活"[①]。

19世纪全方位描写中国的出版物，是1843年在伦敦出版的《中华帝国：古老的风光、建筑和社会》（*China: In a Series of Views, Displaying the Scenery, Architecture and Social Habits of that Ancient Empire*）。其中文字部分由乔治·赖特（George Wright）撰写，他是一位爱尔兰作家和英国圣公会牧师，曾在中国待过很长一段时间，对中国的历史、风俗有一定的了解。更重要的是书中配有128幅精美的版画插图，作者为托马斯·阿罗姆（Thomas Allom）。阿罗姆是英国19世纪著名的建筑师和画家，以水彩画和与东方有关的版画作品为人称道。这部著作图文并茂，向西方世界展示了19世纪中叶中国的自然风光、风俗礼仪、行业百工、人物样貌，以及主要城市如香港、广州、澳门、南京、上海、北京等地的风景与建筑。阿罗姆没有到过中国，他主要参照了马戛尔尼使团画家亚历大山的画稿，兼及纽霍夫、乔治·钱纳利（George Chinnery）等人的作品。其时第一次鸦片战争刚刚结束，虽然以大清帝国的战败告终，但"中国"还维持着最后一份尊严和体面。阿罗姆笔下的中国，仍然是一个风景秀美、屋舍整洁的国度，人们辛勤劳作、饮食游乐，有一种遥远而宁静的和谐之美（图5-7、图5-8），仿佛隔了一层滤镜看过去，还带着一层模糊的光环。

1856年，第二次鸦片战争开始。1860年10月，英法联军占领北京，被称为"东方凡尔赛"的圆明园遭到劫掠和焚毁，清廷不得不派出大臣议和，与英、法两国签订《北京条约》。

图5-6 伦敦"万唐人物馆"的入口建筑
版画
1842年

[①] 沈弘.遗失在西方的中国史：《伦敦新闻画报》记录的晚清1842—1873（上）.北京：北京时代华文书局，2014：16.

图 5-7　中国丝织业
托马斯·阿罗姆绘
1843 年

图 5-8　中国江南景色
托马斯·阿罗姆绘
1843 年

以此为起点，一批又一批中国艺术品的精华，以全然不同于外销艺术品的面貌呈现在欧洲人的面前，让孤陋寡闻的西方人震惊不已。

关于圆明园文物的劫掠，在战后不久就见诸欧洲的报道。如罗伯特·斯温霍（Robert Swinhoe）在《1860 年华北战役纪要》中写道："在劫掠者延伸他们的搜索过程中，不断发现新的房屋建筑，里面仍旧是未曾碰过的，塞得满满的古老铜器、时钟、釉色灿烂的瓶罐和无尽的奇异玉器。"另一位叙述者也有类似的描述："在主要的宫殿里塞满了无价的美丽玉器，上面雕刻着极其复杂的花纹，还有极其好看的古老瓷器、景泰蓝、铜器和许多造型优美的钟。"[1] 运到法国和英国的掠夺品，以公开拍卖和其他一些方式来处理。1861 年 12 月至 1863 年 4 月，法国巴黎德鲁奥拍卖行举行了至少 13 场拍卖会；1861 年至 1862 年，英国的佳士得和苏富比两大拍卖行也举行了多次拍卖会。大量圆明园珍宝被瓜分，其后十年，又逐渐汇聚到宫廷、博物馆、学术研究机构和收藏家手中。当时的法国王后欧仁妮热爱中国艺术品，也将自己购藏的中国艺术品集中到枫丹白露的中国厅中，其中就包括不少拍卖而得的圆明园文物（图 5-9），其中极其珍贵的三幅佛像缂丝被装饰在天花板上。

尼克·皮尔斯在《圆明园影响下的英国收藏界》一文中认为："1860 年，圆明园[事件]犹如一道分水岭，使整个

[1] 皮尔斯.圆明园影响下的英国收藏界.谢萌，译.文物天地，2005（5）：72.

欧洲对于中国艺术的审美和兴趣有了极大转变。"[1]因为圆明园流散文物是为中国皇室和上层社会所享用的精品，不是广州作坊的手工流水线上制作的外销艺术品，除珍贵的绘画、书法杰作外，还有精美的玉器、青铜器、珐琅器以及各个时期的漆器与瓷器精品等，精美绝伦。这些珍宝增进了欧洲人对中国艺术的认识，使人们从单纯地收藏和模仿中国外销艺术品，精进到对"中国式审美"的研究层面，即对中国艺术发生了学术上的兴趣，并进一步激发了寻找和劫掠中国艺术品的贪婪欲望。

从英国设计改革运动的先驱——欧文·琼斯（Owen Jones）对待中国纹样的态度上，也可以看出知识精英某种观念上的转变。1851年举办的水晶宫博览会非常成功，但展出的英国产品也暴露出"装饰过度""审美混乱"等设计问题，

图5-9 法国枫丹白露宫的中国厅
19世纪后期

[1] 皮尔斯.圆明园影响下的英国收藏界.谢萌，译.文物天地，2005（5）：72.

艺术批评家约翰·拉斯金（John Ruskin）等人将这种不尽如人意归结为机器生产的恶果加以抨击。作为装饰艺术家，琼斯认为应该以世界主义的胸怀，将各民族的装饰纹样纳入视野，研究并寻找出共通的、适用的原则用于指导设计。1856年他出版了《装饰的法则》一书，阐述了他总结得出的37条原则。在《世界纹样》一书中谈到中国纹样时，他认为"尽管中华文明源远流长，手工业也在很久前就臻于完善，但中国的美术仍处于欠发达状态"，是"水平不高""缺乏想象力"的。[1]然而，当他在南肯辛顿博物馆（维多利亚与艾尔伯特博物馆的前身）接触到大量东方艺术品，并观摩了阿尔弗雷德·莫里森（Alfred Morrison）和其他收藏家精美的中国陶瓷藏品后，他改变了对中国艺术的看法。1867年，琼斯出版了《中国纹样》（图5-10）一书，并在序言中坦承："中国晚近的战乱以及太平天国运动，致使许多公共建筑遭到损毁和洗劫。大量瑰丽夺目的装饰艺术品由是进入欧洲世界。于此之前这些艺术品很少得见，其技艺纯熟、色彩和谐、装饰精妙，呈现出非凡的纹饰之美。""在《装饰的法则》介绍中国装饰的章节中，我囿于知识所限，曾断言中国人不具备处理传统纹样的能力，然而现在看来，中国在某一时期也出现过非常重要的艺术流派。"[2]琼斯主张设计原则要取法自然，"这些原则在所有的东方艺术风格中都有所体现，而本书展示的中国纹饰，充分证明了中国装饰对这些原则亦遵循不悖"[3]。

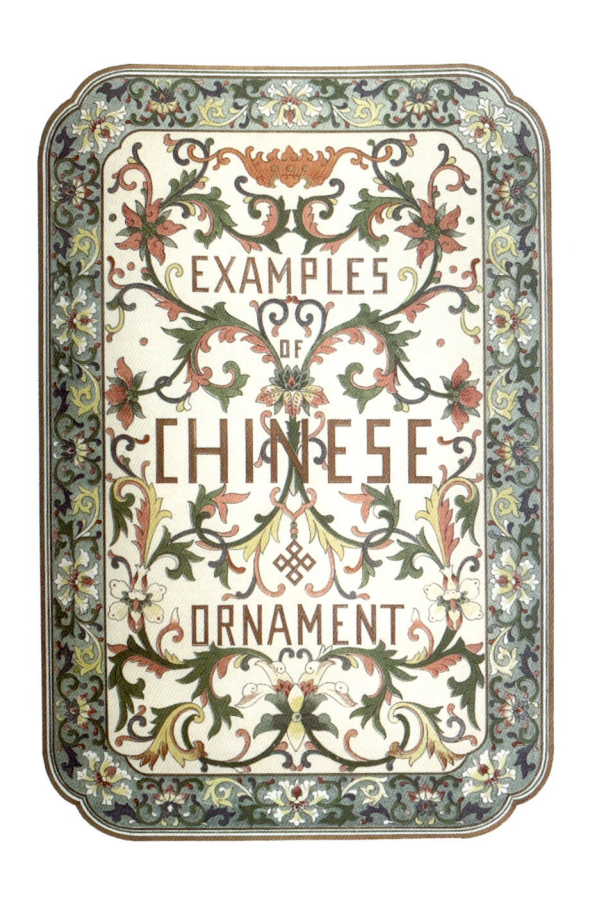

图5-10 欧文·琼斯的《中国纹样》扉页
1867年

[1] 琼斯.世界纹样.周思成,译.北京：商务印书馆，2019：236.

[2] 琼斯.中国纹样.周硕,译.北京：商务印书馆，2019：1.

[3] 琼斯.装饰的法则2：中国纹样.徐恒迦,译.南京：江苏凤凰文艺出版社，2020：序.

1842年签订的《南京条约》的主要内容，一为割让香港岛给英国；二为开放广州、厦门、福州、宁波、上海为通商口岸，即"五口通商"；三为中国向英国赔款2100万银圆；四为英国在中国的进出口货物纳税，由中国与英国共同议定；五为英国商人可以自由地与中国商人交易，不受公行的限制。美国、法国等其他一些国家也趁火打劫，效仿英国，先后威逼清政府签订了割地、赔款与在中国享受特权的不平等条约。鸦片战争及一系列不平等条约的签订，使中国社会发生了根本性的变化。政治上独立自主的中国，由于领土主权遭到破坏，自给自足的自然经济解体，逐渐沦为半殖民地半封建社会。

中国的国门既已洞开，无数外国人蜂拥而来。在大批来华的西方人士中，有商人、士兵、教士、医生、各类技术人员，也有一些人是为欧洲各博物馆和私人收藏机构搜寻中国艺术品而来。他们以各种身份在中国活动，深入到内地与边疆，趁中国对自己丰富的文物资源缺乏保护之时大肆收集艺术品。尽管如此，在20世纪以前，欧洲人对中国艺术的了解仍然是有限的。

20世纪初，随着中国北方铁路建设的延伸，一个个汉代、唐代、宋代的陵墓被打开，大量珍贵的古代艺术品被发现，中国近代考古学由此兴起。考古发现使得西方对中国古代文明的兴趣更浓了，特别是分布在各地石窟、寺庙中的佛教艺术品，引起了西方人的浓厚兴趣。在新疆、甘肃、西藏、宁夏，昔日沉寂的沙漠腹地活动着一个个西方探险家，敦煌石窟重新进入人们的视野，特别是藏经洞的发现，吸引了马尔克·奥莱尔·斯坦因（Marc Aurel Stein）、保罗·伯希和（Paul Pelliot）等人纷纷来到这一佛教圣地。此时正值清王朝命数将尽，古老的中国无力看护这些宝藏，大批的古代艺术品被运往国外，分散在西方国家各大博物馆和收藏机构中。与此同时，也有一些唯利是图的中国人以盗掘古墓为业，将出土的艺术品卖给外国文物商人。

随着清王朝的崩溃和局势的动荡，过去珍藏于宫廷或达官贵人府邸的大量艺术品流落民间。国内外各种势力和个人，通过各种方式在民间大肆搜罗，建立起属于自己的收藏，导致流向海外的中国艺术品数不胜数。以一个恰好在北京的斯洛文尼亚人伊万·斯库塞克（Ivan Skušek）的经历为例，当时"在北京南城有几条专门卖古董的街道，那里有无数经营古玩的店铺，售卖各种书籍、带绘面的扇子、家具、绘画、花瓶、瓷制的神像，还有其他艺术品如铜像、衣服、铜制或硬木雕刻的或坐或立的烛台"[1]。斯库塞克因此搜集了大量中国古物，从日常用品到精美的文物无所不包，最后运回斯洛文尼亚的箱子装满了两节火车车厢。后来，所有的藏品进入了该国的国家博物馆，成为今天斯洛文尼亚民族学博物馆最重要的中国艺术品收藏。在清末民初的中国，像斯库塞克描述的这种古董店遍布全国各大城市，像他那样喜爱中国古物的西方人士众多，他们的藏品成为西方各大博物馆和基金会中国艺术品收藏的重要来源。

逐渐地，漫长的中国文明史就像一幅长卷，在西方人的眼中清晰起来，一个又一个遥远的王朝甚至新石器时代的艺术被人们所知。新石器时代的彩陶、商周的青铜器与玉器、汉代的雕刻、唐三彩、宋瓷以及各个时期的宗教艺术品，成为西方博物馆的收藏和研究对象，从而极大地改写了西方人对中国艺术的观感。

明式硬木家具的发现更震惊了西方。从20世纪20年代起，一批西方人士居住在北京，与中国上层人物与收藏家接触，了解到这一今天已举世闻名的家具艺术。上述斯洛文尼亚人斯库塞克就收藏了一批中国硬木家具，包括架子床、扶手椅、箱子、桌子、柜子和其他家具，是第一批感受到中国硬木家具的超群工艺并将其视为重要艺术品形式的西方人之一。德国学者古斯塔夫·艾克（Gustav Ecké）（图5-11）是研究明式家具的重要学者，他于20世纪20年代来华，先后

[1] Suhadolnik, N. V. 斯洛文尼亚的Skušek中国艺术典藏. 林苏晗, 译 // 任万平, 郭福祥, 韩秉臣. 宫廷与异域：17、18世纪的中外物质文化交流. 厦门：厦门大学出版社，2017：102-112.

在厦门大学、清华大学和北京辅仁大学任教，与中国学者交往，接触到中国古代艺术的精粹。他于40年代初出版了第一本介绍硬木家具的著作《中国花梨家具图考》（Chinese Domestic Furniture），对其简洁的几何形式与精湛的工艺推崇备至，此后西方对明式家具的了解逐渐深入。[1] 1946年，美国巴尔的摩艺术博物馆展出了中国17—18世纪的硬木家具，"参观者们吃惊地发现，摆在他们面前的一批家具，与他们熟知的中国家具完全不同"，它们设计简洁，线条流畅，装饰克制，并充分体现了珍贵材质的自然之美。[2]

图5-11　古斯塔夫·艾克

长期以来，艺术设计主要是为权贵和精英们服务的，中外皆然。19世纪60年代起，以威廉·莫里斯（William Morris）为代表的艺术家，提出了"艺术为大众服务"的口号，开启了现代设计的征途。到20世纪初，欧洲各国在现代设计的形式上做了大量尝试，如荷兰风格派、意大利未来主义等，法国建筑师勒·柯布西耶（Le Corbusier）倡导机器美学，德国则成立了德国制造联盟（DWB），希望打通艺术家和工业制造商之间的鸿沟，实现艺术与技术的新结合。1919年，沃尔特·格罗皮乌斯（Walter Gropius）在德国魏玛创办了包豪斯学校，致力于现代设计教学，明确了现代主义设计的基本原则。当中国明式硬木家具来到西方后，人们吃惊地发现，包豪斯学校所倡导的简洁的造型、合理的结构与良好的功能，在明式家具中已经得到了完美体现。在某种意义上，与其说17—18世纪时中国向欧洲输出了装饰华美的产品，不如说，当时的欧洲人以巴洛克与洛可可时代的审美眼光，挑选了或定制了迎合他们需要的外销艺术品。

19世纪晚期起，真正优秀的中国艺术品进入西方，重新吸引了鉴赏者的目光，在一定程度上使得盛行一时的日本风衰落。一些东方艺术学会建立起来，大学中设置了教授中国艺术史的席位，博物馆和收藏机构设立了"东方艺术部"，大量购藏中国艺术品。1935年，第一次中国艺术品国际展览

[1] 古斯塔夫.中国花梨家具图考.高灿荣,译.台北：南天书局，2014.

[2] 方海.中国家具传入西方简史.唐飞,译//任继愈.国际汉学（第七辑）.郑州：大象出版社，2002：264.

图 5-12 伦敦"中国艺术品国际展览会"1935 年

会终于在伦敦举行,标志着欧洲对中国艺术的认识与研究进入了一个新的阶段(图 5-12)。

1935 年,英国著名装饰艺术史家伯纳德·拉克姆(Bernard Rackham)说道:"可以毫不夸张地说,在过去的几个世纪中,西方关于中国的知识,对她的人民以及她的哲学和艺术的了解,比以往任何时候都有了更大的进步。"[1]中国漫长的文明史和她杰出的艺术作品逐渐为世人所知,中国的历史文化和艺术成就真正赢得了世界的尊重,然而在这一过程中,由于古代优秀文物大量流散到西方,中国所付出的代价也是巨大的。

第三节 19 世纪的中国风设计

随着中国大门的打开,所谓"中华帝国的真相"被欧洲所了解,中国古代文明与优秀的中国艺术也逐渐被欧洲所知。那么,中国风设计在 18 世纪末 19 世纪初淡出流行后,是否

[1] Honour, H. *Chinoiserie: The Vision of Cathay.* London: John Murray, 1961: 222.

真的彻底消亡了呢？答案是否定的。

18世纪晚期以来，以英国发生的工业革命为先导，欧洲各国陆续进入了工业时代。尽管中国风设计已经衰落，但并非彻底消亡，事实上西方民众一直以来多少维持着对中国风设计的兴趣，只是成规模的流行已不再有了。事实上，中国风设计已经变成欧洲17—18世纪艺术遗产的一部分。中国风设计还漂洋过海，在19世纪的美国引发了一波迟到的流行，演绎的也是18世纪的风格样式。

19世纪初，最辉煌的中国风设计莫过于前文提到的英国皇家布赖顿宫，它属于洛可可时代中国风设计的尾声时期作品，在此不再赘述。1825年，英国画家钱纳利在中国澳门登陆。此前他在印度待了约20年，此后直至1852年去世，在生命的最后27年中，钱纳利一直生活在澳门，以中国日常生活为题材画了大量油画、水彩画和肖像画。这些作品的大部分通过商人和旅行者之手，又流入欧洲和美国。按理说，以他对中国的熟悉程度，应该创作出一批真正反映现实中国的作品，然而，他的画作还是处处透露出18世纪的中国情调，令人想到中国风设计的细节。比如在一把巨伞下玩耍的中国儿童（图5-13）。正如昂纳指出的：他的作品带着一种屈尊俯就的开心，与现实中国隔着很远的心理距离。[1]画中的中国人除了穿长袍的清朝官员，还多了一些赤脚的中国苦力，依然有着一种乐天知命的态度。

19世纪可以说是英国的世纪。工业革命的先发优势和强大的经济实力，至少使英国部分地取代了法国在时尚方面的权威。乔治四世的布赖顿宫展示的，是作为宫廷艺术的中国风设计。而在社会上，由于机器工业的发展以及中产阶级的成长，一批平民化的中国风产品出现了，其特点是批量生产、采用新技术、以平民而不是贵族为消费对象，比如陶瓷与印花棉布产品。

在英国的陶瓷生产中，转移印花工艺在19世纪30年代

[1] Honour, H. *Chinoiserie: The Vision of Cathay*. London: John Murray, 1961: 200.

获得了广泛应用，之后一种被称为"柳树纹样"的青花瓷变得十分流行。"柳树纹样"指一种风景人物构图：右边是中式楼阁，周围环绕着果树和一道弯弯曲曲的篱笆墙；中间是一座拱桥，桥边是枝条飘扬的柳树，桥上是三四个匆匆行走的人。湖面上点缀着中式小船，远景是一片汀树，隐约可见宝塔；画面上方有两只鸟，互相追逐或在空中亲昵（图5-14）。这种纹样来源于中国外销艺术品上的楼阁山水图案，但英国人将其移植到了自己的产品上。为了扩大销路，还给它配上了一个凄美动人的故事：一对中国青年男女为了爱情私奔，希望能逃离家庭的逼迫，在远方幸福生活，然而他们的愿望没有实现，死后他们化作两只鸟，在天空自由地飞翔。

柳树纹样是18世纪70年代由设计师托马斯·弥尔顿（Thomas Milton）为托马斯·透纳（Thomas Turner）在什罗普郡的考格利瓷厂设计的。19世纪30年代起，由于陶瓷转移印花技术的应用，廉价的柳树纹样瓷被各地瓷厂大批量生产出来，几乎进入了英国的每一个家庭，满足了普通英国人对中国风瓷器的需要。法国也生产了一些漂亮的中国风彩瓷和单色釉作品（图5-15），是工业化批量生产的产品。

17—18世纪，印度印花棉布曾畅销欧洲，除了充足的原料和低廉的劳动力成本外，这种织物最重要的优势在于其印

图5-13　中国人物水彩画
乔治·钱纳利绘
1825—1852年

图5-14　柳树纹样瓷盘
英国制
19世纪

图5-15　中国风装饰瓷瓶
法国制
1840年

染工艺，即通过防染剂（上蜡）、媒染剂、模板印花、压印和扎经染色等手工艺对棉布加以装饰美化，且图案富有异国情调。这种复杂的手工艺是欧洲无法模仿的。要与印度印花棉布竞争，必须改进工艺、采取机器生产，以提高效率、降低成本。因此，欧洲开始抵制印度印花棉布，一方面颁布禁令或大幅提高关税，另一方面积极发展自己的印花棉布产品以替代进口。1754年，爱尔兰的弗朗西斯·尼克松（Francis Nixon）采用铜版印花技术取代传统的木板印花，实现了更大的图案尺寸和更精细的印花。到18世纪70年代，铜版印花技术传遍欧洲，同时滚筒印花技术也发展起来。首先发明的是木制滚筒印花，至18世纪80年代，托马斯·贝尔（Thomas Bell）又发明了雕花滚筒印花工艺，使印花技术获得了革命性的突破，印花棉布产量提高了几十倍。通过机器，价廉物美的印花棉布被源源不断地生产出来，到19世纪，欧洲生产的印花棉布就反过来向东方输出了。

法国自1759年解除印花禁令后，棉布印花工业迎来了春天。奥伯坎普是一位生活在瑞士的德国人，此时也来到法国，在凡尔赛附近的朱伊创办了印花厂。至18世纪晚期，该厂雇用的工人已达1000名以上，成为法国最成功的纺织品印花企业。奥伯坎普印花厂最初的产品以仿东方纹样为主，如花卉、鸟雀等，属于洛可可艺术风格。18世纪70年代，铜版印花工艺传到朱伊。1783年，首席设计师让-巴蒂斯特·于埃（Jean-Baptiste Huet）设计出一种"朱伊纹样"：将人物与场景组合成纹样单元，以散点形式排列，主题具有写实与叙事的性质。朱伊纹样的构图类似浮岛形式，令人想起英国的索霍壁毯，纹样题材大多取材于神话传说和经典文学作品，属于新古典主义范畴，但其中也有中国风设计（图5-16）。这种朱伊纹样后来传遍法国，印花生产过程、美国独立战争、法国大革命庆典等，都成为表现的主题。拿破仑还授予奥伯坎普荣誉勋章，以表彰其对法国纺织印花工业做

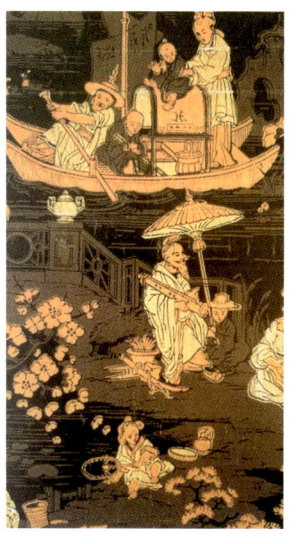

图 5-16　中国风印花棉布
法国奥伯坎普印花厂制
18 世纪晚期

图 5-17　中国风壁纸
法国制
1860—1880 年

出的贡献。与印花棉布类似，法国 19 世纪的壁纸图案中也有中国风设计（图 5-17）。

英国的棉布印花工业逐渐从伦敦向北部迁移，到 19 世纪 20 年代，北部的兰开夏郡成为新的印花生产中心。兰开夏郡的印花工厂不常使用铜版印花，而采用手工模板印花，以呈现丰富的色彩，如 19 世纪初生产的中国风印花棉布（图 5-18），熟悉的浮岛构图，表现中国的建筑、人物与动植物，充满异国情调。[1] 1815 年以后，英国印花棉布厂更多地采用滚筒印花等新技术，色彩从单色变为多彩。滚筒印花能实现整匹棉布的连续印花，且纹样更精细，图案循环更大。中国风图案占比虽然不大，但永远是纺织品上不可或缺的一道风景。

在建筑领域，18 世纪诞生的英中式园林仍在欧洲各地发展，虽然不再建造亭台楼阁等可爱的中国风建筑，但这股风却在 19 世纪刮向了公共娱乐场所，例如前述被烧毁的圣詹姆斯公园上带宝塔的中国桥，是为了庆祝汉诺威王朝君临英国 100 周年而设计的。进入维多利亚时代后，几个精致的中国风建筑出现了。其中最著名的是 1836 年建成开放的克莱

[1] 哈里斯. 纺织史. 李国庆, 孙韵雪, 宋燕青, 等译. 汕头: 汕头大学出版社, 2011: 191.

伯恩公园的露天音乐厅（图5-19）。在伦敦这个越来越繁忙、越来越远离田园的工业社会，人们在周末汇聚露天音乐厅，暂时忘却生活的压力。1843年建成开放的丹麦哥本哈根趣伏里游乐场，也建有一个异国情调的宝塔。中国风建筑总是与轻松、游乐的气质联结起来，欧洲各地乃至美国的公园、游乐场、剧院、游船等娱乐性质的公共场所，都不乏采用中国风设计的案例。

在室内设计中，异国情调的印花壁纸是高档住宅中常用的选择，装饰主题依然是18世纪的中国风。由于欧美市场的持续爱好，中国壁纸的外销延续到了19世纪中期，只是花树类型的壁纸增加了很多细节，如树枝上挂着鸟笼，或花树下添上盆景，甚至衣着优雅的中国人在花树下活动；而人物场景类型的内容更为丰富，如表现广州港繁忙的景象，林

图5-18 中国风印花棉布
英国制
1800—1810年

图 5-19　英国伦敦的露天音乐厅
油画
1864 年

图 5-20　英国贝尔顿庄园的中国壁纸
19 世纪

立的洋行、丝绸、瓷器与茶叶的生产销售，等等。英国贝尔顿庄园的中国房间有两处，一处贴着花树壁纸，一处贴着竹林人物壁纸（图 5-20），而竹林人物这种壁纸的外销则迟至 19 世纪。事实上，18 世纪贵族府邸流行的中国风，在 19 世纪又被精英及中产阶层接纳，成为一种有品位的时尚。法国文豪雨果在巴黎的住宅采用了中国风漆家具和瓷器装饰，充溢着满满的中国风，据说是由雨果本人设计的（图 5-21）。很多 19 世纪画作的背景中，也能看到墙上的中国壁纸与室内的漆家具与瓷器。如画家约翰·阿特金森·格里姆肖（John Atkinson Grimshaw）的《夏天》，画中一位少女掀开窗帘向外看，从周围的配置看，这是一个典型的维多利亚中产阶层的居室，装饰着批量生产的青花瓷、扇子和漆家具等廉价的东方物品（图 5-22）。

19 世纪 60 年代以后，随着日本的开放，日本风在欧洲兴起，为欧洲艺术领域带来了深远影响。印象派的兴起与日本浮世绘有着直接的关系，而在设计领域，莫里斯等人倡导发起的工艺美术运动，也体现出日本艺术的影响。工艺美术运动被认为是现代设计的起点，但同时它又是一场怀旧的运动，体现出这一时期人们对手工制品的赞赏和对工业革命以前田园牧歌生活的怀念。在一片怀旧的气氛中，资产阶级的工业新贵们又欣赏起 18 世纪法国的洛可可风格和英国的安

205

妮女王风格[1]，因此这两种风格一度复兴，其中包括一些中国风设计，寄托着他们对18世纪上流社会奢华与浪漫生活的向往。由于中国艺术与日本艺术的渊源关系，此时中国风设计又混合了日本元素，与日本风并行不悖。

　　工艺美术运动之后，英国又兴起了唯美主义运动，文学家奥斯卡·王尔德（Oscar Wilde）与艺术家詹姆斯·惠斯勒（James Whistler）是唯美主义的代表人物。王尔德追求美的享受，用精美的艺术品装饰自己的房间，穿着华美的服装"招摇过市"。在艺术创作中，他则坚持"为艺术而艺术"的主张。他收藏中国青花瓷，也"志在配得上他的青花瓷"。实际上，这是用审美的眼光看待世界，代表了将日常生活艺术化的倾向，将珍贵的手工制品与大批量生产的物品等量齐观。惠斯勒是东方艺术的崇拜者，是生活在伦敦的美国画家，收藏了大量东方艺术品，包括浮世绘、屏风和青花瓷等，其中的中国青花瓷多达330多件。在他伦敦的住宅里，处处以中国及日本艺术品作装饰。惠斯勒的不少绘画作品揭示出他对东方的强烈爱好，其中最有名的是《瓷国公主》：画面上是一个持纸扇、穿和服的欧洲女子，身后是折叠屏风，屏风前是中国青花瓷，脚下的蓝白色地毯也装饰着中国纹样（图5-23）。从画面看，虽然画家明白中国与日本艺术的区别，甚至更欣

图5-21　法国雨果之家室内
19世纪

图5-22　夏天
油画
约翰·阿特金森·格里姆肖绘
19世纪

[1]　安妮女王风格：指18世纪早期安妮女王统治时期（1702—1714）英国出现的设计风格，呈现出实用而舒适的趣味。19世纪60年代，室内设计出现了安妮女王风格的复兴。

图 5-23　瓷国公主
壁画
詹姆斯·惠斯勒绘
1864 年

赏日本艺术，但这并不妨碍他将两者和谐地并置在一起。

第四节　20 世纪的中国风设计

20 世纪以来，交通的发达让人们可以到达世界上任何一个国家，一切都不再神秘。然而 18 世纪却永远留在了人们的记忆中，一同留住的还有中国——Cathay 的幻象和迷人的中国风——chinoiserie。尽管 20 世纪的工业社会没有中国风生长的环境，但是中国风已经沉淀为一种西方的传统风格，一种与 18 世纪相联系的艺术遗产，并拥有一定的爱好者。从新艺术运动、装饰艺术运动、各种风格混搭的折中主义，到 20 世纪 60 年代以来的多元化设计，我们经常能够见到一些中国风设计，因为西方艺术家会在 17—18 世纪的艺术宝库中寻找素材，来激发他们的设计灵感。此外，在一波又一波的怀旧浪潮中，很多古旧的设计被重新复制出来，以复原真实的室内环境，而中国风壁纸、家具与纺织品在其中也扮演了重要的角色。

进入 20 世纪后的第一个中国风设计，是比利时首都布鲁塞尔附近的中国宫（图 5-24），由天主教耶稣会在上海创办的土山湾孤儿院协作完成。1900 年在法国举办的巴黎世博会上，比利时国王利奥波德二世参观了"环游世界"展台，对东方建筑产生了浓厚的兴趣，遂委托建筑师亚历山大·玛赛尔（Alexandre Marcel）仿效中国与日本建筑，设计建造一座中国宫和日本塔。玛赛尔热爱东方艺术，但他从未到过中国，与布赖顿宫的建筑师约翰·纳什（John Nash）一样，他的做法是凭借能找到的所有资料，加上自己的理解和创造，设计出"中国风格"的建筑。他的中国宫比 18 世纪的中国

风建筑更接近中国的原型，但其中仍有不少臆想的成分，特别是建筑细节的处理上。至于中国宫的室内装饰，则完全是18世纪洛可可中国风的再现。檐口上是18世纪洛可可中国人物的灰泥雕刻（图5-25），天顶与墙面上装饰着法国洛可可画家毕芒的绘画（图5-26）。白色的底子上用金色或浅蓝色线条画出优美的图案；纤巧的亭台与假山上，中国人在欢快地娱乐；穹顶上长出盛开的花树，而拖着美丽长尾的霍霍鸟则展翅冲向天空。所有的装饰线脚都是曲线，铁艺栏杆上装饰着中国人与猴戏。总之，走进这个建筑，会令人在恍惚中回到了18世纪。因此，20世纪初的比利时中国宫，是在20世纪初西方人理解的中国建筑内包裹了18世纪的中国风室内设计，或者说，是19世纪钱伯斯的实证中国与18世纪梦幻中国的结合。作为西方世界最后一个大型中国风建筑，比利时中国宫是19世纪初乔治四世的布赖顿宫在100年后的世纪回响。

值得一提的是，比利时中国宫基本上是一个木构建筑，具体的木构件与上面的雕刻是由上海土山湾孤儿院的西方传教士带领着中国孤儿们集体创作完成的。[1] 土山湾孤儿院创设于清同治三年（1864），由江南教区徐家汇耶稣会创办，专门收养6—12岁的孤儿男童。这些男童年满12岁就开始学艺，6年后毕业，可留院工作也可外出谋生。土山湾孤儿

图5-24 比利时布鲁塞尔中国宫
20世纪初

图5-25 比利时布鲁塞尔中国宫室内细节
20世纪初

图5-26 比利时布鲁塞尔中国宫的壁画
20世纪初

[1] 刘丽娴.土山湾美术工艺现象及其典型案例//袁宣萍，闫丽丽.中国近现代设计史论丛.杭州：浙江大学出版社，2023：143-157.

院设有木工、五金、照相、印刷、绘画、彩绘玻璃等众多工艺部门，并逐渐形成了土山湾工艺品厂，制作教会需要的产品，是近代中国工艺或设计教育的最早案例。孤儿院在接到比利时中国官的木构件订单后，其下设的美术、五金、木工工场通力协作，到 1906 年，终于完成了生产、运输、组装、建造的所有环节。之后，土山湾孤儿院的声誉大振，促使其突破教会内部生产单位的限制，走向了国内外广阔的市场。

在室内设计领域，中国风也从未远离。墙上贴着花树类型的中国壁纸，客厅里陈设着漆绘家具与科罗曼多屏风，壁炉与橱柜上放置着青花瓷，甚至用一张奇彭代尔式床和几把椅子，稍加配置，就能让室内烘托出 17—18 世纪的异国情调。从某种意义上说，用中国风装饰家居，暗示着主人的财富、品位、时尚以及与欧洲上流社会传统的隐约关联。当代中国风室内设计用得最多的是壁纸，特别是英国顶级手绘壁纸品牌帝家丽（de Gournay），对 18 世纪中国手绘壁纸进行了完美复制，多年来与世界著名奢侈品牌、设计师与广告商合作，打造了定制设计系列，还将花树壁纸的图案衍生到室内纺织品，装饰豪华的居室与宾馆等场所。21 世纪以来，花树壁纸更是走进中国的高档会所与私人豪宅，作为一种西方风格被中国消费者追捧。

在西方，一些高档酒店、会所、咖啡馆点缀有中国风设计，如巴黎克劳德酒店漆绘装饰的中国风大厅、巴黎著名的双叟咖啡馆（店名来源于一对中国老者的雕像）等。一些艺术与设计界名人也喜欢中国风，如石油富豪 J. 保罗·盖蒂（J. Paul Getty）的女儿安·盖蒂（Ann Getty）热爱东方艺术品收藏，其私人居所的设计风格极为奢华，特别是餐厅，墙上贴着中国花树人物的壁纸，餐桌上放着广彩瓷，都是货真价实的 18 世纪中国外销艺术品。20 世纪时装大师可可·香奈儿（Coco Chanel）特别喜欢描金或彩绘的中国屏风，她在巴黎的豪华居所，用科罗曼多屏风、扇面和青花瓷装饰得富丽而优雅。20世纪杰出的时装设计师如伊夫·圣罗兰（Yves Saint Laurent）、乔瓦尼·范思哲（Giovanni Versace）等都喜欢中国风设计，这种热爱在西方时装界并不是个别现象。

珠宝或服装设计领域，也许是最坚守中国风设计的阵地。上海博物馆 2004 年举办了卡地亚艺术珍宝展，在展出的 20 世纪 30 年代设计的法国首饰上，频频出现 18 世纪中国风元素。笔者自己购买的一件欧洲平价手链，也装饰着微笑的"中国人"，样貌熟悉而亲切。时装界更是常常刮起中国风，时装设计大师保罗·波烈（Paul Poiret）和圣罗兰都善于从中国汲取灵感，他们的作品处处散发着浪漫、怀旧和梦幻虚无的气质。波烈是时装界的幻想主义者，他将推出的大袍式宽松女外套取名为"孔子"（图 5-27），受到巴黎女性的欢迎，之后又推出以"自由"命名的两件套装，亦吸收了东方服装的剪裁方法。他大量采用东方元素，色彩浓烈，追求异国情调和戏剧般的效果，更重要的是，这些东方风格的时装让西方女性从紧身束腰的传统服装中解脱出来。波烈的声望在第一次世界大战前后达到顶点。20 世纪中期以后，圣罗兰作为新一代法国设计大师也推出了中国风系列，那个头戴锥形帽的时装模特（图 5-28）向我们讲述的不正是 18 世纪的中国故事吗？进入 21 世纪后，中国风越来越受欢迎，罗伯特·卡沃利（Roberto Cavalli）2005 年秋冬系列，将传统青花瓷瓶上的纹样搬到了晚礼服中，乔治·阿玛尼（Giorgio Armani）的 2005 年时装秀中，也有戴着锥形帽、穿着锦缎时装的"中国人"款款走来。

2016 年，被誉为"时尚界奥斯卡"的美国大都会艺术博物馆慈善舞会上举办了主题为"中国：镜花水月"的展览。这场盛会由大都会艺术博物馆亚洲艺术部与纽约时装学院联合举办，旨在通过将高级时装与中国服饰、书画、瓷器、电影创作等在内的多种艺术形式对照呈现的方式，展示数个世纪以来中式审美对西方时尚的影响，以及中国对时尚

图 5-27　保罗·波烈的东方风格时装
20 世纪初

图 5-28　伊夫·圣罗兰的中国风时装
20 世纪中期

创造力的启发作用。展览共展出 140 余件高级时装和成衣作品，包括众多设计师创作的中国风作品，以及精美的玉器、漆器、景泰蓝和青花瓷等中国艺术珍品。整个展览贯穿着中式意象，聚焦从帝制时代到当代中国的艺术、时尚和文化变革。电影媒介也被引入现场，《末代皇帝》《霸王别姬》《花样年华》《卧虎藏龙》和《神女》等经典影片的片段，经剪辑后投射在展厅各处，静态的服装和动态的影像被镜子重叠成意境深远的多面镜像，共同呈现出一种梦幻般的中国文化与美学景象。[1]

随着中国的对外开放以及全球化进程的发展，中国与西方之间的交流日益增多，为西方了解中国，或中国了解西方提供了前所未有的机遇。虽然中国的神秘感已经消除，但改革开放又为中国艺术的流行提供了新的契机。中国电影、中国绘画、中国服装……一股新的中国风正在兴起，新的中国元素被引进到艺术设计中，如大红灯笼、中国书法、京剧脸谱、唐三彩、唐卡、旗袍、汉服、十二生肖、春节等等，向人们讲述着一个既古老又现代的中国。特别是随着互联网的发展，世界正在变成一个地球村，17—18 世纪那种远隔重洋、彼此隔绝的现象已不复存在。而且由于中国经济的崛起和庞大的市场，消费者的购买能力大增，为很多西方奢侈品与设计品牌贡献了最重要的利润来源。

为了迎合中国消费者，从手机到时装，从电影到广告，中国风已经成为司空见惯的日常设计风格。如英国时装设计师约翰·加里亚诺（John Galliano）在 1997 年推出的迪奥时装秀上大量运用旗袍元素，充满异国风情，震惊了当时的时装界。阿玛尼 2015 年春夏高级定制系列，以"竹"为核心元素，将汉唐式襦裙、苏绣与掐丝珐琅工艺等进行结合，采用文人画的墨竹写意形式，色彩淡雅而宁静。在广告设计方面，可口可乐公司 2015 年推出了 30 秒的新年贺岁营销广告，选取了脱胎于中国传统年画的"阿福"和"阿娇"两个人物形象，

---

[1] 博尔顿.镜花水月：西方时尚里的中国风.胡杨，译.长沙：湖南美术出版社，2017.

期望赢得中国消费者的喜爱。苹果公司官网也曾在春节期间上线了五个专属页面，分别是"吉星高照""阖家团圆""五谷丰登""岁岁平安""年年有余"，洋溢着喜庆热闹的民俗氛围。在文创市场，意大利家居品牌阿莱西（Alessi）与台北故宫博物院合作，推出了"清宫家族"系列餐桌用品，获得了普遍赞誉（图5-29）。中国丝绸博物馆以旗袍为元素，向全球时装设计师发出邀请，收到了由世界各地设计师设计的以旗袍为基本廓形的一系列中西合璧的作品。这样的设计案例越来越多，可谓数不胜数。

图5-29　清宫系列餐桌用品
台北故宫博物院文创产品
2007年

在采用中国元素的当代西方设计中，有成功的案例，也有翻车的现象，有时中国元素选取不当，也会让中国网民觉得丑，感觉被冒犯，从而引发互联网上的争议。这是因为当代西方设计采用中国元素的逻辑，与17—18世纪的中国风设计有了很大不同。17—18世纪时针对的是西方市场，以异国情调吸引西方的贵族与上流社会，因此可以对"中国"进行自由的想象与夸张的表现；而在当代则针对的是中国市场，要吸引中国的广大消费者，必须在一定程度上抛弃对中国的刻板印象，研究中国文化，尊重中国文化，这样才能真正赢得中国市场。当然，这样的设计在本质上已经与17—18世纪的中国风分道扬镳了。

与中国风不同的还有20世纪30年代北欧设计对中国家具的借鉴。随着明式家具被西方所知，一些现代主义设计师在其中发现了简洁的线条、完美的结构和明确的功能，他们尝试理解中国家具的设计哲学，学习中国家具的结构，从而在作品中体现出东方意匠之美。特别是丹麦著名设计师汉斯·J.韦格纳（Hans J. Wegner），他的"1946中国椅""1949之椅""1950之椅24号"等系列作品，直接以明式家具为原型，融合现代审美与生活需求创作而成，面世后受到极高评价，成为20世纪现代主义设计的经典（图5-30）。这样的设计与17—18世纪西方的中国风设计有着天壤之别，严格地说，

图 5-30　中国椅
汉斯·J. 韦格纳设计
20 世纪中期

① 方海. 西方现代家具设计中的中国风（上）. 周浩明，译. 室内设计与装修，1997（6）：30-33；方海. 西方现代家具设计中的中国风（下）. 周浩明，译. 室内设计与装修，1998（1）：74-75.

不能笼统地称之为"中国风"。有学者将其称为"中国主义"，是有一定道理的。①

那么，如果让今天的中国人去演绎 17—18 世纪的中国风作品又会怎样呢？以享誉世界的歌剧《图兰朵》(*Turandot*) 为例，其最初的底本《中国公主》首演于 1761 年的威尼斯。20 世纪 20 年代，《中国公主》由意大利歌剧作曲家普契尼进行改编，1926 年在米兰再度公演，并经久不衰。我们发现，西方人在演绎《图兰朵》时，舞台与服装设计采用的还是 18 世纪的欧洲风格，而当中国导演张艺谋演绎这部西方著名歌剧时，就将大红灯笼等中国元素融入了《图兰朵》的舞美设计中，剧中人物也穿上了"准确的"中国服装。至于川剧《图兰朵》的舞美设计，更是完全中国化了。东西方的演绎对比，耐人寻味。

至于近年来越来越流行的"国潮设计"，有时候也被称为"中国风设计"。"中国风"实在是一个含义宽泛的名词，但 chinoiserie 却有着明确的界限，特指 17—18 世纪流行于西方的一种装饰风格，是在中国艺术的激发下诞生的、对中国风格的想象性诠释，流行于室内装饰、家具、纺织品、壁纸、园林等设计领域，表现出浪漫、夸张、虚构、想象等特点。因此，具有中国意匠之美的现代设计、西方品牌运用中国元素推出的大部分当代设计，以及当前流行的以传统元素为特色的国潮设计，严格地说，都不是原初意义上的中国风设计。

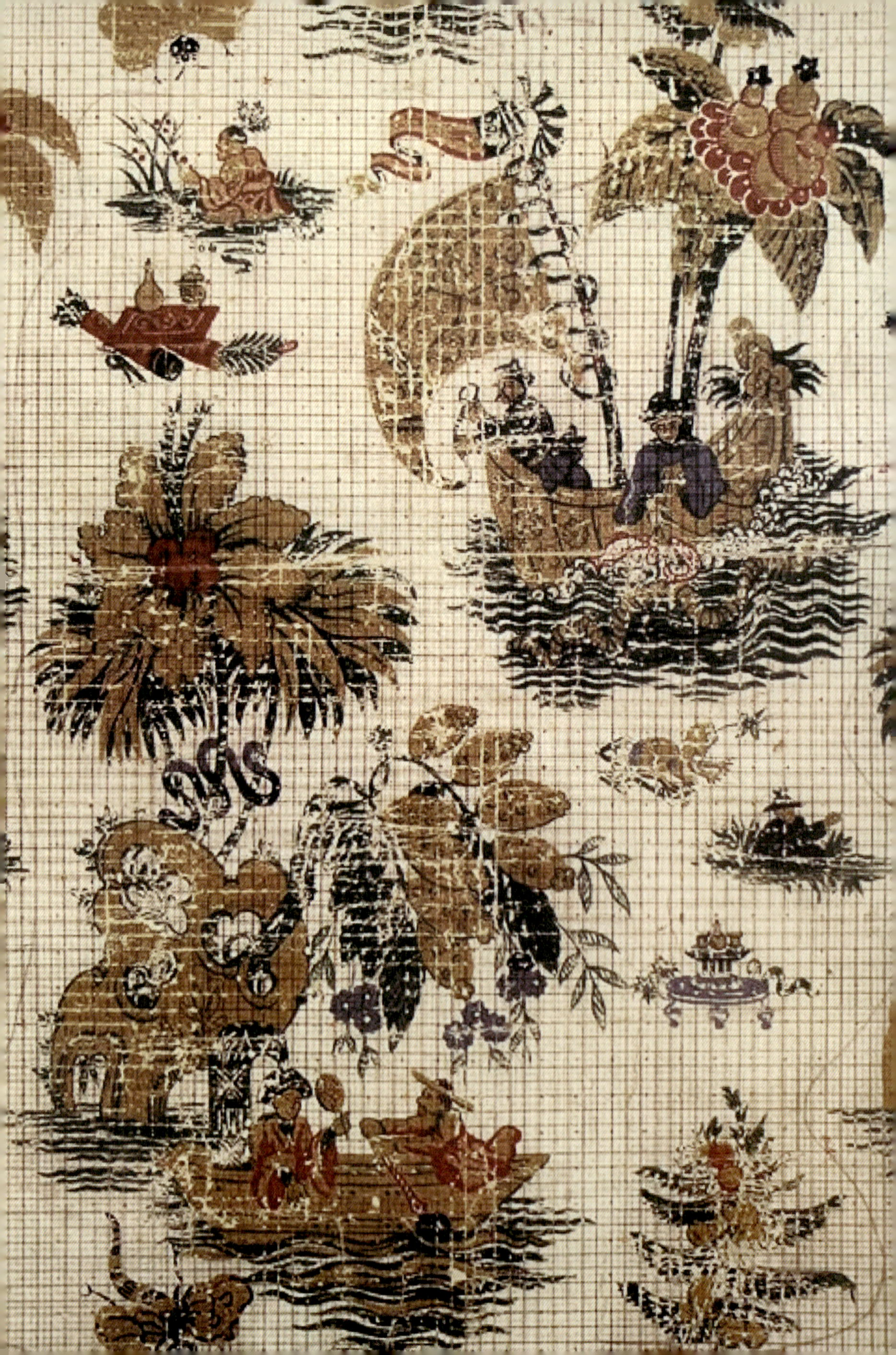

第六章
套式与符号——中国风设计的性质特征

文化史家彼得·伯克在《图像证史》中指出，当不同的文化相遇时，一种文化为另一种文化塑造的形象，都有可能成为一种"套式"。所谓"套式"，也就是一套符号系统、一种程式化的想象，以可视的形象表现出来，与我们心目中的形象之间产生一种必然的联系。"套式本身可能并没有错误，但它往往会夸大事实中某些特征，同时又抹杀其他一些特征。套式多多少少会有些粗糙和歪曲。然而，可以肯定地说，它缺乏细微的差别，因为它是将同一模式运用于相互之间差异很大的文化状况。"[1]旅行者、传教士和使者在游记中描写的"文本中国"，外销瓷器、漆器装饰纹样上的"图像中国"，以及中国风设计演绎的"想象中国"，逐渐形成了17—18世纪的"中国形象"。这种中国形象是人为创造出来的，即一种"套式"。其实不仅是中国，在那个地理知识急剧拓展而真相却模糊不清的大航海时代，印度、波斯、非洲、美洲莫不如此，各有各的"套式"，各有各的一套符号系统，以便欧洲的人们能方便地辨识出来，一一对号入座，

[1] 伯克.图像证史.杨豫,译.北京：北京大学出版社,2008：171.

并从中确立"欧洲"的自我认知,确认"我们这个世界"与那些"异域世界"的不同。

第一节　中国风设计的题材

以中国人或中国事物为题材,或者更确切地说,以带有中国元素的东方人与东方事物为题材,是中国风设计最显著的特征。有些元素是反复出现的,已经成为中国风设计的符号。在18世纪的意大利,曾经出现过一种家具装饰方式:将"中国图案"印在纸上出售。[①]那些买不起昂贵漆家具的顾客,就买这些图案纸,剪下来粘在家具上,自己动手装饰成中国风家具。在这个例子中,"中国"被视觉化为一本符号图案集,可以根据需求随意地剪下各种"元素",装饰在陶瓷、纺织品、漆绘家具、壁纸等各种载体上。

一、中国的人与偶像

马可·波罗以来,中国对欧洲最大的吸引力体现在两方面:一是富裕的物质与精美的奢侈品,二是其人民与奇特的风俗。几乎每一本与中国有关的书都要花大量篇幅谈论中国人,包括其服装、礼仪、风俗、行为方式等等,真假参半,让人产生强烈的好奇心与丰富的想象。

17—18世纪的中国风设计呈现出众多的中国人形象,有男人、妇女,有老人、儿童;有皇帝、官员、哲学家、音乐家,也有渔夫、农夫、工匠、摊贩、商人等。早期由于欧洲人对东方人不太熟悉,常出现高鼻深目的白种人面相的设计,到洛可可时期,则大多改为东方人面相,说明此时欧洲人对东方人有了较多的了解。但有一些特征是经常出现的,如中国男人往往头戴锥形帽,身穿丝绸长袍,眼睛细小,眉毛有点长,蓄八字须,并从嘴唇的两边挂下来(图6-1)。也有不戴锥形帽的,其形象为髡发,中间或两边扎髻,留出头发尾梢。

[①] Honour, H. *Chinoiserie: The Vision of Cathay*. London: John Murray, 1961: 121.

图6-1 镜框装饰上的中国人
英国制
1720年
加拿大皇家安大略博物馆藏

图6-2 游戏的中国儿童
让－巴蒂斯特·毕芒设计
1759年

这一容貌确实谈不上英俊。如果身份是皇帝和大臣，则会穿上龙袍或官服，戴上凉帽，挂上一串长长的念珠。前胸多缀有补子，皇帝的补子图案是龙，大臣则是模模糊糊的一只动物。在华托、布歇和毕芒的绘画中，在众多的瓷塑人物和瓷器、漆器的装饰图案中，这些人物的身影无处不在。

中国风设计上的妇女大多穿着明代服装，上袄下裙，身材以瘦长为多，这种形象源自外销艺术品上的仕女，有时给人以弱不禁风的感觉。儿童则光头抓髻，着上袄下裙或连身衣裙（图6-2），又与外销艺术品上的"婴戏图"有直接关系。还有一些是由欧洲设计师设计的中国人物纹样，如所谓"撑伞美人"，创作者为18世纪荷兰画家、陶瓷设计师科尼利斯·普朗克（Cornelis Pronk）。画面上是两位纤秀的中国女子，一位弯腰给鹭鸶投食，另一位斜举着一把伞为其遮阳，伞的边缘饰有一圈流苏（图6-3）。普朗克还设计了"众博士"纹样，画面上是聚在一起高谈阔论的几个中国学者，穿着文人服饰（图6-4）。此类图样不仅在欧洲流行，还被送往景德镇烧制成瓷器再回到欧洲[①]，甚至日本外销瓷中也有其变异纹样。

18世纪法国博韦织毯厂生产的两套以中国皇帝为主题的系列壁毯，是欧洲人想象中的从中国皇帝、公主、官员到仆从、奴隶等各色人物的大展示。德国迈森瓷厂与欧洲其他陶瓷厂

① 柯玫瑰,孟露夏.英国国立维多利亚与艾伯特博物馆中国外销瓷.张淳淳,译.上海：上海书画出版社，2014：72.

设计制作了大量中国人物瓷塑，有单人的也有成组的。而在当时流行的中国房间内，也能看到很多中国人物雕像，他们通常站立在走廊上迎客，或立于客厅的墙角处，或摆在陈列桌上，或嵌在壁炉架的两旁，甚至坐在桌子底下的木档交叉处，表情怡然自得。

中国人物也有以偶像的面貌出现的。最常见的有观音、寿星、弥勒佛（布袋和尚）等。观音一般表现为怀抱小孩的中国妇女，原型为"送子观音"，欧洲人将其与熟悉的圣母子题材关联起来，形象比较端庄和美丽。寿星是一个造型奇特的老人形象，头部因向前突出而变形，须眉皆白，代表长寿（图6-5）。

然而在欧洲，影响最大的还是弥勒佛。弥勒佛是佛教中的未来佛，经常以布袋和尚的化身形象示人，所谓"大肚能容，容天下难容之事；笑口常开，笑世间可笑之人"，因此弥勒佛在中国风设计中变身为"快乐之神"，代表着无忧无虑的生活态度。在18世纪的中国风陶塑与瓷塑作品中，出现了大量布袋和尚形象，除少数与原作较接近外，大多变成一个咧嘴而笑的中国男性形象，称为Pagod。德国迈森瓷厂制作过大量Pagod瓷塑，影响很大，欧洲各瓷厂也都有类似产品。

图6-3　撑伞美人纹瓷盘
科尼利斯·普朗克设计
18世纪
美国大都会艺术博物馆藏

图6-4　众博士瓷盘与瓷瓶
科尼利斯·普朗克设计
18世纪

图 6-5 中国长寿之神
法国尚蒂伊瓷厂制
1725—1750 年

图 6-6 中国风化装舞会服
版画，让·贝兰设计
1700 年

如果细分以上这些中国人物的形象来源，古装人物多来源于外销瓷器与漆器中的人物画，甚至是南方流行的木刻版画；而清装官员——"满大人"的来源，很可能为中国游记的插图。欧洲人在广东购买的外销画或雕像中，有不少是清代官员或女眷的肖像画，他们衣着华丽、表情冷漠，带着一种遥远而神秘的气息。

在中国风流行的盛期，各国宫廷与上流社会时不时举办"中国茶会"和假面舞会，有人扮作中国人模样出场。据记载，最早出现中国人装扮的是 1655 年的法国宫廷舞会，不久后，戴锥形帽、垂八字须的中国人成为舞会的基本造型之一。在 1658 年凡尔赛宫举办的一次假面舞会上，路易十四的弟弟勃艮第公爵一晚上变换了好几种装扮，最后出场时，他变成了一个"中国人"，在全场翩翩起舞，给人留下了深刻印象。[1] 让·贝兰是路易十四时期著名的宫廷设计师，他的一部分职责是为宫廷策划各种娱乐活动，还为舞会设计服装。他所设计的中国人服装（图 6-6）被刻成铜版画留传下来，有可能就是勃艮第公爵在舞会上所穿的那套服装。

由于中国对公众有着强烈的吸引力，一些以中国人物故事为题材的戏剧在欧洲各国的舞台上演出。其实剧作者多半对中国并无真切的认知，只是生搬硬套地在剧中塞进所谓的

[1] Honour, H. *Chinoiserie: The Vision of Cathay*. London: John Murray, 1961: 62.

中国故事。除少数经典剧作外，剧情大多荒诞不经。但剧中的人物扮相，却反映了当时欧洲人眼里的中国人形象。根据记载，舞台上的中国人往往戴一顶宝塔形状的锥形帽，穿着丝绸长袍，留着长长的八字须。一个与中国有关的特别角色叫"阿勒甘"，在舞台上以中国人的身份插科打诨。在法国和意大利喜剧中，阿勒甘是经常出现的丑角，脸上涂满了红白油彩，身上穿着花彩的服装，诙谐、机智、狡猾、多才多艺、可笑而又可爱。这种所谓的"中国戏"自然谈不上传播中国文化，只不过为取悦观众罢了。在18世纪的中国风设计中，特别是毕芒所塑造的中国人物中，我们似乎不难见到滑稽可笑的阿勒甘的影子。

二、中国人的生活

在欧洲人对中国的想象中，中国人除崇拜偶像外，还崇拜官，有着数不清的烦琐礼仪，其中最常见的是作揖、跪拜与叩头。在有关中国的著述与插图中，有大量这方面的记载。因此在中国风设计中，皇帝或官员常常被刻画得如神一般，拥有无上的权威，大臣或仆从们纷纷向他们跪拜。当然，中国人也在他们的偶像前献上祭品，并大叩其头。

除此以外，在欧洲人的想象中，中国人简直是世界上最懂得享受生活的民族。马可·波罗在谈到游览杭州的感受时，对中国人那种休闲与享受的生活态度印象深刻。他说杭州城的居民们在一天的工作结束后，就带上妻妾与美酒，在西湖上悠闲地泛舟，别的什么也不想。① 纽霍夫的《中国出使记》也描绘了中国人在小船上宴饮的场面（图6-7）。中国人厌恶战争，崇尚和平主义和享乐主义。因此表现在中国风设计中的人物，多为迈着方步、在阳光下交谈、神情悠闲的官员们；百姓中最多的是渔夫，他们或在水面上撒网，或在河边垂钓，或背着渔网走在桥上（图6-8），也有农夫与工匠，他们的工作似乎非常悠闲，充满田园牧歌般的情调；还有音

---

① 李罗.马哥孛罗游记.张星烺，译.上海：商务印书馆，1936：309.

图 6-7　船上宴饮
《中国出使记》插图
1665 年

图 6-8　中国风人物图案
《女士的娱乐》插图
1762 年

乐家弹拨着奇异的乐器，男女老少跳着欢乐的舞蹈，情人们在湖上划着舢板，或者吹笛、宴乐，儿童们沉浸于各种游戏中，妇女们梳妆、饮茶、插花或与婴儿玩耍（图6-9），摊贩们叫卖着瓷器、丝绸或笼中小鸟，杂技演员们翻着跟斗做出各种动作；偶尔也有哲学家作沉思状，但似乎并无深刻的烦恼……这是一个没有战争、没有事务甚至没有时间的世界，中国人幸福地徜徉在其中，消磨着他们无忧无虑的永恒岁月。

当然，中国也有罪犯，会受到法律的严惩，罪犯会被戴上枷锁，并被施以酷刑。事实上，各种刑罚也是欧洲对东方世界的想象之一，纽霍夫《中国出使记》的插图就描绘了戴着枷锁或头上冒烟的囚犯。也许，坏人受到严厉的惩罚，是保证其他人幸福生活的前提，同时酷刑也满足了欧洲人对东方异域的猎奇心理。

更有甚者，真的把世外桃源般的"中国生活"搬到了现实中。1769 年，意大利科洛尔诺有一场贵族结婚庆典，富有创意的意大利人将庆典现场变成了一个"中国庙会"——临时搭建的房屋是中国店铺，点着中国灯笼，仆人们叫卖着中国工艺品，来宾们穿上中国服装，扮成中国人穿梭在集市中。据记载，当时法国与德国的宫廷中也常进行此类娱乐活动。

18 世纪英中式园林在欧洲各地传播时，有一种做法是在湖边建一个"中国村"。景观中自然少不了一座宝塔，还要

请人打扮成中国人模样，吹弹着"中国乐器"，唱着乡间小调，做沉浸式表演。贵族们到此度假，仿佛过上了瓷器图案上描绘的中国生活，他们跳舞、饮茶、垂钓、划船，尽情享受，不亦乐乎。18世纪80年代，法国查尔斯－约瑟夫·德利涅王子在布洛涅兴建了当时欧洲最大的皇家园林，并在其中搭了一个竹篱茅舍的"鞑靼村"（现已不存）。与此同时，德国黑森－卡塞尔的腓特烈二世也在威廉郡的湖边建了个"木兰村"，由一系列散置的小建筑构成，环绕着一条叫作"吴江"的小河。俄国的叶卡捷琳娜大帝，也在芬兰湾的沙皇夏宫中建了一个"中国村"（图6-10），并出乎意料地保存至今。工程始于1784年，但直到1796年女皇去世时，其中的宝塔尚未完工，最终建成已到了1818年。今天，这个中国村仍然是一个充满异国情调的旅游胜地。

三、中国的建筑与风景

风景是中国风设计中最常用的题材，以表明人物所处的环境。现存最早的一幅中国风图案（图6-11），出自荷兰17世纪20年代的图案家瓦伦丁·西塞纽斯之手。背景有枝干

图6-9 中国妇婴版画
弗朗索瓦·布歇设计
1742年
美国大都会艺术博物馆藏

图6-10 俄国沙皇夏宫里的中国村
1784—1786年

图 6-11 中国风图案
瓦伦丁·西塞纽斯绘
1620 年

幼细的树和长尾鸟（像孔雀），凉亭和水车搭建在摇摇晃晃的桥头，桥下有渔夫正在撒网，天上有鸟飞翔，地上有鸡啄食。这一图案的中国风味道已十分明显，甚至让人想起一个多世纪后毕芒的作品。有趣的是，图中还出现了类似希腊潘神的人物，显示了早期中国风设计多元混杂的特点。

建筑是风景图案中最常见的题材。对 17—18 世纪的欧洲人来说，中国建筑并不宏伟，也谈不上坚固，但因为颇具特色而充满了东方情调。马可·波罗在记述杭州城内的风景时，反复提到纵横交错的河道、开阔的湖面、无数弯弯的拱桥（他将拱桥的数量夸张到 12000 座）以及石构与木构的宝塔。16 世纪以来到过中国的欧洲人，也无不留意宝塔（pagoda）与檐角上翘的亭式建筑（pavilion）。

对中国建筑的评价并非都是赞美，在中国传教的耶稣会士李明就认为，中国的建筑虽然华丽，但"在整体上仿佛有一种畸形，使外国人感到不愉快"，"他们营建洞室，兴筑玲珑美丽的假山，用石一一堆砌起来，但除了模仿自然而外并无进一步的设计"。[①]这实际上代表了当时相当一部分欧洲人的偏见，即中国建筑与园林布局不对称，没有严格的秩序，缺乏建筑应有的严肃与庄重感。然而，对同一时代的其他很多人来说，正是这种参差有致的变化、貌似凌乱的无序之美，才是真正值得赞美的。

早期装饰纹样中的中国建筑，有点像带尖顶的帐篷，例如《髹漆论丛》中的中国风建筑。后来的设计对中国建筑的特征抓得比较准了，但总给人轻巧、华丽、不坚固、不持久的感觉（图 6-12）。中国风景主要来自外销瓷与漆绘家具上的山水庭园纹样，典型的画面是这样的：远处是起伏的山峦，

① 赫德逊. 欧洲与中国. 李申，王遵仲，张毅，译. 北京：中华书局，2004：235.

宝塔耸立，近处有檐角上翘的亭阁、树丛等，还有水面与拱桥，有人在岸上活动（常见的是垂钓），有人荡舟水上，岸边花树，天上飞鸟，一派宁静的异域风光。19世纪初英国青花瓷器上的柳树纹样，就表现了这样一种优美的风景。

庭园景色往往与和谐的家居生活相联系，中国艺术中的婴戏图、仕女图可能是设计灵感的来源。画面上，妇女与孩子们在庭园或室内嬉戏，其乐融融。中国绘画中经常出现的山石小景也很受喜爱，欧洲人在模仿时加以夸张，将其变成了岩石与灌木丛的组合。有时在一棵高大的灌木丛下，中国人在树下悠闲地下棋、饮茶、垂钓等，天空中飞着很多鸟。法国博韦织毯厂第二套以中国皇帝为主题的壁毯上，就可以看到仙境般赏心悦目的花园风景。

图 6-12　中国庙宇的图案 1810 年

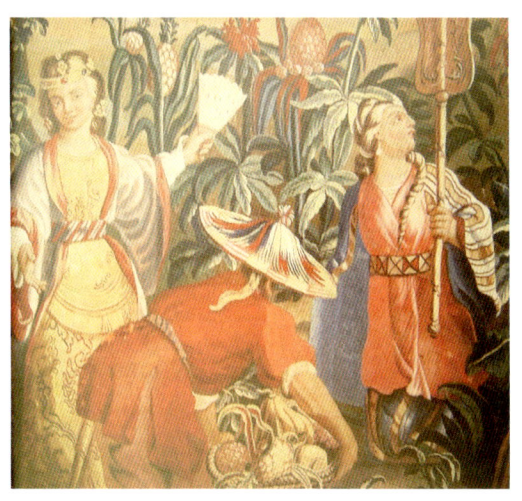

图 6-13　饮茶
壁毯
法国欧比松织毯厂制
1755—1770 年
法国卢浮宫博物馆藏

图 6-14　采摘凤梨
壁毯
法国博韦织毯厂制
18 世纪早期
法国勒布朗 - 杜维诺瓦博物馆藏

四、中国的植物

在中国风设计中，与中国联系最密切的两种植物是棕榈树[①]和凤梨。

一般来说，棕榈树很少出现在中国传统装饰艺术中，也并非西方传统艺术描绘的对象，但却是中国风设计最常见的题材之一。17 世纪末伦敦的索霍壁毯，就刻画了棕榈树下人物活动的情景。棕榈树又名棕树、山棕，原产地在亚洲，中国南方、印度、日本、东南亚均有分布，属于热带及亚热带地区的树种。对 17—18 世纪的欧洲人来说，棕榈树象征着航海的方向——遥远而浪漫的东方。于是，在他们的想象中，中国人就永远生活在棕榈树下了（图 6-13）。普鲁士国王腓特烈大帝的波茨坦中国茶室将柱子做成棕榈树状，则是一种新的用法，隐喻了这种植物所在的国度。

凤梨俗称"菠萝"，是一种热带水果。这种植物原产于巴西，据说 16 世纪时才移植到中国，在东南亚热带地区也多有分布。因此，凤梨虽然不是中国传统装饰艺术的题材，但也代表了东方异域，于是中国又与凤梨联系在了一起。法国博韦织毯厂第一套以中国皇帝的生活为主题的壁毯，其中有一组画的主题是采摘凤梨，画面上中国皇帝和皇后莅临果

---

① 棕榈树和椰子树在当时设计中区别不严格，本书以棕榈树加以说明。

园，而宫女们正搬动满筐的凤梨（图6-14）。德国弗兰肯塔尔窑厂有一件瓷塑作品，就表现了两个东方人合力举起一个壮实的凤梨。①

纽霍夫在《中国出使记》中描绘了南京大报恩寺琉璃塔，顶上的塔刹被欧洲人误认为是凤梨的造型，于是，欧洲的中国风建筑上有时也会顶个凤梨。如德国维尔茨堡一个规则式花园中的中国亭，亭子四角由凤梨树支撑，屋顶上则装饰着凤梨（图6-15）。凤梨还成为纺织品纹样，出现在法国里昂的绸缎织物上。在欧洲，凤梨被认为是亚洲的果实，是中国人好客的象征。

中国传统装饰图案中，真正常用的植物纹样是梅、兰、竹、菊"四君子"，或是由松、竹、梅组成的"岁寒三友"，牡丹、莲花也是最常用的花卉图案，用以组成各种寓意的吉祥纹样。当这些植物纹样随着中国外销艺术品大量输入欧洲时，便与中国发生了高度关联。在花卉纹样中，梅花、菊花、牡丹、杜鹃、睡莲、兰花等，都被认为具有中国情调。此外，茶树也是茶具装饰中常见的纹样。

牡丹在中国象征富贵荣华，杜鹃花源于中国，而菊花不仅是中国，也是日本瓷器中最常见的主题，代表了士大夫高洁的情怀，同时也是对长寿的祝福。桃子在中国与菊花一样代表长寿，有时与佛手、石榴等合在一起，是多寿、多福与多子的象征，称为"三多"或"三果"纹。德国迈森瓷厂在18世纪发展出一种著名的花卉纹样，即"洋葱纹"（图6-16），因其常以青花表现，又称为"蓝色洋葱"。所谓洋葱纹，其主题是由菊花、竹叶和缠枝小朵花组成的丛花纹样，花枝呈S形弯曲，清雅可爱，可装饰在盘、杯、壶等器物上，配饰多为桃形纹样。关于这一纹样的源起，可谓众说纷纭，但它受到东方外销瓷的影响是无疑的。②瓷绘艺术家不能理解菊与桃在东亚文化中的吉祥寓意，对其形式做了基于自身文化的挪用与再创造。

① Impey, O. *Chinoiserie: The Impact of Oriental Styles on Western Art and Decoration*. New York: Charles Scribner's Sons, 1977: 107.

② 洋葱纹样，德文称为 Zwiebelmuster，是德国迈森瓷厂的标志性纹样，约在18世纪30年代末出现，并趋向程式化，欧洲其他瓷厂也有复制，影响广泛。

图 6-15　德国维尔茨堡的中国亭
1763—1774 年

图 6-16　洋葱纹样瓷盘
德国迈森瓷厂制
1760—1774 年

　　18 世纪末，欧洲植物学家到中国寻访这些传说中的花卉，将真实的牡丹与杜鹃从中国引种到欧洲花园中，这些花被认为最适合衬托中国式的宝塔和亭阁。其中最有名的是苏格兰园艺家罗伯特·福琼（Robert Fortune），正是他跑遍了中国的大江南北，将茶树引种到印度，并将数量众多的中国植物带回欧洲。从此以后，这些中国植物就装点在欧洲的花园中了。

　　橘树、竹子、带瘤的扭曲树干、开满花朵的树也属于中国风设计。橘树具有异国情调，凡尔赛宫的花园中整齐地栽种着橘树，英国瓷器的柳树纹样中也有橘树。竹子是中国和日本传统纹样中常用的题材，取其柔韧坚挺、四季常青，是东方的象征符号之一。带瘤的树干与假山一样，其畸形的形态与洛可可设计偏爱不对称、不稳定的视觉效果有内在的联系。中国外销壁纸中的花树、假山、人物等最受英国人喜爱，他们也在中国风壁纸中加以模仿，但花朵都特别硕大，假山奇形怪状（图 6-17），一眼看上去就与中国壁纸相差甚远。英国在室内设计中大量使用壁纸，而法国壁纸的魅力则体现在产品的高档次上：盛开的花树下，戴锥形帽、穿丝绸袍服的中国人拎着一篮子水果，旁边是一张路易十五样式的桌子（图 6-18）。

227

图 6-17　中国风壁纸
英国制
18 世纪
英国维多利亚与艾尔伯特博物馆藏

图 6-18　中国风壁纸
法国制
18 世纪

五、中国的动物

中国风设计中的动物题材非常丰富，经常出现的有龙、凤、狮子、虎、麒麟、孔雀、霍霍鸟、大象、猴子、龟、蝴蝶与其他昆虫等。

龙是一种自然界不存在的神性动物，在中国文化中占有特别的地位，并在艺术上得以充分表现。在中国的阴阳五行学说中，青龙为四个方位神之一，代表东方，其余为朱雀、白虎与玄武，分别代表南方、西方和北方。龙也是中国皇族的象征，代表至高无上的权威。在民间，龙又能呼风唤雨，常与海、河、湖等自然界的恩惠与威胁相联系，神力强大而又变幻莫测。到后来，龙更成为吉祥与灵瑞的神物，明代还出现了蟒、飞鱼、斗牛等似龙一族，装饰在大臣与近侍的服饰上。日本与印度也有龙，且与中国的龙有诸多联系。中国、日本的外销艺术品，更是大量采用龙纹作为装饰。

在欧洲文化中也有怪兽 dragon 的传说，其形象像巨大的蜥蜴，长颈，有着恐龙的身躯和蝙蝠的翅膀、长长的尾巴，能在口中喷火，在天上飞。dragon 力量强大，又是邪恶、黑暗与恐惧的象征。在西方神话故事中，dragon 往往是英雄人物最终战胜并消灭的对象。在《圣经》中，dragon 的出现又象征着世界末日。因此，西方的 dragon 与中国的龙是大相径庭的两种动物。但不知为什么，欧洲人将中国的龙译成了 dragon，而欧洲文化中原本就有这种动物的形象储备，于是在中国风设计中，就直接用西方的 dragon 来表现中国的龙了，这事实上是一种误译。

因此，这种带着翅膀的身躯庞大的 dragon 成了中国皇帝的象征。如博韦织毯厂第一套中国壁毯中，皇帝的身上绣着 dragon，车舆顶上、旗帜上也画着 dragon。陶瓷彩绘、家具雕饰以及其他中国风设计中也经常表现 dragon 的形象。特别是 19 世纪初英国卡尔顿宫中国沙龙以及皇家布赖顿宫，简直是以 dragon 为主题而设计的。到处都是 dragon，它们或盘在

顶上，或缠在柱上，或立在壁炉前，或出现在壁画上，让人感觉到一丝恐怖（图6-19）。瑞典王后岛中国宫建筑外墙上也有dragon的装饰，形象类似，却给人相对温和的感受。

从龙的象征意义与文化内涵上说，把中国的龙与西方的dragon扯在一起是错误的。中国的龙是吉祥的，被当作图腾或民族的象征，与西方文化中的dragon毫无关联。遗憾的是，至今西方仍普遍把中国的龙称为dragon，这是不妥当的；同样，西方的dragon也不宜翻译为"龙"。

凤也与中国有着很深的渊源。在中国古代传说中，凤凰有着美丽的羽毛，是众鸟之王，"有凤来仪"是吉祥的征兆，象征福瑞，也有浴火重生的意义。因此，美丽的凤与龙一样，长期以来是中国装饰艺术反复表现的题材。明清时期，凤作为一种祥禽，在外销艺术品上无处不在。

中国的凤最早现身西方，据说是在12世纪前期拜占庭的一个象牙装饰的圣物箱（图6-20）上，现藏于法国特鲁瓦市的一座教堂。这一展翅欲飞的凤鸟形象，可能来源于当时输入的中国丝绸织物。对凤的崇拜不是中国独有的，在西方和中东的传说中，也有一种神鸟，称为phoenix，相传每500年集香木自焚，从死灰中更生，被称作"不死鸟"。11—12世纪正值宋代，中国与西方之间往来的陆上丝绸之路不复通

图6-19 英国布赖顿宫宴会厅屋檐上的龙

图6-20 有凤鸟装饰的圣物箱
拜占庭制
12世纪前期
收藏于法国特鲁瓦市

图 6-21　中国风陶盘
法国制
1770 年
法国巴黎装饰艺术博物馆藏

图 6-22　瓷塑霍霍鸟
软瓷
英国鲍窑厂制
1750 年

畅，与欧洲文明发生冲突与交流的多为伊斯兰国家。13 世纪，中国文化随着蒙古人的西征向西方传播，出现在欧洲装饰艺术中的中国纹样也通常经过了伊斯兰文化的改造。因此，17—18 世纪欧洲中国风设计中出现的凤，才真正是从中国外销艺术品上拷贝过去的。但中国风设计很少单独表现凤，而往往将凤与各种景物画在一起，热闹非凡。

除凤以外，孔雀也与中国风设计关系密切。孔雀是一种热带动物，在中国传统艺术中代表吉祥，而对欧洲人来说，孔雀与棕榈树、凤梨一样充满着异国情调。然而孔雀与凤常被混淆，有时被统称为"长尾鸟"。它们优雅地栖在树上，或在地上迈步，拖着长长的美丽尾羽（图 6-21）。

在西方中国风设计中最常见，或者说与中国关联度最高的，还有所谓的"霍霍鸟"。这种鸟的来历不甚清楚，头部像凤，应该也是从凤的造型中变化而来的。从霍霍鸟的发音来看，还有一种可能是日语"凤"的发音。不管怎样，在欧洲人的概念中，霍霍鸟才真正是中国人的宠物。在 18 世纪的中国风设计中，凡有中国人出现的地方，常伴随着霍霍鸟。在雕刻繁缛的镜框上，霍霍鸟悠闲地梳理着羽毛；在精致复杂的镀金陈设品上，霍霍鸟又努力地攀着洛可可涡卷向上爬（图 6-22）。

231

还有一些鸟也与中国想象结合在一起。一种为鸬鹚（鱼鹰），元代鄂多立克的中国游记中，就称中国人借助鸬鹚的帮助而捕鱼，这种奇特的风俗具有极强的异国情调，令人称奇。[1] 16世纪来到中国的葡萄牙人伯来拉与多明我会传教士克路士，都在游记中提到了鸬鹚捕鱼的习俗。[2] 事实上，这种捕鱼方式一直到20世纪中期还常见于中国南方。因此，鸬鹚也经常作为渔夫的助手出现在中国风设计中（图6-23）。第二种是鸵鸟，在18世纪欧洲人的想象中，鸵鸟在中国用来拉车。这种巨型的鸟奔跑在中国街道上，车上乘坐着乐天的中国人。然而在某些情形下，中国人也围猎这些身躯庞大的鸟。1956年拍摄的电影《八十天环游世界》中，英国绅士福格的仆人路路通与追踪他们的侦探就在香港坐着鸵鸟拉的车满街跑。总之，我们可以在中国风设计中找到各种鸟的造型，树枝上停着鸟，天空中飞着鸟，人们的手上提着鸟笼，中国这个国度不仅鲜花盛开，还是鸟的天堂。

与中国风设计相关的动物中，猴子是必不可少的。在18世纪法国壁画中，有一种类型是"猴戏"（singerie），描绘猴子穿着人的服装，模仿人的行为举止。许多法国画家尝试过这类题材，贝兰与华托都创作过猴戏。但从18世纪20年代起，猴戏中的猴子脱下了法国服装，穿起了中国服装，成为中国人身边不可缺少的帮手。画家于埃就以在尚蒂伊城堡创作精彩的大猴戏图而著名。迈森瓷厂的中国风产品中也能经常见到猴戏，可以说猴戏是迈森瓷厂杰出的主题之一。

猴子怎么会成为中国风的元素之一？这至今是个不太清楚的问题，因为中国外销艺术品中很少表现猴子，即使有也不穿衣服，但穿衣服的猴子却是猴戏的基本特征。当

图6-23 中国风冰酒器
法国樊尚窑厂制
1750年
法国塞夫勒国家陶瓷博物馆藏

[1] 海屯, 鄂多立克, 盖耶速丁. 海屯行纪 鄂多立克东游录 沙哈鲁遣使中国记. 何高济, 译. 北京：中华书局, 2002.

[2] 博克舍. 十六世纪中国南部行纪. 何高济, 译. 北京：中华书局, 2002：95.

图 6-24 中国人与猴子助手
《中国图说》插图
1667 年

然，耍猴是市井上经常上演的街头节目，但没有证据表明欧洲的猴戏受到中国民间耍猴杂艺的影响。前述荷兰作家蒙塔努斯曾提到，东方人将猴当作神来崇拜；基歇尔在《中国图说》中也提到，中国人用猴子当助手，并配了一幅插图说明（图 6-24），这完全是欧洲人虚构出来的，并不符合事实。无论这种题材起源于何处，18 世纪的猴戏已经与中国风联系起来了。在尚蒂伊城堡精彩的壁画中，于埃笔下的猴子不仅是中国人的助手，还充满生气地在洛可可涡卷上奔跑，或拿豌豆枪互相瞄准等，表现了作者丰富的想象力（图 6-25）。而在毕芒的另一幅壁画作品中，猴子还被请上了神坛，几个中国人向猴子顶礼膜拜。

大象是印度、东南亚常见的动物，也是中国传统纹样中的瑞兽。王子与公主打着伞盖坐在象背上缓缓行走的情景，特别具有异国情调。老虎生活在亚洲，既是猛兽也是吉祥动物，特别是日本外销瓷器上经常描绘老虎与竹篱的形象，是柿右卫门瓷器的常用图案之一。狮子是吉祥动物，由于中国人将其画得像京巴狗，被西方人称为"福狗"。于是，大象、

老虎与狮子理所当然地被用于中国风设计。此外,骆驼、松鼠、鹌鹑也与中国风设计有关,其中后两种是日本外销瓷上经常采用的纹样题材。

最后还有一种常见的动物形象是昆虫。在中国装饰艺术中,花鸟虫鱼是常用的题材。蝴蝶翩翩起舞不仅是一种美丽的意象,也有吉祥寓意。传统纹样"瓜瓞绵绵",就是用瓜与翩飞的蝴蝶来寓意子孙繁衍、人丁兴旺的。但对讲究透视与比例的西方设计师来说,中国图案中的蝴蝶、蜻蜓等昆虫的尺寸与花草相比明显偏大了。于是,"硕大的昆虫"也成为中国风设计的特征之一。在中国人的头顶上飞翔的,不仅有各种鸟类,还有蝴蝶、蜻蜓等昆虫(图6-26)。

六、中国的器物与交通工具

在西方的中国风设计中,经常出现一些特定的器物,仿佛是标明身份的道具般与中国人须臾不离。其中与人物关系特别密切的,主要有伞盖、乐器、旗帜等等。伞或伞盖是最常出现的道具,无论在哪个设计领域,也无论在哪个发展阶段,中国风设计中的人物总是与伞形影不离。重要人物如皇帝与官员出场,头上必定撑着一把圆柱形伞盖;而普通中国人,则常撑一把锥形的小伞。在河边垂钓的中国人,划着小

图6-25 法国尚蒂伊城堡大猴戏图(局部)
克里斯多夫·于埃绘
1735年

图 6-26　中国风瓷盘
法国吕纳尔窑厂制
1770 年
法国塞夫勒国家陶瓷博物馆藏

图 6-27　中国皇帝
《中国出使记》插图
1665 年

① 拉达.记大明的中国事情//博克舍.十六世纪中国南部行纪.何高济,译.北京:中华书局,2002:185.

② 利玛窦,金尼阁.利玛窦中国礼记.何高济,王遵仲,李申,译.北京:中华书局,2001:83.

船的中国人,靠着岩石读书的中国人,走在桥上的中国人,沿着台阶走向亭子的中国人……在中国风设计中,只要是中国人就似乎永远撑着一把伞。

　　中国古代舆服制度中,重要人物出行的确配有伞盖,以示威仪;而南亚印度也常用到伞盖,伞盖也是重要的佛教艺术素材。蒙迪最早介绍明代中国的那幅素描作品(见图 1-9)中,办案的官员身旁就有一个仆从为他举着伞。纽霍夫《中国出使记》中描绘的清代皇帝,头上也撑着一把伞,伞在这类场合代表权力的威严(图 6-27)。普通中国人在生活中也离不开伞,16 世纪来到中国的西班牙人拉达在《记大明的中国事情》中称,中国人在"太阳最烈的时候,每个人都带着自己的伞和蝇拂,不管他多穷多贱"①。利玛窦也说伞是中国人日常服饰的一部分,出门总要带着伞以遮太阳。②在中国风设计中,伞的应用范围被扩大了,成为中国人任何时候都随身携带的道具。德国波茨坦的中国茶室的顶端坐了一个撑伞的中国人,荷兰艺术家设计的"撑伞美人"纹样,就是

235

两个女子与一把伞的组合。意大利威尼斯曾经出现过一种摇篮，底下用带瘤的树枝托住，旁边有一只霍霍鸟，亲切地注视着摇篮中的婴儿，而一把小巧可爱的伞从另一端摇摇晃晃地伸过来，刚好遮住婴儿的脸。昂纳评论称，这种摇篮就像霍霍鸟的窝，可能只适合中国的婴儿。[1]除了伞以外，中国人物的手中偶尔也举蝇掸，只是不及伞的应用场合更广。

中国音乐家还有一些奇妙的乐器，让欧洲人充满了好奇。一是铃铛，源于中国的宝塔类建筑，挂在屋檐下的铃铛在风中摇曳作响，悦耳动听。在欧洲人的想象中，中国人好像爱上了铃铛，如钟座图案上的中国人，身后的木架子上缀满了铃铛（图6-28），甚至举着的伞檐上也挂着铃铛。二是铜锣、琵琶、箫、竹笛、笙等中国传统乐器。中国音乐家通常手持这些乐器，忘情地演奏着富有异国情调的东方乐曲。

旗帜与扇子也与中国风有关。中国风设计中常能见到迎风飘扬的旗帜，有三角形的，也有鱼尾形的，四周饰有流苏。中国皇帝出场，仪卫手中必举着绘有龙纹的旗帜，而普通中国人也经常肩扛或手持着小旗帜，似乎有着特殊的用途。龙舟上也有旗帜迎风飘扬，象征着前进的方向。

扇子是18世纪欧洲贵族妇女生活中不可缺少的道具，扇子的开启与合拢有着微妙的含义，甚至发展出所谓的"扇语"。中国外销艺术品中有大量扇子，刺绣的、镂刻的、羽毛的，应有尽有。还有一种长柄的扇子，通常持于侍从手中，与伞盖一样起到衬托主人威仪的作用。

中国外销艺术品中还有大量传统器物纹样，如博古、八宝、八吉祥、灯笼之类，均蕴含着吉祥美好的寓意。西方设计师对中国器物的象征性不甚了解，只是将其作为纯粹的装饰元素。如四季平安，是花瓶中插着四季花卉的形象，但中国风设计只取瓷瓶与花卉的装饰性；在模仿中国的杂宝纹样时，由于不理解这些器物组合的寓意，将每件器物都打上了缎带，以示装饰。19世纪中期，琼斯还称杂宝为"一些与构

图6-28　法国钟座上的中国风图案
1720年
法国卡纳瓦莱博物馆藏

[1] Honour, H. *Chinoiserie: The Vision of Cathay*. London: John Murray, 1961: 121.

图6-29 龙船迎客
版画
意大利威尼斯制
1716年

图毫无关联的离散图案"[1]。有的中国风图案索性自创一路，将象征中国的几件道具如锥形帽、伞、瓷器、扇等组合成纹样，可谓中国风杂宝纹样。

中国风设计中经常出现的题材还有交通工具。在欧洲人的想象中，中国人出行主要靠轿子、舢板、龙舟和手拉车等。轿子在中国的确很普遍，到中国旅行的欧洲人对此留下了深刻印象。18世纪中国风盛行时，不少欧式轿子被制造出来，并绘上中国风图案。有的贵族还模仿中国人坐轿出行，如德国巴伐利亚的王子主教据说也曾乘着轿子巡视教区。因此，中国人坐轿与抬轿的形象也出现在中国风设计中。

舢板是欧洲人到广东开展贸易时见到最多的小船，中国人摇着这种灵活的小船穿梭在外国商船之中，运货上船或相互联络，因此舢板也是中国风的元素之一。赛龙舟是中国的传统习俗，尤其是在南方，端午节赛龙舟是春夏之交盛大的节日。纽霍夫的《中国出使记》就有一幅插图描绘了广州赛龙舟的场面。丹麦哥本哈根罗森堡宫的漆绘房间中，也有中国人赛龙舟的画面。1716年德国萨克森选帝侯奥古斯特二世访问威尼斯时，威尼斯人别出心裁地举行了隆重的龙船游行来迎接他，船头船尾上插着巨大的伞盖，还安排了"中国音乐家"在船上演奏。有人将这一戏剧性场面用版画的形式记载了下来（图6-29）。[2]

[1] 琼斯.装饰的法则2：中国纹样.徐恒迦，译.南京：江苏凤凰文艺出版社，2020：149.

[2] 莫瑞纳.中国风：13世纪—19世纪中国对欧洲艺术的影响.龚之允，钱丹，译.上海：上海书画出版社，2022：232.

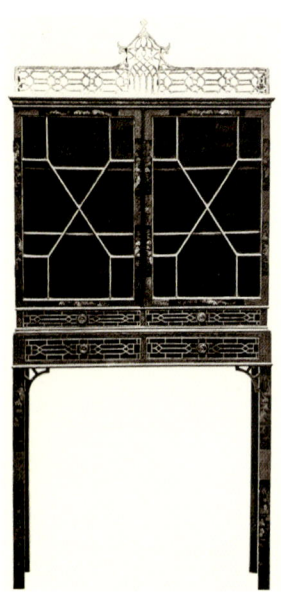

手推车则是中国公主与贵妇出行的交通工具，我们可以从法国博韦壁毯厂主题为"皇帝的接见"和"集市"的两幅壁毯中看到坐在手推车上的公主形象。而这种设计的来源，很可能与荷兰作家蒙塔努斯日本游记中的风情画有关（图6-30）。

七、中国的几何结构

在中国风设计中，几何纹样有菱形、龟甲、回纹、钱纹之类，主要来源于中国与日本的外销艺术品。但有一种几何结构特别受到重视，成为英国中国风设计的重要元素，这就是直线结构的棂格纹。棂格是中国建筑中窗户、隔扇、栏杆以及室内、家具装饰中常用的装饰性结构，它形式多变，兼具功能性与装饰性。棂格结构被用于中国拱桥上的栏杆、中国风建筑上的门窗、中国风家具的靠背与挡板等（图6-31）。[①]有些英国府邸的栏杆和扶手也直接采用了棂格结构。棂格纹样还多用于边饰，18世纪末19世纪初几个辉煌的中国风设计，如意大利巴勒莫中国宫的壁画四周，就用了这种棂格纹装饰，而英国的布赖顿宫，更是处处可见这种几何元素的应用，特

图6-30 日本风情画中的手推车
阿诺德斯·蒙塔努斯日本游记中的插图
1669年

图6-31 英国家具中的棂格装饰
18世纪

① Gruber, A. *Classicism and the Baroque in Europe*. New York: Abbeville Press, 1996.

图 6-32　棂格图案
保罗·德克尔设计
1759 年

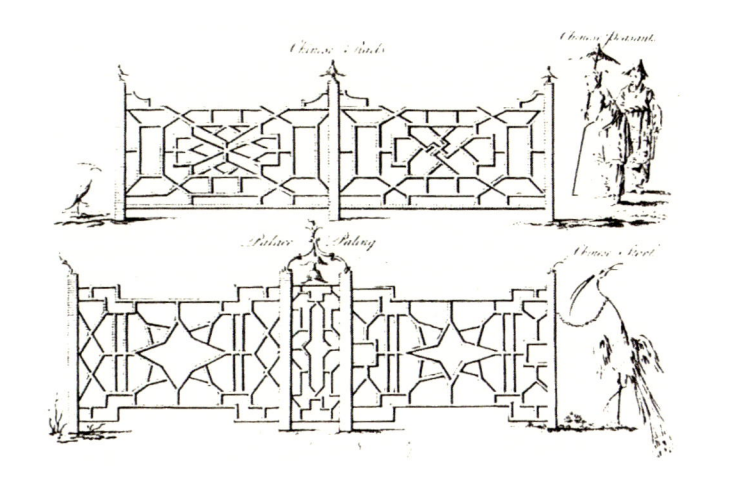

别是其中的走廊与壁画四周。棂格也经常出现在中国风图案上（图 6-32）。直到今天，棂格纹仍被认为是中国装饰艺术的要素之一。

第二节　中国风设计的形式

中国风设计除了采取符号式的题材外，在色彩、构图和造型上也具有鲜明的特点。这些特点与中国外销艺术品的装饰风格密切相关，并通过中国风设计影响到欧洲 17—18 世纪的装饰艺术。

一、中国风设计的色彩

中国风设计以色彩丰富而著称，在色彩配置方面有一定的特色。归纳起来有三种，一种是蓝与白的配置；一种是黑、红与金的组合；还有一种是浅色地上配有柔美的彩色。当然并非所有的中国风设计可以这样分类，只是这三种色彩配置比较典型且多见。

1. 蓝与白的配置

中国风设计的色彩特点，首先是蓝白两色的组合，青花

图 6-33 诸神之宴
乔瓦尼·贝利尼绘
约 1514 年
美国国家美术馆藏

瓷是这种配色的来源。青花瓷始烧于唐代,但未能进一步发展。元代时景德镇开始批量烧制青花瓷,主要出口中东市场,这就是举世闻名的"元青花"。明代,青花釉下彩已成为中国陶瓷产品的主流,16—17 世纪,中国向欧洲大量输出的也是青花瓷。16 世纪威尼斯艺术家乔瓦尼·贝利尼(Giovanni Bellini)的杰作《诸神之宴》中就出现了青花瓷(图 6-33)。17 世纪的尼德兰绘画,特别是在静物画中,更时不时可以见到青花瓷,蓝白两色在画中是醒目的存在。17 世纪中期,荷兰代尔夫特开始仿照明代的青花瓷生产白底蓝花的中国风釉陶产品,并因工匠们的流动影响到欧洲各地的窑厂。到 18 世纪中期,中国或欧洲本土产的蓝白纹样的陶瓷器,就几乎进入欧洲每个中产以上的家庭了。因此,蓝白两色的组合被认为最具中国特色。

中国风陶瓷除蓝白两色外,有时还会加上红彩,构成蓝、白、红三色的组合。法国鲁昂窑与纳韦尔窑都有相当出色的三色釉陶产品,纹样典雅华美,极具装饰魅力。这种色彩配

图 6-34 德国宝塔宫的室内 18 世纪初

置形式,与日本出口欧洲的伊万里瓷有关,中国也生产了不少伊万里类型的瓷器外销欧洲,故青花加红彩也打上了中国烙印。

除了陶瓷产品外,蓝与白的色彩组合还延伸到了其他装饰领域。从凡尔赛的特里亚农宫可以看出这种影响。前面已经谈到,路易十四的特里亚农宫是欧洲样式的单层建筑,外观与中国建筑没有关联,然而却被公认为是中国风建筑的开端。中国元素首先体现在用釉陶面砖装饰外墙与室内,其次体现在蓝白两色的色彩配置上。据文献记载,除釉陶面砖为青花外,其余室内装饰也采用蓝白两色为主色调,如用来包覆椅子坐垫、靠背的织物是白地蓝花或金色与银色条纹的塔夫绸,床上的幔帐也用蓝白两色。虽然装饰主题以小爱神丘比特等欧洲传统元素为主,但色彩配置让人强烈地联想到中国。[1]当年的特里亚农宫现已不存,有人根据资料用绘画形式重现了瓷宫的内部装饰,现藏于凡尔赛博物馆。此外,巴伐利亚选帝侯在慕尼黑所建的宝塔宫和宁芬堡宫,也仿照了特里亚农宫,其天顶和墙面用了蓝白两色的釉陶面砖加以装饰(图 6-34)。

[1] Honour, H. *Chinoiserie: The Vision of Cathay*. London: John Murray, 1961: 54.

蓝白两色的配置还用于家具设计。1694年9月，建筑师克里斯托夫·匹兹勒（Christoph Pitzler）在其游学途中访问了柏林的奥拉宁堡宫。据他描述："装饰得极美，配置着漆木的橱柜和椅子，有些是达哥利在柏林制作的漆家具，其中有一个像瓷器一样漆成蓝白两色。"对这种色彩配置，他评论说：与城堡的瓷宫应该非常协调吧。[1]欧洲18世纪蓝白两色的中国风家具以法国宫廷为多，有一部分保存至今（图6-35），有一种纯净而优雅的美。除家具外，印花棉布上也常出现白地蓝花的配置，被认为最适合表现中国风图案，如英国布罗姆利印花厂向北美市场输出的中国风印花布，白底蓝花，图案采用了法国艺术家毕芒的设计（图6-36）。

图6-35 蓝白色斗柜
法国制
1743年

图6-36 印花棉布
英国布罗姆利印花厂制
18世纪晚期至19世纪初

2. 黑、红、金的三重唱

黑色与金色、红色与金色，或黑红两色与金色的色彩组合，来源于中国与日本外销漆器。特别是日本漆家具，最常见的是在黑漆底上描金，在漆面上表现东方风景与花鸟图案，即所谓"莳绘"。

中国漆器的传统是红黑两色，《韩非子·十过》有言"禹

[1] Jarry, M. *Chinoiserie: Chinese Influence on European Decorative Art, 17th and 18th Centuries*. New York: The Vendome Press for Sotheby Publications, 1981.

图6-37　漆柜
法国制
1745年
法国卡纳瓦莱博物馆藏

图6-38　大键琴
法国制
1786年
英国维多利亚与艾尔伯特博物馆藏

作为祭器，墨染其外，而朱画其内"，可见其传统之悠久。至清代，漆器工艺更加成熟，品种很多。其中外销漆家具也常用黑地描金，与日本漆器相仿。17世纪后期螺钿嵌镶家具的色彩较为丰富。到18世纪，外销漆家具变得富丽堂皇，底色则多为红色或黑色，用描金或描彩表现纹样。因此，正如青花瓷的色彩联想是蓝白两色，中国及日本漆家具的色彩联想是黑、红、金三色。17—18世纪的欧洲中国风家具和乐器经常采用这一类型，或者黑地、红地金彩，或者红、金、黑三色组合，表现东方的人物与风景，极具魅力（图6-37、图6-38）。漆绘的另一用武之地是室内壁板装饰，17—18世纪出现在欧洲各国的漆屋有相当一部分是黑漆或红漆描金的，如意大利北部皮埃蒙特一府邸内部的红漆屋，是红色地上用金色表现中国风图案的典型案例，富丽豪华而又充满异国情调（图6-39）。

黑地金彩的另一表现载体是瓷器。18世纪90年代的法国塞夫勒瓷，发展出一种仿漆器的瓷器品种，即在黑色瓷面上用金色描绘中国风景人物。虽然这一时期新古典主义风头正盛，但法国宫廷似乎保持了对中国风的爱好。如仿中式葫

芦瓶（图 6-40），黑漆般的地色上以金彩为主描绘中国风景人物，图案明显是毕芒的风格。这种类型的塞夫勒瓷在美国大都会艺术博物馆中也有不少收藏。

3. 彩色之美

从 17 世纪后期起，外销瓷中的青花瓷逐渐被彩瓷所取代。到 18 世纪，中国彩瓷开始大量出口，先是康熙年间的所谓"绿彩"，后是乾隆年间的"玫红彩"，前者是中国传统的五彩，色彩比较硬朗，并偏向绿色调，而后者则是汲取了西洋风格的洋彩，即粉彩，色彩较为柔和，并以大胆采用粉红、玫红等艳丽的色彩而著称，影响更大。

这些彩瓷进入欧洲后，取代青花瓷成为中国瓷器的代表，特别在法国很受欢迎。在其影响下，欧洲各地的中国

图 6-39 意大利皮埃蒙特的中国风红漆屋
18 世纪

图 6-40 黑地描金的塞夫勒瓷
18 世纪 90 年代
美国大都会艺术博物馆藏

图 6-41 中国风彩瓷
德国迈森瓷厂制
1725—1730 年

风釉陶和瓷器产品也逐渐从青花瓷向彩瓷过渡，当然其中也有日本彩瓷的深刻影响。德国的迈森瓷厂后来转向华丽的彩瓷（图 6-41），法国塞夫勒瓷也以色彩富丽而著称，其中极漂亮的玫红色彩瓷，更获得了"蓬巴杜玫瑰"的称号，创造出法国洛可可艺术的杰作。有意思的是，英国在色彩偏好上也有点特别。当其他国家都转向彩瓷时，英国一直保持了对青花瓷的爱好。

中国风设计的丰富色彩，除受到彩瓷影响外，其他影响因素包括印度印花棉布、中国手绘壁纸、丝绸与刺绣以及外销漆家具中的款彩装饰。印度印花棉布在白色地上装饰色彩丰富的花树纹样，而中国手绘壁纸与丝绸的底色多为浅亮的奶白、米黄、浅绿、浅粉等，用柔丽的色调装饰花树与鸟，也极为优雅迷人。19 世纪晚期的图案家琼斯，对中国艺术品的配色能力十分推崇，他出版的《中国纹样》一书，主要选取了蓝白和五彩这两种配色，他认为："中国人在色彩的搭配上自成一格，他们擅长处理复色：大面积运用浅蓝、浅绿、浅粉色，深绿色、紫色、黄色和白色则用得较少。他们的作品中毫无粗糙和突兀之处，轮廓、颜色的平衡和搭配都令人赏心悦目。"①既然中国纹样的配色如此优美,向中国人学习色彩配置就是一件值得去做的事。

二、中国风设计的构图

受中国外销艺术品的影响,中国风设计在构图与造型上也很有特点,主要表现在以下几个方面。

一是不对称与不规则构图。中国风设计是在模仿中国外销艺术品的基础上发展起来的,因此,在构图上得以突破欧洲古典主义严谨的教条,背离对称、直线、硬朗、冷峻的风格,而走向不对称、曲线、柔和与温情的一面,这正与洛可可的时代要求相适应。而中国题材的异国情调,以及它所引发的想象空间与轻松态度,与一本正经、严肃庄重的古典主义在思想情感上也是不一致的。

二是鸟瞰的视野与散点透视。中国风设计吸收了中国外销艺术品的特点,特别是其中的风景人物纹样,采用了鸟瞰的角度与散点透视的画法,这与西方绘画强调从一个固定的视角去观察景物、用焦点透视的画法呈现出来是很不相同的。无论是山水还是庭园,观赏者总是处于居高临下的地位,不受固定视域的局限,流水、小桥、花树、建筑,一切历历在目。当然西方艺术家在描绘东方景物时,也会采取焦点透视的画法,以适合西方的审美习惯。

三是不严格的比例关系。中国装饰艺术的另一个特点是象征性大于再现性,大到建筑、小到蜂蝶,可以处处精致生动,但并不追求严格的比例关系。中国风设计也模仿了外销艺术品的这种特点,如出现特别大的蝴蝶与蜻蜓等昆虫图案。1760 年在伦敦出版的《女士的娱乐或漆艺指导》(*The Ladies' Amusement: Or, the Whole Art of Japanning Made Easy*)一书,在为读者提供了中国风图案时又忠告说:中国图案太随意了,甚至会出现蝴蝶上支撑着大象的荒诞画面,虽然它的色彩非常美丽。②作者以夸张的比喻,说出了东方

① 琼斯. 中国纹样. 侯晓莉, 译. 上海: 上海古籍出版社, 2022: 4-5.

② Honour, H. *Chinoiserie: The Vision of Cathay*. London: John Murray, 1961: 137.

图 6-42　漆器图案
荷兰仿日本漆柜上的装饰
18 世纪前期

图 6-43　印花棉布
法国或英国制
1765 年
英国维多利亚与艾尔伯特
博物馆藏

图 6-44　丝绸手绘设计稿
绘制于法国
18 世纪
中国丝绸博物馆藏

装饰不那么严格遵循比例关系的事实。

中国风设计在构图上有两种模式最为常用，值得引起我们的注意。一是索霍壁毯采用的那种浮岛式构图，二是毕芒图案中常用的不稳定构图。浮岛式构图以索霍壁毯为代表，将画面进行岛与海的分割，中国风场景——棕榈树、建筑、宝塔、人物局限在一个个浮岛上，而海则将不同场景的岛串联在一起，组成一个整体。这种模式来源于东方漆家具，其实就是散点透视式构图的一种。从中国风家具的漆绘图案中，就能感受到这一点（图 6-42）。这种浮岛式构图在家具装饰、刺绣壁挂与纺织品设计上得到了广泛的应用，具有很好的装饰感（图 6-43、图 6-44）。

毕芒式中国风设计的构图中，画面常设一高点，如建在假山上的宝塔、搭在树枝上的亭阁等，有曲折的台阶或带有栏杆的小桥可以登临（见图 6-36）。有的构图整体呈 X 形，画面中间有一个中心支点，有的呈 S 形或 Z 形，中国人物挂在树枝上表现各种杂技（图 6-45），总之给人以轻快、运动、梦幻等不稳定的感觉。这种构图形式在漆绘壁板、纺织品中都能见到。

247

中国风设计的构图模式很多，以上所述是比较特别的两种，以浮岛式构图最为流行，故提出来举例说明。

第三节 中国风设计的性质特征

爱德华·W.萨义德在《东方学》中说：东方不仅与欧洲相毗邻，它也是欧洲文明和语言之源，是欧洲文化的竞争者，是欧洲最深奥、最常出现的他者形象之一。[1]中国风设计也是如此，它所表达的中国，是西方根据自己的需要进行想象而塑造的异域。套式化的表现、符号化的题材、别具一格的色彩与构图，在彰显异国情调的同时，也让欧洲自身的艺术特征鲜明起来。在论述了中国风设计的时代背景、风格来源、发展演变与不同国家的表现异同，以及这种风格在题材、色彩、构图等形式上的一些特点后，基本上可以对中国风设计的性质特征做以下概括。

图6-45 中国风图案
让－巴蒂斯特·毕芒设计
18世纪晚期

一、自由与轻松的气质

首先，中国风主要体现在艺术设计或曰装饰艺术领域，而在被欧洲视为纯艺术的架上绘画与雕塑艺术中鲜见。这与欧洲对中国绘画与雕塑的评价有一定关系。利玛窦对中国工艺技术非常钦佩，但他却批评中国的绘画与雕塑："中国人非常喜好绘画，但技术不能与欧洲人相比，至于雕刻和铸工，更不如西方。……他们不会画油画，画的东西也没有明暗之别；他们的画都是平板的，毫不生动。雕刻水平极低，我想除了眼睛之外，他们没有别的比例标准；但是尺寸较大的像，眼睛极不可靠，而他们有非常庞大的石像与铜像。"[2]与利玛窦一样，17—18世纪的西方知识阶层无法理解中国文人画的笔墨情趣以及诗画合一的意境，对那种逸笔草草的构图为

[1] 萨义德.东方学.王宇根，译.北京：生活·读书·新知三联书店，2019：2.

[2] 利玛窦.利玛窦全集（第一册）.刘俊余，王玉川，译.台北：光启出版社，1986：18.

何被中国人如此爱重大惑不解。因此，17—18世纪，中国与欧洲在纯艺术领域的交流是极为有限的，中国对欧洲绘画与雕塑的影响也很浅表。即使17—18世纪出现了一些中国题材绘画，其人物造型、构图、表现技法也基本上是西方的，只是以中国人或中国事物作题材而已。至于雕塑，也多为瓷塑人物以及中国风建筑的附属作品。

其次，属于中国风设计的建筑多为娱乐与休闲性建筑，而严肃建筑少见。中国风建筑的首创者——凡尔赛的特里亚农宫，与路易十四的宠妃——蒙特斯潘夫人有关，具有私人空间的性质；腓特烈大帝的中国茶室，也是一个休闲、度假的地方；瑞典的中国宫是王室的度假夏宫，在天气好的情况下，国王一家会驱车前往，在中国宫中度过属于他们自己的愉快时光。

18世纪，英国风景式园林风靡欧洲，其中点缀了无数华而不实的中国式建筑，主要是亭、阁、塔之类的小建筑，以及中国式的拱桥。英国的坎伯兰公爵在弗吉尼亚湖中小岛上建起了一组中国风建筑，由一座小巧玲珑的拱桥与岸边相连，屋顶呈圆形或八角形攒尖式，顶上还有伞形装饰，里面有客厅、客房和卧室等。还有一条豪华的中国游船，船身上画着一条巨大的龙（见图4-39）。这也是一个具有异国情调的消闲去处，公爵在此处招待的贵宾中，包括他的侄子——后来的英国国王乔治三世。

最后，住宅建筑的室内常采用中国风设计，但大厅或正式的房间一般不用，当然中国宫除外。中国风建筑给人以不够牢固、不够严肃的观感。当时有一种普遍看法，即中国风不适合用于建筑，而用于室内则比较合适。19世纪初英国摄政王为布赖顿宫寻求设计方案时，建筑师威廉·坡顿（William Porden）曾设计了一个中国式的宫殿，但后来这个方案被接任的另一位设计师汉弗莱·莱普顿（Humphrey Repton）所否决，他的理由是："土耳其式是希腊风格的末流，摩尔式是哥特风格的坏典型，埃及式对一个皇家离宫来说太沉重了，而中国式从建筑外观来说太轻盈了，不够大气，用于室内正合适。"[1]最终的方案是，只在室内设计中采用中国风，而建筑外观采用印度莫卧儿王朝的风格。

在中国风的流行高潮中，欧洲各地城堡、庄园出现了大量中国房间。这些庄园的主体建筑通常采用欧洲传统样式甚至古典主义风格，但这不妨碍主人将其中的一个或几个房间做成中国风格。这样的例子比比皆是。从文献记载和保留至今的遗址看，这些中国房间大多为小沙龙、起居室、音乐室、卧室、化妆间、穿衣间、走廊等。一般来说，一幢建筑中最重要的大厅、正式客厅与书房等处，较少采用中国风设计。由于采用中国风的房间多为女士们的生活空间，因此中国风又带有明显的脂粉气，而与大厅、书房等男性空间的阳刚气质形成对比。

二、多元混合的异国情调

17—18 世纪，东方航线的开辟、东方贸易的兴起，将一个丰富多彩的东方世界呈现在欧洲人的眼前，也使中国——这个在西方文化背景中时隐时现的国度变得不再遥远。如果说文艺复兴让欧洲人的目光从上帝的天堂转向人间，那么，地理大发现就是从欧洲本土转向整个世界。中国是一个多么奇妙的所在，她位于世界的另一端，悠久的文化、众多的人民、奇异的风俗、美丽的风景，甚至她的动物与植物，一切的一切，都与世界的另一端有着巨大的差异。中国还意味着源源不断的财富、建功立业的机会和激动人心的探险经历。而且，对17—18 世纪的欧洲来说，中国还是一个值得在文化与制度上学习的楷模。因此，中国热以及它的重要表现形式——中国风设计是时代的产物，反映了欧洲对中国、对东方、对一切未知世界的热情与向往。

距离产生美，中国被想象成一个鲜花盛开的国度，一个

[1] Honour, H. *Chinoiserie: The Vision of Cathay*. London: John Murray, 1961: 190.

充满各种奇异事物的地方。于是，威严的中国皇帝，戴锥形帽、着丝绸长袍、留八字须的中国人，檐角上翘的亭阁宝塔，模仿自然的不规则花园与拱形小桥，奇异的凤鸟与霍霍鸟，展翅飞翔的龙，奇形怪状的假山岩洞，带瘤的树枝与盛开的牡丹花……一切足以引发东方幻想的人与物，都在中国风设计中表现出来，使得这种风格带有一种格外夸张的、炫耀般的异国情调。

距离又产生误解。特别是在中国风形成的17世纪后期，欧洲人的地理概念比起对东方的热情来是大为逊色的。东印度公司的商船把一批批珍贵而奇异的东方宝物带到港口，人们争相追逐。除了学者与大收藏家，普通人分不清印度、日本、东南亚与中国的区别，因此把东方笼统地称为中国是可以理解的，有时干脆统称为东印度。人们热情地把一切东方装饰元素应用到中国风设计中，于是中国风设计不可避免地成为异国情调的大拼盘。1608年，英国的约翰·泰勒（John Taylor）在出版一本刺绣花样集时，用一首诗来描述当时的东方纹样："这些珍贵的花样啊，越过了穆罕默德的地盘，它来自广阔的中国，来自东方王国，就如来自伟大的墨西哥、西印度。"[1]到18世纪，欧洲人的东方地理知识拓展了，但此时中国风设计的风格已经形成了。

因此，刻意追求异国情调是中国风设计的重要特征之一。对此我们不能苛责17—18世纪的欧洲人，除了政治家与汉学家，普通人不可能深入东方地理与文化的专业层面，他们对异国情调的爱好与追求，其实折射的是欧洲将整个世界纳入视野的雄心，是世界主义视野在装饰艺术上的反映。

三、浅近易变的流行时尚

中国与欧洲位于地球的东西两端，在漫长的历史进程中分别形成了自己的文化传统与艺术特征，这是两种性质很不相同的文明，虽然双方很早就隐隐约约地得知对方的存在，

---

[1] Honour, H. *Chinoiserie: The Vision of Cathay*. London: John Murray, 1961: 47.

但彼此之间基本上没有接触。达·伽马开辟东方航线以来，东方那迷人的面纱被撩开了，中国近了。但受时代与地理的局限，一方面，中国未能有意识地将自己的优秀文化艺术展示给欧洲，在当时的条件下也不可能，于是传教士、商人和外销艺术品，阴差阳错地承担了中西文化交流的历史责任；另一方面，受制于有限的信息源，欧洲对中国感到神秘与难以理解，对中国文化与艺术的解读是有较大误差的。一般人并不了解中国，只是在器物层面上感知中国文化，这种感知自然是相当浅薄的。其实反过来更甚。因此，在这种情形下出现的中国风设计，也具有浅近易变的时尚性质，是随着西方艺术风尚的变化而变化的。

这种性质首先体现在中国风设计的流行层面上。很多人追随中国风，仅仅因为它是一种时髦的风格，可以满足对异国情调的爱好。在法国，因为宫廷与上流社会流行中国风，市民阶层也就趋之若鹜；而在德国与其他欧洲国家，因为法国宫廷喜爱中国风设计，遂将这种装饰风格作为法国的时尚心向往之。因此，对欧洲宫廷贵族来说，中国与其说在东方，不如说在凡尔赛宫更加合适。当这种风格盛行时，到处都能见到异国情调的中国风设计，而一旦不再流行，中国风设计也就很快在人们的视野中销声匿迹。

其次体现在对待中国艺术的态度上。我们看到，17—18世纪欧洲的中国风设计，对"中国元素"的应用有很强的随意性，缺乏足够的尊重与理解。很多中国人物的造型让人感到滑稽可笑，有的设计甚至让猴子穿上中国服装，在嬉戏打闹中形成轻松欢快的气氛。特别是毕芒的中国风设计，从人物到环境，都给人强烈的娱乐气息。如对中国器物纹样、花卉纹样的利用，也是纯粹从装饰的角度出发的，对其象征意义一无所知，也不去追究其文化寓意。

最后是体现在中国风设计多为表面装饰，一般不涉及内在结构。这是因为，中国与欧洲文化毕竟差距较大，如果说装饰纹样只是表层的符号系统，那么结构则是深层的技术系统，表层符号可以随流行而变，而技术系统却有着深厚的传统积累，不能轻易改变。因此我们看到，即使钱伯斯的邱园宝塔在外表上很接近中国建筑，但实际上其内部结构仍然是欧洲传统的做法。遍及各地的中国风小建筑，尽管有着宝塔顶和檐角上翘的曲线，却不可能采用中国的斗拱与梁架系统。英中式园林虽然强调自然并在其中增添了一些亭台楼阁与拱桥，但与中国古典园林"天人合一"的哲学意境相差甚远。中国风家具、金属制品和陈设品，大多采用欧洲的工艺和结构，只是表面采用中国风图案。陶瓷的情况有点复杂，纹样和造型均有采用中国样式的，如中国的盖罐、葫芦瓶等，但总的来说，中国风设计对纹样的借鉴更甚于对造型的借鉴。纺织品在纹样上可以表现中国风，但织造技术甚至丝线的加捻方式，都与中国不同，以至于可以从技术上判断一件织物是中国外销艺术品还是欧洲的仿制品。因此，欧洲对中国艺术的借鉴以表面装饰的模仿为主，而当中国风不再流行时，要更换装饰是很容易的。

四、符号化、套式化的表现手法

17—18世纪西方的中国风设计，是以符号化、套式化的形式来表现异国情调的，也唯其如此，这种风格具有鲜明的特征，使其与中国外销艺术品区别开来。

我们发现，通过对中国外销艺术品和中国游记之类插图的解读，设计师与消费者实际上在头脑中对"中国"已产生了某种认知，他们对中国"应该"是什么样的非常清楚，而对"实际"是什么样的则不去思考。他们将"中国"用一系列符号来代表，比如棕榈树与凤梨代表两种生长在中国的植物，牡丹和杜鹃是盛开在中国大地上的鲜花，龙、凤与霍霍鸟是与中国人关系密切的动物；男人戴着锥形帽，女人穿着长裙，出门要在头上撑着伞，大肚子和尚是中国人崇拜的偶像，而无所事事与悠闲自得则是他们对生活哲学的深刻理解。

当中国被分解为一系列的符号后，剩下的事就是以某种形式将它们组合起来。青花瓷的蓝与白，东方漆器的黑色、红色及表现纹样的金色，外销彩瓷上丰富而柔美的配色，是中国艺术在色彩上的体现；而遵循不对称、不规则，追求复杂的曲线与繁缛的形式，则是"中国式"的构图与造型。于是，中国风设计也就完成了从符号化向套式化转变的过程。

当华托在缪埃特城堡描绘那个接受两位男子崇拜的优雅的中国女神时，当布歇在画上表现岸边垂钓的老人与年轻姑娘时，当毕芒让笔下的中国人旋转着跳起轻快的舞蹈时，当设计师们在家具、纺织品、墙面上挥洒着中国风图案时，当宫廷贵族与市民阶层购买和消费这类产品时，所有人都清楚地知道，那是"中国风格"。唯独当这些作品展示在中国人面前时，会让人心生疑惑且备感惊讶！

第四节　中国风设计的地位与评价

异国情调、多元混杂、时尚浅近等表述，往往与中国风设计联系在一起，使它在艺术史上的地位与评价并不高。但中国风设计一个多世纪的流行，是否只是一个文化的误读呢？中国风设计在艺术史上应该有什么样的地位呢？我们应该如何来评价这种装饰风格呢？

一、中国风设计的历史地位

首先，中国风设计在西方的流行，是有其深刻的历史背景的，并非仅是西方艺术家在东方文化中寻找灵感的形式游戏。它见证了一段真实的历史，是一个伟大时代在设计领域的侧影。诚然，17—18世纪的中国风设计是对中国文化不真实的反映，也与真正优秀的中国艺术相去甚远，但是，它却真实地反映了当时的西方对中国的理解，表达了人们对那个美好世界的向往，即便这种理解充满了谬误。遥远的地理距离和文化差距是客观存在的，我们不能责备当时的中国人为什么不向西方输出"中国艺术的精华"，而要让民间作坊大批量生产的外销艺术品充当宣扬中国文化的使者，也不能责备当时的西方人为什么把中国外销艺术品当作中国艺术的全部，还将日本、印度与中国元素混在一起，追求异国情调。事实上，混淆与误解才是文化交流中经常出现的现象。即使在今天，不同的文化之间又能在多大程度上相互理解呢？被中国文人们珍视的写意水墨，又有多少西方人能理解其中的妙处呢？从某种程度上说，不同文化的真正融合，只是一厢情愿的设想，深层次的差异是不可能彻底消除的。也许，"和而不同"才是这个世界应该追求的理想状态吧。

总体来说，相比精神层面的纯艺术，物质层面的装饰艺术更容易拉近不同文化之间的距离。因此，要了解17—18世纪西方人眼中的中国与中国文化，去看一下中国风设计吧。中国风设计见证了这段真实的历史。今天，如果我们要了解17—18世纪中国文化在西方的传播，为这一段时期的中西文化交流寻找一种典型的文化现象或象征性标志的话，也只有中国风设计。

其次，中国风设计并非毫无创造性。中国风设计糅合了各种东方风格，又要迎合西方市场对异国情调的追求，的确不伦不类，不中不西，自问世起就不断刺激着风格纯化论者的眼睛。但如果我们换一种宽容与欣赏的态度去看，又何尝不是一种创造？由于文化上的差异性，西方普通民众对中国的艺术精品往往敬而远之，对中国风设计却有一种亲近感。如果中国风设计仅仅依靠对中国外销艺术品的拙劣模仿，毫无创造性，是不可能保持长达一个多世纪的流行的。比如普鲁士国王腓特烈大帝的那个中国茶室，柱子采用象征东方的棕榈树形状，就是一种很有创意的做法。相比之下，后现代主义设计杰作——汉斯·霍莱因（Hans Hollein）设计的维也纳奥地利旅游局办公室，用象征热带气候的金属棕榈树柱子隐喻旅游目的地，就像是一个后来者了。

再次，18世纪晚期以后，中国风设计衰退，但并非彻底消亡。在某种程度上，它已经成为西方17—18世纪艺术遗产的一部分，在西方设计史上占有一席之地。无论是19世纪的洛可可复兴，还是20世纪的新艺术与装饰艺术风格，每当社会上出现怀旧思潮时，都有中国风设计的再现，且其依然带着18世纪的独特气质。工业革命以来，随着现代科学技术的不断发展，工业化程度越来越高，生活节奏越来越快，但人们还是会怀念手工业时代的纯真，怀念18世纪的浮华与浪漫，而中国风设计正是与那个梦幻般的时代结合在一起的，轻松、愉悦、岁月静好，令人沉醉。

最后要说明的是，在欧洲近代的文化背景中，"东方"有着特殊的意义。从马可·波罗时代以来，欧洲人就对海的那一边的未知世界充满了幻想。那个美好的仙境般的Cathay其实是属于西方文化的，即使现实中的中国并不如他们想象般浪漫，但Cathay却长久地留在了人们的记忆中。因此，虽然中国风设计以中国事物为题材，借鉴了某些东方艺术的形式，但在本质上，它是一种西方风格，我们没有必要将它与中国艺术联系在一起，也没有必要刻意地贬低与捧高它。

二、对中国风设计的评价

西方人掌握的中国艺术知识大大拓展以后，再回过头来看17—18世纪大量输入欧洲的中国外销艺术品，以及在其影响下发展起来的中国风设计，就有了一种客观的新认识。chinoiserie这个词，不见于17—18世纪，事实上在1840年以前的出版物中都没有，它最早被收入的词典是1880年的法语词典《法兰西学院词典》，之后又被收入《牛津英语词典》。从那以后，其意义也越来越复杂。综观国内外学者对中国风设计的评价，有下面几种略有不同的观点。

一种观点认为，中国风设计是当时欧洲对中国文化输入的一种浅层次的反映，是对中国外销艺术品的拙劣的模仿，且局限在装饰艺术——物的层面，对欧洲高雅艺术——精神的层面几乎没有影响。

英国艺术史家迈克尔·苏立文的《东西方美术的交流》一书，主要探讨了17世纪以来东西方在美术领域的交流及相互影响，对中国风设计有涉及，但着墨不多。在谈到这种风格时，苏立文认为："虽然这种中国风格，或者叫作似是而非的'中国美术趣味'，当时在欧洲非常流行，却只限于对一些次要的或者装饰性的艺术产生影响，见于于埃和毕芒的阿拉伯图案和拙劣的模仿作品，见于异国情调的家具、织物和壁纸，上面的图案大多呈洛可可风格……对高雅艺术的影响却微乎其微。"[1] 由于欧洲艺术家坚持空间中对象的立体表现是绘画的基本理念，那么让他们去接受和欣赏真正的中国艺术几乎是不可能的。

雷德侯（Lothar Ledderose）在《16—18世纪欧洲艺术中的中国影响》（"Chinese Influence on European Art, Sixteenth to Eighteenth Centuries"）一文中讨论了中国对欧洲艺术的影响："在中国地位越高的艺术，如书法，对欧洲的影响就越小；反之，在欧洲地位越高的艺术，其受中国影响的程度也越低。因此，交流与影响只是在装饰艺术的层面上展开的。"[2] 显然，他认为中国对欧洲艺术的影响是极为浅表的，只表现在中国风设计这类设计的物质层面上。

这种观点同时也认为中国风设计扭曲了中国艺术的形象，认为中国外销艺术品本身就是中国艺术的末流，而中国风设计又是模仿末流的设计，对中国艺术的形象是一个破坏。也就是说，一群唯利是图的中国商人和浅薄无知的欧洲大众，共同促成了中国风设计的流行。

赫德逊在《欧洲与中国》一书中称，"洛可可的设计家们从中国撷取的，只是投合他们趣味的东西，而这仅是中国

---

[1] 苏立文.东西方美术的交流.陈瑞林，译.南京：江苏美术出版社，1998：109-110.

[2] Ledderose, L. Chinese Influence on European Art, Sixteenth to Eighteenth Centuries. In Lee, T. H. C. (ed.). *China and Europe: Images and Influences in Sixteenth to Eighteenth Centuries.* Hong Kong: The Chinese University of Hong Kong Press, 1991: 222.

传统的一个方面；大部分唐宋时代的艺术，他们即使认识到也不会欣赏。他们对于中国艺术天才所擅长的宏伟与庄严无动于衷，他们仅只寻求他那离奇和典雅的风格的精华。他们创造了一个自己幻想中的中国，一个全属臆造的出产丝、瓷与漆的仙境，既精致而又虚无缥缈，赋给中国艺术的主题以一种新颖的幻想的价值，这正是因为他们对此一无所知"[1]。

许明龙在《欧洲十八世纪"中国热"》中谈到，中国风设计是对中国外销艺术品的模仿，"或由于模仿水平不高，或由于对中国缺乏真切的了解，或由于消费者不喜欢百分之百的中国风格，欧洲瓷器上的中国场景往往不中不西"。"然而，对中国缺少真切了解的欧洲人以为这就是中国风格，丝毫不觉得古怪。这种不三不四的东西本应受到中国人的鄙夷，然而由于在欧洲市场上旺销，商人们为了迎合欧洲市场的需要，竞相制作被称作洋彩或广彩的出口瓷器。"他认为，"洋彩实际上是仿制品的仿制品，完全不能代表中国的艺术，但欧洲人却误以为这就是地道的中国风格。令人啼笑皆非的是，洋彩上这种不中不西的绘画，后来更应用在欧洲的建筑装饰、壁画以及挂毯上，成了一个时期中极具代表性的中西文化交流的成果之一"。[2]因此，中国风设计扭曲了欧洲人对中国的认识，洋彩之类的商品大概也起了这种负面作用。

还有一种观点否认中国风设计是对中国外销艺术品的拙劣模仿，其灵感虽然得自中国外销艺术品，但却包含着欧洲的传统与创造力。中国风研究的开创者昂纳在《中国风：中国的幻象》的前言中说，中国风是一种西方风格，而不是如汉学家讲的那样，是对中国艺术的拙劣模仿，它表现出一种与18世纪哥特复兴风格相似的思想方法；那些创造了杰出中国风设计的艺术家们，把他们想象中的一个美妙而充满诗情画意的世界、一个在距离而不是年代上遥远的国度凝固成永恒。[3]昂纳对中国风怀有一种亲切感。他回忆说，从孩提时代起，每天在餐桌上就能见到瓷盘上的柳树纹样，那些建

[1] 赫德逊.欧洲与中国.李申,王遵仲,张毅,译.北京:中华书局,2004:229.

[2] 许明龙.欧洲十八世纪"中国热".太原：山西教育出版社,1999:122-123.

[3] Honour, H. *Chinoiserie: The Vision of Cathay*. London: John Murray, 1961: Preface I.

筑、树、拱桥、鸟，以及匆匆行走在拱桥上的三个人，使他从小就对中国有一种似曾相识的感觉。这种感觉和经历，使很多西方人对中国风设计抱有一份好感。

雅各布森在《中国风》（Chinoiserie）的前言中说：中国风是一种奇异的风格，它全然是一种欧洲风格，而它的灵感却全然来自东方。真正的中国风不是对中国物品苍白而拙劣的模仿，它与欧洲对东方的联想密切相关——异国情调、遥远的国度、富裕神秘等等。发现一个新世界，一个与熟悉的平凡生活截然不同的另一个世界，是一个至今让人们激动的理想。[1]

帕特里克·科纳（Patrick Conner）在《西方的东方建筑》（Oriental Architecture in the West）一书的前言中认为，装饰在18世纪欧洲园林中的众多中国风小建筑自有其可爱与迷人之处，不应被视作"华而不实的玩意儿，或假冒的东方建筑"而一笔抹杀。这类多种文化的混血作品，也是包含着很多创意的。科纳甚至认为，20世纪以来最具创意的一些作品，也是多元文化混血的。[2]

在最近被译成中文出版的《中国风：13世纪—19世纪中国对欧洲艺术的影响》一书的导论中，作者莫瑞纳说："中国风是西方特有的文化现象，是西方人心目中的中国形象……中国风并不局限于某一特殊的艺术媒介或特定的时代风格，它是一种广泛的文化艺术诉求，从舞台剧到陶瓷工艺，从哲学到室内装饰，从漆器工艺到音乐，在相当长的一段历史时期内伴随着欧洲文明而成长。中国风在欧洲的产生与发展，对欧洲艺术有着深远的影响。""从宏观的全球化的角度来看，我认为可以把中国风看成是一座连接不同文化和国度的桥梁。通过这座桥梁，不仅是货物，更重要的是思想、信息和知识可以在互惠互利的情况下在彼此之间自由流通。中国风的意义不仅仅是对某一艺术情况的考量，它更深层次地代表了人类勇于探索、乐于摒除文化藩篱、互相交往的美好愿望和诉求。"[3]

---

[1] Jacobson, D. *Chinoiserie*. London: Phaidon Press Limited, 1993: 6.

[2] Conner, P. *Oriental Architecture in the West*. London: Thames and Hudson Ltd., 1979: 6.

[3] 莫瑞纳. 中国风：13世纪—19世纪中国对欧洲艺术的影响. 龚之允，钱丹，译. 上海：上海书画出版社，2022：1，5.

严建强《十八世纪中国文化在西欧的传播及其反应》则从文化的角度看待中国风设计：从一个更广泛的角度来看，所谓"中国风"或"中国情趣"并不仅仅局限于艺术风格或审美趣味的狭隘领域，也不只是针对装饰艺术而言的，它涉及对生活以及对自然的态度，反映着一种人生的价值取向。但无论怎样，这种艺术风格、审美情趣和生活态度的形成，在某种意义上可以被看作欧洲对中国文化的一种反应，是利用他们心目中的中国文化形象进行模仿和创作的结果。①

上述论点都有理有据，其实彼此之间没有实质性分歧，只是从不同角度出发看问题。否定的观点可以归纳为两点。一是血统不纯，18世纪末的中国风批评者们，将火力集中在这种风格的异国情调上，它的华而不实、不对称、轻盈等挑战了古典主义神圣不可侵犯的原则，因此必欲驱之而后快。而汉学家与中国学者也对这种异国情调颇感不快，认为是对中国风格过于怪异的诠释，扭曲了中国形象，是对中国艺术的亵渎。这两种观点在某种程度上都强调了艺术风格的血统性，似乎只有血统纯正的艺术才是值得尊重的形式，而中国风设计恰恰就是这样一种不伦不类的风格，因此不值得推崇。二是浅薄性，中国风设计是对中国艺术拙劣的模仿和浅薄的诠释，中国文化对欧洲高雅艺术没有影响。而肯定的观点则认为中国风设计并非一味模仿，是一种以东方为素材的欧洲风格，强调了包含在其中的创造性。无论对中国风设计有着怎样的褒贬，有一点是肯定的，即只有到了19世纪末甚至20世纪初以后，当浪漫的中国梦幻散去，真正的中国艺术开始显山露水以后，回顾艺术史，才有可能对这种流行了约两个世纪的装饰艺术风格进行客观的评价。

最后，借用昂纳在《中国风：中国的幻象》中的一段话来对本书做一个总结：

---

① 严建强.十八世纪中国文化在西欧的传播及其反应.杭州：中国美术学院出版社，2002.

今天，虽然没有人相信那个由华托、布歇、毕芒等人描绘过的，在十七、十八世纪的瓷瓶和漆器上栩栩如生的、美丽而浪漫的国度，在历史和地理的概念中存在过，但这个鲜花盛开的乐土，却从此留在了记忆中——诗一般的舒适浪漫。花园中盛放着杜鹃花、牡丹花和菊花。生活中最重要的事，莫过于在宁静的湖边一个带棂格窗的亭阁中坐下来喝一杯茶，看柳树那感伤的枝条飘拂，聆听笛子和叮当作响的乐器中流淌出来的音乐。人们在无忧无虑地跳着舞，永远跳着、跳着，在美妙的瓷做的宝塔之间。[1]

无论如何，那个被西方创造出来的美好的中国幻象——Cathay 是永恒的！尤其是人类社会陷于经济衰退、战火纷飞、瘟疫肆虐的灾难之中时，对 Cathay 的期待就更为真切。

[1] Honour, H. *Chinoiserie: The Vision of Cathay*. London: John Murray, 1961: 225.

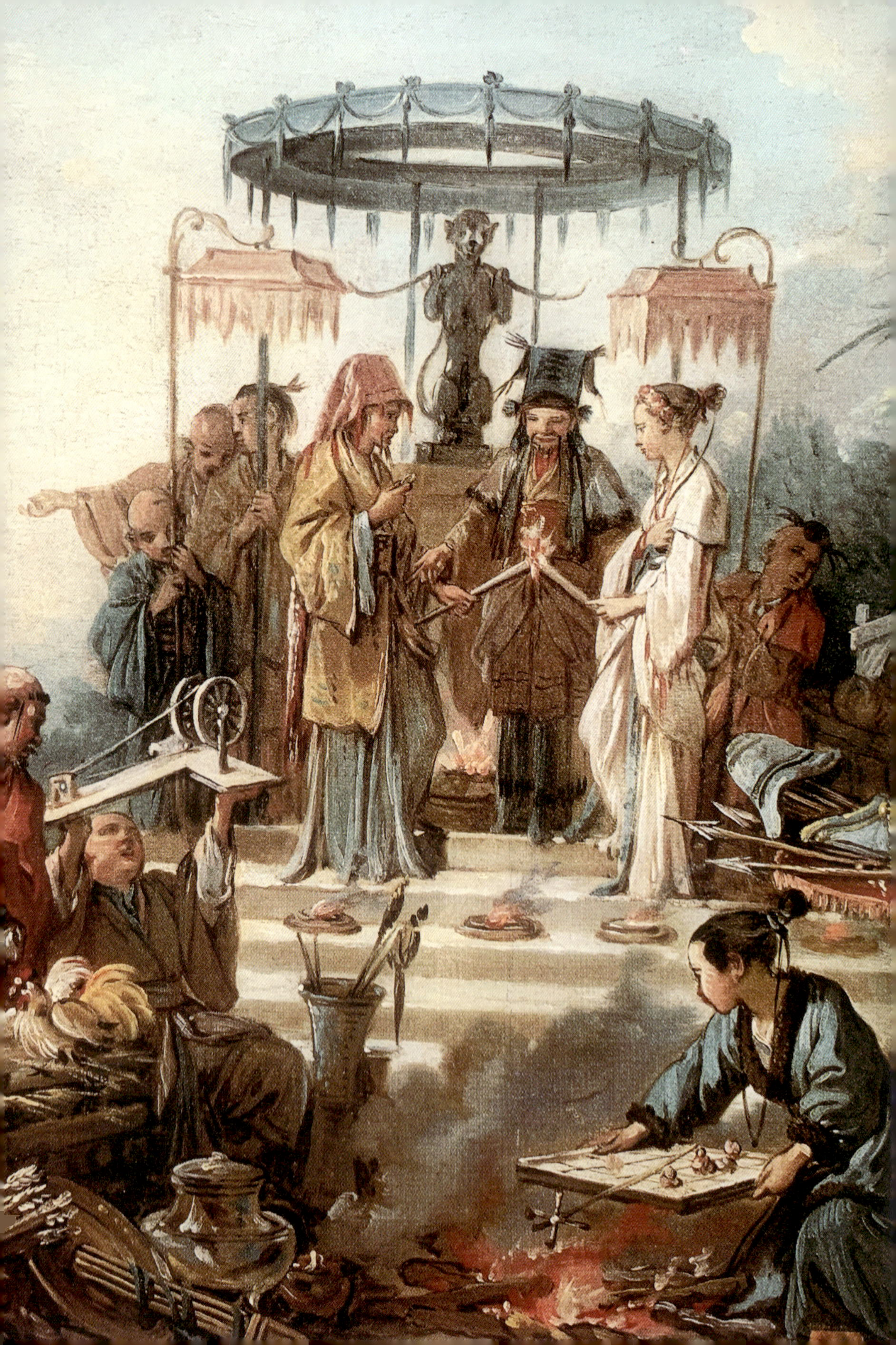

参考文献

一、外文专著

Alexander, W. *The Costume of China, Illustrated in Forty-Eight Coloured Engravings.* London: William Miller, 1805.

Arminjon, C., Brunhammer, Y., Deschamps, M. et al. *L'Art de Vivre: Decorative Arts and Design in France 1789–1989.* New York: The Vendome Press, 1989.

Catello, E. *Cineserie e Turcherie Nel'700 Napoletano.* Napoli: Sergio Civita Editore, 1992.

Chambers, W. *Designs of Chinese Buildings, Furniture, Dresses, Machines, and Utensils.* London: Published for the author, 1757.

Conner, P. *Oriental Architecture in the West.* London: Thames and Hudson Ltd., 1979.

Crossman, C. L. *The Decorative Arts of the China Trade: Paintings, Furnishings and Exotic Curiosities.* Easthampton, MA: Antique Collector's Club, 2004.

Fee, S. *Cloth that Changed the World: The Art and Fashion of Indian Chintz.* New Haven: Yale University Press, 2020.

Gruber, A. *Classicism and the Baroque in Europe.* New York: Abbeville Press, 1996.

Harris, J. *5000 Years of Textiles.* Washington, D. C.: Smithsonian Books, 2011.

Honour, H. *Chinoiserie: The Vision of Cathay.* London: John Murray, 1961.

Hoskins, L. *The Papered Wall: The History, Patterns and Techniques of Wallpaper.* London: Thames & Hudson Ltd., 2005.

Hughes, P. *Eighteenth-Century France and the East.* London: The Trustees of the Wallace Collection, 1981.

Impey, O. *Chinoiserie: The Impact of Oriental Styles on Western Art and Decoration.* New York: Charles Scribner's Sons, 1977.

Jacobson, D. *Chinoiserie.* London: Phaidon Press Limited, 1993.

Jarry, M. *Chinoiserie: Chinese Influence on European Decorative Art, 17th and*

18th Centuries. New York: The Vendome Press for Sotheby Publications, 1981.

Jones, C. *Madame de Pompadour: Images of a Mistress.* London: National Gallery, 2002.

Jourdain, M. & Jenyns, S. *Chinese Export Art in the Eighteenth Century.* London: Country Life Limited, 1950.

Kiewe, H. E. *Civilisation on Loan.* Oxford: Alden Press, 1973.

Lach, D. F. *Asia in the Eyes of Europe: Sixteenth Through Eighteenth Centuries.* Chicago: The University of Chicago Library, 1991.

Lee, T. H. C. *China and Europe: Images and Influences in Sixteenth to Eighteenth Centuries.* Hong Kong: The Chinese University of Hong Kong Press, 1991.

Macquoid, P. *A History of English Furniture (Volume Four): The Age of Satinwood 1770–1820.* New York: Dover Publications Inc., 1972.

Meister, P. W. & Reber, H. *European Porcelain of the 18th Century.* Ithaca: Cornell University Press, 1980.

Nosch, M.-L., Zhao, F. & Varadaraja, L. *Global Textile Encounters.* Oxford: Oxbow Books, 2014.

Peck, A. *Interwoven Globe: The Worldwide Textile Trade, 1500–1800.* New Haven: Yale University Press, 2013.

Ribeiro, A. *Dress in Eighteenth-Century Europe 1715–1789.* 2nd ed. New Haven: Yale University Press, 2002.

Ruskin, A. *17th & 18th Century Art.* New York: McGraw-Hill, 1969.

Seattle Art Museum. *Porcelain Stories: From China to Europe.* Seattle: University of Washington Press, 2000.

van Dam, J. D. *Delffse Porceleyne: Dutch Delftware 1620–1850.* Zwolle: Waanders Publishers, 2004.

von Erdberg, E. *Chinese Influence on European Garden Structures.* New York: Hacker Art Books, 1985.

Whitehead, J. *The French Interior in the Eighteenth Century.* Singapore City: Laurence King Publishing, 1992.

二、译著

Hodges, F., Coad, E. D., Stone, A. 等 . 新设计史 . 李玉龙，张建成，译 . 台北：

六合出版社，1992.

阿罗姆.百年前的中国——19世纪大英皇家建筑师Thomas Allom笔下的中国画卷.宗端华，黄曦，译.北京：中国青年出版社，2016.

埃利亚斯.文明的进程（Ⅰ）.王佩莉，译.北京：生活·读书·新知三联书店，1998.

艾兹赫德.世界历史中的中国.姜智芹，译.上海：上海人民出版社，2009.

昂纳.中国风：遗失在西方800年的中国元素.刘爱英，秦红，译.北京：北京大学出版社，2017.

孛罗.马哥孛罗游记.张星烺，译.上海：商务印书馆，1936.

毕宗陶.中国陶瓷在英国（1560—1960：藏家、藏品与博物馆）.赵亚静，译.上海：上海书画出版社，2017.

伯德莱.清宫洋画家.耿昇，译.济南：山东画报出版社，2002.

伯恩斯坦.伟大的贸易：贸易如何塑造世界.郝楠，译.北京：中信出版集团，2020.

柏朗嘉宾，鲁布鲁克.柏朗嘉宾蒙古行纪 鲁布鲁克东行纪.耿昇，何高济，译.北京：中华书局，2002.

伯克.图像证史.杨豫，译.北京：北京大学出版社，2008.

博尔热.奥古斯特·博尔热的广州散记.钱林森，张群，刘阳，译.上海：上海书店出版社，2006.

博克舍.十六世纪中国南部行纪.何高济，译.北京：中华书局，2002.

卜正民.维米尔的帽子：17世纪和全球化世界的黎明.黄中宪，译.长沙：湖南人民出版社，2017.

布罗斯.发现中国.耿昇，译.济南：山东画报出版社，2002.

德勒热.丝绸之路：东方和西方的交流传奇.吴岳添，译.上海：上海书店出版社，1998.

德瓦尔.白瓷之路——穿越东西方的朝圣之旅.梁卿，译.桂林：广西师范大学出版社，2017.

杜赫德.耶稣会士中国书简集（共六卷）.耿昇，等译.郑州：大象出版社，2001，2005.

范岱克.广州贸易——中国沿海的生活与事业（1700—1845）.江滢河，黄超，译.北京：社会科学文献出版社，2018.

费希尔.东方草木之美：绽放在西方的73种亚洲植物.王瑜玲，译.北京：北京联合出版公司，2019.

芬雷.青花瓷的故事：中国瓷的时代.郑明萱，译.海口：海南出版社，2015.

冯·埃德伯格.中国对欧洲园林建筑的影响.陈健，译.武汉：华中科技大学出版社，2022.

甘雪莉.中国外销瓷.张关林，译.上海：东方出版中心，2008.

戈岱司.希腊拉丁作家远东古文献辑录.耿昇，译.北京：中华书局，1987.

格兰西.建筑的故事.罗德胤，张澜，译.北京：生活·读书·新知三联书店，2003.

古斯塔夫.中国花梨家具图考.高灿荣，译.台北：南天书局，2014.

哈里斯.纺织史.李国庆，孙韵雪，宋燕青，等译.汕头：汕头大学出版社，2011.

海屯，鄂多立克，盖耶速丁.海屯行纪　鄂多立克东游录　沙哈鲁遣使中国记.何高济，译.北京：中华书局，2002.

赫德逊.欧洲与中国.李申，王遵仲，张毅，译.北京：中华书局，2004.

基歇尔.中国图说.张西平，杨慧玲，孟宪谟，译.郑州：大象出版社，2010.

加纳.东方的青花瓷器.叶文程，罗立华，译.上海：上海人民美术出版社，1996.

柯蒂埃.18世纪法国视野里的中国.唐玉清，译.上海：上海书店出版社，2006.

柯玫瑰，孟露夏.英国国立维多利亚与艾伯特博物馆中国外销瓷.张淳淳，译.上海：上海书画出版社，2014.

拉铁摩尔，拉铁摩尔.丝绸、香料与帝国——亚洲的发现.方笑天，袁剑，译.上海：上海人民出版社，2021.

勒纳，米查姆，伯恩斯，等.西方文明史.王觉非，等译.北京：中国青年出版社，2003.

利玛窦.利玛窦全集（第一册）.刘俊余，王玉川，译.台北：光启出版社，1986.

利玛窦，金尼阁.利玛窦中国札记.何高济，王遵仲，李申，译.北京：中华书局，2001.

利奇温.18世纪中国与欧洲文化的接触.朱杰勤，译.北京：商务印书馆，1991.

列略.棉的全球史.刘媺，译.上海：上海人民出版社，2018.

龙思泰.早期澳门史.吴义雄,郭德森,沈正邦,译.北京:东方出版社,1997.

马士.东印度公司对华贸易编年史(1635～1834年)(第一、二卷).区宗华,译.广州:中山大学出版社,1991.

曼德维尔.曼德维尔游记.郭泽民,葛桂录,译.上海:上海书店出版社,2006.

莫瑞纳.中国风:13世纪—19世纪中国对欧洲艺术的影响.龚之允,钱丹,译.上海:上海书画出版社,2022.

欧文.伊斯兰世界的艺术.刘运同,译.桂林:广西师范大学出版社,2005.

派尔.世界室内设计史.刘先觉,译.北京:中国建筑工业出版社,2003.

浅田实.东印度公司——巨额商业资本之兴衰.顾姗姗,译.北京:社会科学文献出版社,2016.

琼斯.世界纹样.周思成,译.北京:商务印书馆,2019.

琼斯.中国纹样.周硕,译.北京:商务印书馆,2019.

琼斯.中国纹样.侯晓莉,译.上海:上海古籍出版社,2022.

琼斯.装饰的法则.徐恒迦,黄溪鸿,译.南京:江苏凤凰文艺出版社,2020.

琼斯.装饰的法则2:中国纹样.徐恒迦,译.南京:江苏凤凰文艺出版社,2020.

萨达尔.东方主义.马雪峰,苏敏,译.长春:吉林人民出版社,2005.

萨莫佑,戴浩石,贝甘.枫丹白露城堡:欧仁妮皇后的中国博物馆.王眉,译.上海:中西书局,2011.

萨义德.东方学.王宇根,译.北京:生活·读书·新知三联书店,2019.

施密特.设计异国格调——地理、全球化与欧洲近代早期的世界.吴莉苇,译.北京:中国工人出版社,2020.

史景迁.大汗之国——西方眼中的中国.阮叔梅,译.桂林:广西师范大学出版社,2020.

松浦章.海上丝绸之路与亚洲海域交流(15世纪末—20世纪初).孔颖,译.郑州:大象出版社,2018.

苏立文.东西方美术的交流.陈瑞林,译.南京:江苏美术出版社,1998.

泰夫奈.西来的喇嘛.耿昇,译.济南:山东画报出版社,2003.

喜仁龙.西洋镜——中国园林与18世纪欧洲园林的中国风(上、下).陈昕,邱丽媛,译.北京:北京日报出版社,2021.

亚历山大.1793：英国使团画家笔下的乾隆盛世.沈弘，译.杭州：浙江古籍出版社，2006.

羽田正.东印度公司与亚洲之海.毕世鸿，李秋艳，译.北京：北京日报出版社，2019.

曾德昭.大中国志.何高济，译.台北：台湾书房出版有限公司，2010.

三、中文专著

安文铸，关珠，张文珍.莱布尼茨和中国.福州：福建人民出版社，1993.

陈丽华.漆器鉴识.桂林：广西师范大学出版社，2002.

陈志华.中国造园艺术在欧洲的影响.济南：山东画报出版社，2006.

关涛，王玉新.日本陶瓷史.沈阳：辽宁画报出版社，2002.

黄时鉴.东西交流论谭.上海：上海文艺出版社，1998.

黄时鉴.东西交流论谭（第二集）.上海：上海文艺出版社，2001.

李军.跨文化美术史年鉴（1）.济南：山东美术出版社，2019.

刘明倩.从丝绸到瓷器：英国收藏家和博物馆的故事.上海：上海辞书出版社，2008.

沈福伟.中西文化交流史.上海：上海人民出版社，1985.

沈弘.遗失在西方的中国史：《伦敦新闻画报》记录的晚清1842—1873（上）.北京：北京时代华文书局，2014.

施晔.海上丝路：东印度公司与启蒙时期欧洲的中国风.上海：上海古籍出版社，2021.

万明.中葡早期关系史.北京：社会科学文献出版社，2001.

王世襄.髹饰录解读——中国传统漆工艺研究.北京：文物出版社，1998.

王爱之.白夜北欧——行走斯堪迪纳维亚设计.哈尔滨：黑龙江美术出版社，2006.

徐伟新，刘德福.落日的辉煌——17、18世纪全球变局中的"康乾盛世".北京：人民出版社，2016.

许明龙.欧洲18世纪"中国热".太原：山西教育出版社，1999.

严建强.十八世纪中国文化在西欧的传播及其反应.杭州：中国美术学院出版社，2002.

袁宣萍，闫丽丽.中国近现代设计史论丛.杭州：浙江大学出版社，2023.

张国刚，等.明清传教士与欧洲汉学.北京：中国社会科学出版社，2001.

张晓宁.天子南库：清前期广州制度下的中西贸易（上、下）.南昌：江西高校出版社，1999.

中外关系史学会. 中外关系史译丛（第一辑）. 上海：上海译文出版社，1984.

中外关系史学会. 中西初识二编. 郑州：大象出版社，2002.

朱杰勤. 中外关系史论文集. 郑州：河南人民出版社，1984.

四、图录

Alm, G. *Kina Slott.* Stockholm: Byggförl/Kultur, 2002.

Clunas, C. *Chinese Export Art and Design.* London: Victoria and Albert Museum, 1987.

Conner, P. *The China Trade 1600–1860.* Brighton: The Royal Pavilion Art Gallery and Museums, 1986.

de Bruijn, E., Bush, A. & Clifford, H. *Chinese Wallpaper in National Trust Houses.* London: National Trust, 2014.

Garnett, O. *Living in Style: A Guide to Historic Decoration and Ornament.* London: The National Trust, 2002.

Gruber, A. *Chinoiserie: Der Einfluss Chinas auf die europäische Kunst 17–19 Jahrhundert.* Riggisberg: Abegg-Stifung Bern, 1984.

Howard, D. S. *A Tale of Three Cities (Canton, Shanghai & Hong Kong), Three Centuries of Sino-British Trade in the Decorative Arts.* London: Sotheby's, 1997.

Jackson, A. *The V&A Guide to Period Style.* London: V&A Publications, 2002.

Langdon, W. M. B. *Ten Thousand Chinese Things: A Descriptive Catalogue of the Chinese Collection.* Philadelphia: Philadelphia Museum of Art, 1842.

The Art of Textile. London: Spink & Son Ltd., 1989.

The State Hermitage Museum. *Chinese Export Art in the Hermitage Museum (Late 16th–19th Century).* St. Petersburg: The State Hermitage Museum, 2003.

Vollmer, J. E., Keall, E. J. & Nagai-Berthrong, E. *Silk Roads, China Ships: An Exhibition of East-West Trade.* Toronto: Royal Ontario Museum, 1983.

博尔顿. 镜花水月：西方时尚里的中国风. 胡杨，译. 长沙：湖南美术出版社，2017.

广东省博物馆. 广彩瓷器. 北京：文物出版社，2001.

广东省博物馆. 三城记：明清时期的粤港澳湾区与丝绸外销. 广州：岭南美

术出版社，2020.

米尼尼. 利玛窦：明末中西科学技术文化交融的使者. 北京：中国文物交流中心，2010.

南京市博物总馆，宁波博物馆，上海中国航海博物馆. China 与世界——海上丝绸之路沉船和贸易瓷器. 北京：文物出版社，2017.

上海博物馆. 东西汇融：中欧陶瓷与文化交流特集. 上海：上海书画出版社，2021.

香港大学美术博物馆. 海贸流珍：中国外销品的风貌. 香港：香港大学美术博物馆，2003.

香港艺术馆. 中国外销瓷——布鲁塞尔皇家艺术历史博物馆藏品展. 香港：香港市政局，1989.

香港艺术馆. 从北京到凡尔赛——中法美术交流. 香港：香港艺术馆，1997.

香港艺术馆. 华采巴黎——1730—1930：中国精神·法国品味. 香港：香港艺术馆，2008.

香港艺术馆，皮博迪·艾塞克斯博物馆. 珠江风貌——澳门、广州及香港. 香港：香港市政局，1996.

赵丰. 锦绣世界·国际丝绸艺术精品集. 上海：东华大学出版社，2019.

中国丝绸博物馆. 荣归锦上——1700 年以来的法国丝绸. 杭州：中国丝绸博物馆，2017.

五、工具书

Boger, L. A. *The Dictionary of World Pottery and Porcelain: From Prehistoric Times to the Present.* New York: Charles Scribner's Sons, 1971.

Osborne, H. *The Oxford Companion to the Decorative Arts.* Oxford: The Clarendon Press, 1975.

图片来源

图号	图片名称	来源
1-1	传丝公主画板	作者摄于中国丝绸博物馆展览
1-2	《马可·波罗游记》中描绘的杭州	《丝绸之路：东方和西方的交流传奇》
1-3	葡萄牙人登陆广州	《发现中国》
1-4	荷兰东印度公司的贸易船	《中国外销瓷——布鲁塞尔皇家艺术历史博物馆藏品展》
1-5	英国东印度公司的快帆船	A Tale of Three Cities (Canton, Shanghai & Hong Kong), Three Centuries of Sino-British Trade in the Decorative Arts
1-6	从河南岛眺望十三商馆	《珠江风貌——澳门、广州及香港》
1-7	利玛窦像	《利玛窦：明末中西科学技术文化交融的使者》
1-8	中国皇帝	《中国图说》
1-9	一位地方行政官员在工作	The China Trade 1600–1860
1-10	广州城景观	作者摄于英国大英图书馆
1-11	表演者	Classicism and the Baroque in Europe
1-12	紫禁城午门	Chinoiserie
1-13	大运河上的景色	作者摄于英国大英图书馆
1-14	明代小雕像	Asia in the Eyes of Europe: Sixteenth Through Eighteenth Centuries
2-1	东方物品的仓库	Chinoiserie
2-2	美第奇瓷器	《东西汇融：中欧陶瓷与文化交流特集》
2-3	克拉克瓷	《东西汇融：中欧陶瓷与文化交流特集》
2-4	中国外销青花山水亭台图盘	《China 与世界——海上丝绸之路沉船与贸易瓷器》
2-5	中国外销粉彩花鸟大盘	《China 与世界——海上丝绸之路沉船与贸易瓷器》
2-6	仿克拉克瓷陶盘	Delffse Porceleyne: Dutch Delftware 1620–1850
2-7	纳韦尔陶瓶	Chinoiserie
2-8	安斯巴赫陶盘	Chinoiserie: Chinese Influence on European Decorative Art, 17th and 18th Centuries
2-9	送子观音瓷塑	Chinese Export Art and Design
2-10	梅花纹白釉杯碟	《东西汇融：中欧陶瓷与文化交流特集》
2-11	仿宜兴茶壶的红炻器	Chinoiserie: Chinese Influence on European Decorative Art, 17th and 18th Centuries
2-12	中国外销人物楼阁庭院图款彩屏风	《华采巴黎——1730—1930：中国精神·法国品味》

续表

图号	图片名称	来源
2-13	中国外销黑漆描金漆柜	Chinese Export Art and Design
2-14	漆绘立柜	The V&A Guide to Period Style
2-15	有双头鹰图案的中国外销锦缎	Silk Roads, China Ships
2-16	中国外销缎地刺绣花卉纹床罩	《三城记：明清时期的粤港澳湾区与丝绸外销》
2-17	中国外销手绘丝绸制成的十字褡法服	Chinese Export Art and Design
2-18	中国外销丝绸刺绣披肩	中国丝绸博物馆提供
2-19	中国外销人物壁纸	The Papered Wall: The History, Patterns and Techniques of Wallpaper
2-20	中国外销花树壁纸	The Papered Wall: The History, Patterns and Techniques of Wallpaper
2-21	中国外销人物风景壁纸	A Tale of Three Cities (Canton, Shanghai & Hong Kong), Three Centuries of Sino-British Trade in the Decorative Arts
2-22	英国仿中国壁纸	The Papered Wall: The History, Patterns and Techniques of Wallpaper
2-23	中国外销刺绣阳伞	中国丝绸博物馆提供
2-24	中国瓶花图案印花棉布	《从北京到凡尔赛——中法美术交流》
2-25	中国瓶花图	《从北京到凡尔赛——中法美术交流》
2-26	日本外销漆柜	Chinoiserie: Chinese Influence on European Decorative Art, 17th and 18th Centuries
2-27	日本外销伊万里瓷盘	The Dictionary of World Pottery and Porcelain: From Prehistoric Times to the Present
2-28	日本外销梅竹猛虎图盘	《东西汇融：中欧陶瓷与文化交流特集》
2-29	印度外销印花棉布	Cloth that Changed the World: The Art and Fashion of Indian Chintz
2-30	南京大报恩寺塔	作者摄于英国大英图书馆
2-31	特里亚农宫版画	《从北京到凡尔赛——中法美术交流》
2-32	被惩罚的犯人	作者摄于英国大英图书馆
2-33	交谈的喇嘛	作者摄于英国大英图书馆
2-34	德国漆柜装饰的设计稿	《中国风：13世纪—19世纪中国对欧洲艺术的影响》
2-35	持小鸟的中国妇女	《中国图说》
2-36	中国人物	Classicism and the Baroque in Europe
2-37	刺绣表现的中国人物	Classicism and the Baroque in Europe
2-38	婚礼	Classicism and the Baroque in Europe
2-39	中国婚礼	Classicism and the Baroque in Europe

续表

图号	图片名称	来源
2-40	热河避暑山庄	*Oriental Architecture in the West*
2-41	中国士绅的住宅	*Designs of Chinese Buildings, Furniture, Dresses, Machines, and Utensils*
3-1	路易十四像	《从北京到凡尔赛——中法美术交流》
3-2	东方风格壁饰	《中国风：13世纪—19世纪中国对欧洲艺术的影响》
3-3	暹罗大使觐见路易十四	*Chinoiserie*
3-4	中国风木板油画	英国维多利亚与艾尔伯特博物馆网站
3-5	公主梳妆	*Global Textile Encounters*
3-6	皇帝的接见	*Chinoiserie*
3-7	奇异纹样的锦缎	*Chinoiserie: Der Einfluss Chinas auf die europäische Kunst 17–19 Jahrhundert*
3-8	中国皇帝与天文学家	《中国风：13世纪—19世纪中国对欧洲艺术的影响》
3-9	中国风漆柜	*Chinoiserie: Chinese Influence on European Decorative Art, 17th and 18th Centuries*
3-10	带豪华底座的中国风漆柜	*Chinoiserie: Chinese Influence on European Decorative Art, 17th and 18th Centuries*
3-11	中国风三足桌	*Chinoiserie*
3-12	彩色釉面砖	*Chinoiserie*
3-13	青花帽架	*Chinoiserie: Chinese Influence on European Decorative Art, 17th and 18th Centuries*
3-14	陶盘	*Classicism and the Baroque in Europe*
3-15	中国风漆器图案	*Chinoiserie: The Impact of Oriental Styles on Western Art and Decoration*
3-16	丹麦罗森堡宫中的中国漆屋	作者摄于罗森堡宫
3-17	丹麦罗森堡宫漆绘壁板上的赛龙舟场面	*Chinoiserie: The Vision of Cathay*
3-18	瓷器室设计稿	《东西汇融：中欧陶瓷与文化交流特集》
3-19	葡萄牙桑托斯宫的瓷宫穹顶	《东西汇融：中欧陶瓷与文化交流特集》
3-20	德国夏洛滕堡宫的瓷宫	作者摄于夏洛滕堡宫
3-21	蓬巴杜夫人	*Madame de Pompadour: Images of a Mistress*
3-22	晨妆	*Dress in Eighteenth-Century Europe 1715–1789*
3-23	《中国神灵》壁画的版画复制品	*Chinoiserie*
3-24	《中国女神》壁画的版画复制品	*Chinoiserie*
3-25	中国花园	*Chinoiserie*
3-26	中国舞蹈	*Classicism and the Baroque in Europe*

续表

图号	图片名称	来源
3-27	垂钓	*Chinoiserie*
3-28	酒杯洁具	*Classicism and the Baroque in Europe*
3-29	冰酒器	*Chinoiserie: Chinese Influence on European Decorative Art, 17th and 18th Centuries.*
3-30	法国里昂的丝绸设计稿	*Chinoiserie: Der Einfluss Chinas auf die europäische Kunst 17–19 Jahrhundert*
3-31	德国无忧宫的中国茶室外的两尊音乐家雕塑	作者摄于无忧宫
3-32	中国风瓷罐	*The Dictionary of World Pottery and Porcelain: From Prehistoric Times to the Present*
3-33	法国尚蒂伊城堡大猴戏图（局部）	*Classicism and the Baroque in Europe*
3-34	中国人物把手杯	《东西汇融：中欧陶瓷与文化交流特集》
3-35	中国风人物图案	*Chinoiserie: Der Einfluss Chinas auf die europäische Kunst 17–19 Jahrhundert*
3-36	中国风丝绸图案	*Chinoiserie*
3-37	中国风丝绸图案	*Chinoiserie*
3-38	骑公鸡的女子	作者摄于德国迈森瓷厂
3-39	中国乐师	美国大都会艺术博物馆网站
3-40	中国风青铜座钟	*Chinoiserie: Chinese Influence on European Decorative Art, 17th and 18th Centuries*
3-41	英国白金汉郡的中国夏屋	*Chinoiserie*
3-42	英国邱园宝塔	作者摄于邱园
3-43	法国贝尔维城堡的漆柜	*Chinoiserie: Chinese Influence on European Decorative Art, 17th and 18th Centuries*
3-44	法国卡桑的中国亭	网络
3-45	法国尚特卢的宝塔	*Classicism and the Baroque in Europe*
3-46	银制茶叶罐	*Chinoiserie: Chinese Influence on European Decorative Art, 17th and 18th Centuries*
3-47	英国卡尔顿宫的中国沙龙	*Chinoiserie: The Vision of Cathay*
3-48	"鼓童"钟	*Chinoiserie*
3-49	英国布赖顿宫建筑侧面	作者摄于布赖顿宫
3-50	英国布赖顿宫的宴会厅	*The V&A Guide to Period Style*
3-51	英国布赖顿宫壁画上的中国新娘出行场面	布赖顿宫导览手册
3-52	英国布赖顿宫的仿竹陈列柜	*Chinoiserie: The Vision of Cathay*

续表

图号	图片名称	来源
4-1	从巴黎大道看城堡别墅及凡尔赛花园	《建筑的故事》
4-2	爱的宣言	Dress in Eighteenth-Century Europe 1715–1789
4-3	中国风双层提花锦	《荣归锦上——1700年以来的法国丝绸》
4-4	中国风锦缎	Chinoiserie: Der Einfluss Chinas auf die europäische Kunst 17–19 Jahrhundert
4-5	丹麦克里斯蒂安七世宫的中国沙龙	克里斯蒂安七世宫导览手册
4-6	鸟舍	Chinoiserie: Chinese Influence on European Decorative Art, 17th and 18th Centuries
4-7	中国风陶盘	美国大都会艺术博物馆网站
4-8	中国风冰酒器	The French Interior in the Eighteenth Century
4-9	中国风茶具	The French Interior in the Eighteenth Century
4-10	中国风瓷盘	Classicism and the Baroque in Europe
4-11	一对象首花瓶	The French Interior in the Eighteenth Century
4-12	用中国款彩漆板装饰的立柜	The French Interior in the Eighteenth Century
4-13	中国风抽屉柜	美国大都会艺术博物馆网站
4-14	法国香姆城堡中国沙龙壁画	Classicism and the Baroque in Europe
4-15	德国布吕尔宫的中国风喷泉雕塑	Chinoiserie: The Vision of Cathay
4-16	德国波茨坦无忧宫的中国茶室	作者摄于无忧宫
4-17	德国波茨坦无忧宫中国茶室的中国人物雕塑	作者摄于无忧宫
4-18	中国风炻器	Chinoiserie: Chinese Influence on European Decorative Art, 17th and 18th Centuries
4-19	中国风烧杯式瓷瓶	Chinoiserie: Chinese Influence on European Decorative Art, 17th and 18th Centuries
4-20	中国人偶瓷塑	L'Objet d'Art 杂志1998年第9期
4-21	德国夏洛滕堡宫的大键琴	作者摄于夏洛滕堡宫
4-22	中国风漆盘	Chinoiserie: The Vision of Cathay
4-23	卷头桌	Classicism and the Baroque in Europe
4-24	德国德累斯顿日本宫	作者摄于德累斯顿日本宫
4-25	德国波茨坦无忧宫中国茶室的壁画	作者摄于无忧宫
4-26	奇彭代尔式立柜	Chinoiserie
4-27	中国家具	Designs of Chinese Buildings, Furniture, Dresses, Machines, and Utensils

续表

图号	图片名称	来源
4-28	银制潘趣碗	*Chinoiserie*
4-29	银制茶叶罐	*Classicism and the Baroque in Europe*
4-30	庞蒂浦漆壶	*Chinoiserie*
4-31	中国风瓷瓶	*Chinoiserie: Chinese Influence on European Decorative Art, 17th and 18th Centuries*
4-32	奇彭代尔式椅	*The V&A Guide to Period Style*
4-33	英国诺斯特尔修道院带有宝塔顶的镜框	*Chinese Wallpaper in National Trust Houses*
4-34	英国伯明顿庄园的中国风床	*The V&A Guide to Period Style*
4-35	中国风刺绣	*Chinoiserie: Chinese Influence on European Decorative Art, 17th and 18th Centuries*
4-36	英国诺斯特尔修道院中的贵宾卧室	*Chinoiserie*
4-37	英国克莱顿庄园的中国房间	*The V&A Guide to Period Style*
4-38	英国式园林	*Oriental Architecture in the West*
4-39	坎伯兰公爵的中国式游船	*Chinese Influence on European Garden Structures*
4-40	釉面陶砖上的中国人物	*Chinoiserie: The Vision of Cathay*
4-41	一对塔形郁金香花插	*Delffse Porceleyne: Dutch Delftware 1620–1850*
4-42	中国男孩瓷塑	*Chinoiserie: Chinese Influence on European Decorative Art, 17th and 18th Centuries*
4-43	中国风家具	*Chinoiserie*
4-44	中国风边桌	*Cineserie e Turcherie Nel'700 Napoletano*
4-45	意大利都灵王宫的漆绘中国房间	*Chinoiserie*
4-46	意大利瓦尔马拉纳别墅的中国风壁画	*Chinoiserie*
4-47	意大利戈沃内城堡的中国房间	赵丰摄于戈沃内城堡
4-48	意大利波蒂奇宫中的瓷宫	*Cineserie e Turcherie Nel'700 Napoletano*
4-49	西班牙阿兰胡埃斯夏宫的瓷宫	*Cineserie e Turcherie Nel'700 Napoletano*
4-50	意大利巴勒莫的中国宫外观	*Chinoiserie*
4-51	意大利巴勒莫的中国宫壁画	*Chinoiserie*
4-52	奥地利美泉宫的漆室	美泉宫导览手册
4-53	波兰维拉诺宫的漆室	《故宫文物月刊》2009 年第 11 期
4-54	波兰密斯诺维宫的壁画	*Classicism and the Baroque in Europe*
4-55	捷克特罗亚城堡的中国房间	赵丰摄于特罗亚城堡
4-56	瑞典卓宁霍姆宫的中国宫	作者摄于卓宁霍姆宫

续表

图号	图片名称	来源
4-57	瑞典卓宁霍姆宫的中国宫黄色沙龙	卓宁霍姆宫的中国宫导览手册
4-58	瑞典卓宁霍姆宫的中国宫蓝色沙龙	卓宁霍姆宫的中国宫导览手册
4-59	俄国奥拉宁鲍姆的中国宫内部	Chinoiserie
5-1	英国中式钓鱼台	Chinoiserie: The Vision of Cathay
5-2	英国奥尔顿塔	Chinoiserie: The Vision of Cathay
5-3	英国水晶宫博览会	《新设计史》
5-4	英国沙格伯勒庄园的中国夏屋	Oriental Architecture in the West
5-5	中国风景	作者摄于英国大英图书馆
5-6	伦敦"万唐人物馆"的入口建筑	Ten Thousand Chinese Things: A Descriptive Catalogue of the Chinese Collection
5-7	中国丝织业	作者摄于英国大英图书馆
5-8	中国江南景色	作者摄于英国大英图书馆
5-9	法国枫丹白露宫的中国厅	作者摄于枫丹白露宫
5-10	欧文·琼斯的《中国纹样》扉页	《中国纹样》
5-11	古斯塔夫·艾克	《中国花梨家具图考》
5-12	伦敦"中国艺术品国际展览会"	《从丝绸到瓷器：英国收藏家和博物馆的故事》
5-13	中国人物	Chinoiserie: The Vision of Cathay
5-14	柳树纹样瓷盘	作者摄于苏格兰国家博物馆
5-15	中国风装饰瓷瓶	Chinoiserie
5-16	中国风印花棉布	美国大都会艺术博物馆网站
5-17	中国风壁纸	L'Art de Vivre: Decorative Arts and Design in France 1789–1989
5-18	中国风印花棉布	5000 Years of Textiles
5-19	英国伦敦的露天音乐厅	Chinoiserie
5-20	英国贝尔顿庄园的中国壁纸	Chinese Wallpaper in National Trust Houses
5-21	法国雨果之家室内	作者摄于雨果之家
5-22	夏天	Chinoiserie
5-23	瓷国公主	Chinoiserie: The Vision of Cathay
5-24	比利时布鲁塞尔中国宫	作者摄于布鲁塞尔中国宫
5-25	比利时布鲁塞尔中国宫室内细节	作者摄于布鲁塞尔中国宫
5-26	比利时布鲁塞尔中国宫的壁画	作者摄于布鲁塞尔中国宫
5-27	保罗·波烈的东方风格时装	网络
5-28	伊夫·圣罗兰的中国风时装	网络

续表

图号	图片名称	来源
5-29	清宫系列餐桌用品	网络
5-30	中国椅	《白夜北欧——行走斯堪迪纳维亚设计》
6-1	镜框装饰上的中国人	Silk Roads, China Ships
6-2	游戏的中国儿童	Civilisation on Loan
6-3	撑伞美人纹瓷盘	作者摄于美国大都会艺术博物馆
6-4	众博士瓷盘与瓷瓶	作者摄于布鲁塞尔中国宫
6-5	中国长寿之神	Chinoiserie
6-6	中国风化装舞会服	Chinoiserie
6-7	船上宴饮	Chinoiserie
6-8	中国风人物图案	Chinoiserie
6-9	中国妇婴	Classicism and the Baroque in Europe
6-10	俄国沙皇夏宫里的中国村	《中国风：13世纪—19世纪中国对欧洲艺术的影响》
6-11	中国风图案	Chinoiserie
6-12	中国庙宇的图案	Chinoiserie
6-13	饮茶	《从北京到凡尔赛——中法美术交流》
6-14	采摘凤梨	Chinoiserie: Chinese Influence on European Decorative Art, 17th and 18th Centuries
6-15	德国维尔茨堡的中国亭	Chinoiserie
6-16	洋葱纹样瓷盘	《跨文化美术史年鉴（1）》
6-17	中国风壁纸	Chinoiserie: Chinese Influence on European Decorative Art, 17th and 18th Centuries
6-18	中国风壁纸	The Papered Wall: The History, Patterns and Techniques of Wallpaper
6-19	英国布赖顿宫宴会厅屋檐上的龙	布赖顿宫导览手册
6-20	有凤鸟装饰的圣物箱	Chinoiserie
6-21	中国风陶盘	Classicism and the Baroque in Europe
6-22	瓷塑霍霍鸟	Porcelain Stories: From China to Europe
6-23	中国风冰酒具	Classicism and the Baroque in Europe
6-24	中国人与猴子助手	Classicism and the Baroque in Europe
6-25	法国尚蒂伊城堡大猴戏图（局部）	Classicism and the Baroque in Europe
6-26	中国风瓷盘	Chinoiserie: Chinese Influence on European Decorative Art, 17th and 18th Centuries
6-27	中国皇帝	作者摄于英国大英图书馆
6-28	法国钟座上的中国风图案	Classicism and the Baroque in Europe

续表

图号	图片名称	来源
6-29	龙船迎客	Chinoiserie: The Vision of Cathay
6-30	日本风情画中的手推车	Classicism and the Baroque in Europe
6-31	英国家具中的棂格装饰	A History of English Furniture (Volume Four): The Age of Satinwood 1770–1820
6-32	棂格图案	Oriental Architecture in the West
6-33	诸神之宴	《东西汇融：中欧陶瓷与文化交流特集》
6-34	德国宝塔宫的室内	17th & 18th Century Art
6-35	蓝白色斗柜	The French Interior in the Eighteenth Century
6-36	印花棉布	Global Textile Encounters
6-37	漆柜	Classicism and the Baroque in Europe
6-38	大键琴	Classicism and the Baroque in Europe
6-39	意大利皮埃蒙特的中国风红漆屋	Chinoiserie
6-40	黑地描金的塞夫勒瓷	The French Interior in the Eighteenth Century
6-41	中国风彩瓷	Classicism and the Baroque in Europe
6-42	漆器图案	Chinoiserie: Chinese Influence on European Decorative Art, 17th and 18th Centuries
6-43	印花棉布	Chinoiserie: Chinese Influence on European Decorative Art, 17th and 18th Centuries
6-44	丝绸手绘设计稿	《荣归锦上——1700 年以来的法国丝绸》
6-45	中国风图案	Civilisation on Loan

注：
1. "图片名称" 一般不包含正文图片注释中的年份、创作者等说明文字。
2. "来源" 为书名的，具体文献信息参见 "参考文献"。